AF209538

ENEMMÄN ÄÄNIÄ

Perheelleni ja vanhemmilleni
Kiitos, että olette olleet tukenani matkan varrella.

®

FSC
www.fsc.org

MIX

Paperi vastuul –
lisista lähteistä
Paper from
responsible sources

FSC® C105338

ENEMMÄN ÄÄNIÄ

TEHOKKAAN VAALIKAMPANJAN AVAIMET

HANNA WILLMAN-IIVARINEN

MIRATIO
MARKETING
INTELLIGENCE

Copyright © 2025 by Hanna Willman-Iivarinen

www.miratio.fi

Grafiikat, taitto ja kannen suunnittelu: Hanna Willman-Iivarinen

Kustantaja: BoD · Books on Demand, Mannerheimintie 12 B, 00100 Helsinki, bod@bod.fi

Kirjapaino: Libri Plureos GmbH, Friedensallee 273, 22763 Hampuri, Saksa

ISBN: 978-952-80-9472-2

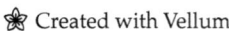 Created with Vellum

SISÄLTÖ

1

JOHDANTO

Tykkään vaaleista, seuraan niitä aina kiinnostuneena. Media esittelee ehdokkaita ja vaaliohjelmia. Puoluetoimistot laativat vaalistrategioita ja miettivät mainoskampanjoiden teemoja. Ehdokkaat laittavat valtavia rahasummia vaalimainontaan, päivittävät ahkerasti someaan ja juovat kahvia toreilla äänestäjien kanssa. Koko spektaakkeli huipentuu vaali-illan tuloslaskentaan. Kansa seuraa jännittyneenä, ketkä tällä kertaa voittavat, ketkä häviävät. Yhteiskunta saa uudet päättäjät.

Oletko sinä yksi niistä, jotka harkitsevat ehdolle lähtöä vai oletko jo päättänyt lähteä? Minä onnittelen sinua upeasta päätöksestäsi ja tarjoan apuani valmentajana matkallasi kohti valtuusto-, eduskunta-, parlamentti- tai sitä kaikkein isointa paikkaa. Tässä kirjassa käymme yhdessä läpi, miten saamme tuotua parhaat puolesi esiin ja pystymme tehokkaasti vakuuttamaan äänestäjäsi erinomaisuudestasi.

Tämä markkinoinnin kirja on tarkoitettu kaikille ehdokkaille, jotka haluavat rakentaa voittavan vaalikampanjan. Olet sitten kokenut poliitikko, ensimmäistä kertaa ehdolla oleva tai yksinkertaisesti vain kiinnostunut politiikasta, lupaan, että

I

tästä kirjasta löydät paljon uusia ajatuksia ja käytännöllisiä neuvoja.

Tämä kirja eroaa perinteisistä markkinoinnin kirjoista, koska se on kirjoitettu vain ja ainoastaan vaaliehdokkaiden tarpeisiin. Matkan varrella brändäämme ehdokasta, kehitämme vakuuttavia tarinoita, viilaamme somea ja vaaliargumentteja. Emmekä tietenkään unohda svengaavaa vaalislogania tai vaalilupausten huolellista muotoilua. Kirjaa voi käyttää ihan konkreettisesti suunnittelun apuna, sillä kirjassa on useita täytettäviä suunnittelupohjia, jotka auttavat rakentamaan tehokasta vaalikampanjaa pala palalta. Niiden avulla ehdokas pystyy hahmottelemaan omat vahvuutensa ja tekemään oman näköistään kampanjointia.

KIRJAN TEEMOJA:

Käymme tässä kirjassa läpi lukuisia psykologisia tekniikoita, jotka auttavat ymmärtämään mitä kannattaa tehdä ja

2

miksi. Keskeistä teoksessa onkin syvällinen ymmärrys äänestämisen psykologiasta ja vaalimainonnan tehoon vaikuttavista tekijöistä. Pohdimme myös vielä tulossa olevien teknologioiden, kuten metaversen ja lisätyn todellisuuden käyttömahdollisuuksia vaalikampanjoinnissa. Lisäksi kerron matkan varrella, miten ja missä asioissa kannattaa käyttää tekoälyä apuna tekstien kirjoittamisessa tai suunnittelussa.

Olet ehkä kuullut markkinointi-ihmisten parissa kiertävän tarinan siitä, miten kaksi markkinointihemmoa keskustelivat. Ensimmäinen valitti: "Puolet yritykseni mainonnasta menee hukkaan". Toinen näsäviisasteli: "Tiedätkö kumpi puoli?". Vaikka vitsi on kulunut, on siinä paljon perääkin. Suuri osa mainonnasta menee hukkaan ja olisi tosi hyvä tietää mistä se johtuu. Vaalimainonnasta ei mene hukkaan puolet, vaan ylivoimaisesti suurin osa. Tämä harmittaa minua, sillä tiedän miten paljon ehdokkaat laittavat rahaa vaalimainoksiin ja miten ahkerasti he tekevät töitä kampanjoidessaan. Mainontaa kuitenkin tarvitaan, sillä eihän muuten ehdokkaista tiedettäisi juuri mitään.

Osittain vaalimainosten huono teho johtuu siitä, että niissä on epäselviä tai vääränlaisia viestejä. Meille äänestäjille myydään "kolmenlapsen äitejä" tai "aikaansaavia vauhtipettereitä". Oikeasti haluaisimme kuitenkin jonkun, jolle ulkoistamme huolemme ja jonka lähetämme ratkomaan yhteiskunnan ongelmia ja tekemään puolestamme hyviä päätöksiä. Minulla ei sinänsä ole mitään kolmenlapsen äitejä vastaan, olen itsekin sellainen. Myyntiargumenttina se vaan on kehno. Tämän kirjan neuvojen avulla pystyt tehostamaan vaalimainontaasi huomattavasti ja löytämään ne argumentit, jotka todella toimivat.

Kirjan taustasta

Vaikka äänestäminen ja äänestäjän päätöksenteko ovat demokratian ytimessä, aika vähän on pohdittu sitä, miten

3

äänestäjät käytännössä tekevät päätöksensä. Olen perehtynyt tähän teemaan huolella kirjoittaessani edellistä kirjaani "Satunnainen äänestäjä – Äänestämisen psykologia." Monien ilmeisten seikkojen lisäksi äänestäjien päätöksiin vaikuttavat sellaisetkin asiat, joiden vaikutusta ei itse edes huomaa. Esimerkiksi se, miten kivasti ehdokkaan nimi rimmaa äänestäjän oman nimen kanssa, minkä värinen paita ehdokkaalla on päällä vaalikuvassa tai miten hilpeä svengi ehdokkaan vaalisloganissa on. Tässä kirjassa tarkastelemme ehdokkaan näkökulmasta näitä ja monia muita äänestämisen psykologiaan ja vaalimainonnan tehoon vaikuttavia tekijöitä.

Äänestäjien päätöksenteko ja vaalimainonnan teho ovat kiinnostaneet minua jo pitkään. Kaikki alkoi vuoden 2008 kuntavaaleista, kun harmittelin, ettei suosikkiehdokkaani ollut vastannut kuin yhteen vaalikoneeseen ja siihenkin varsin niukkasanaisesti. Pidin tätä ylimielisyyden osoituksena, enkä sitten lopulta äänestänytkään häntä. Tämän kokemuksen innoittamana selvitin miten vaalikoneisiin vastaaminen vaikutti yleisesti kunnanvaltuustoon pääsyyn. Havaitsin[1], että mitä useampaan vaalikoneeseen ehdokas vastasi, sitä enemmän hän sai ääniä. Seuraavissa eduskuntavaaleissa 2011 etsin suosikkiehdokkaistani tietoa Facebookista. Kiinnostuin samalla siitä, miten Facessa oleminen vaikuttaa äänimäärään. Huomasin vaikutuksen olevan ihan selvä. Mitä aktiivisempi on, sitä enemmän saa ääniä.

Vuoden 2014 europarlamenttivaalien aikaan harrastukseni alkoi riistäytyä hallinnasta. Tutkin Facebookia vähän tarkemmin ja tein laajat nettikyselyt äänestämisen ja äänestämättömyyden syistä. Analysoin myös Twitteriä, vaalitapahtumia ja vaalikuvia. Aloin kirjoittaa havaintoihini perustuvaa Vaalimuusa-blogia. Kesällä 2021 kuntavaaleihin liittyen palkkasin tutkimusapulaisen auttamaan kuntavaalianalyysien tekemisessä. Vuosien mittaan erityyppisiä vaalitutkimuksia

---

1. Pieni vaalikonetutkimus 2008.

4

on tullut tehtyä jo aikamoinen määrä, yhteensä 40 kappaletta. Olen koonnut ne Vaalimuusa-tietopankkiin[2].

Äänestäjien käyttäytymisen ja vaalimainonnan tehon lisäksi olen tutkinut paljon kuluttajien käyttäytymistä. Väitöskirjassani[3] mallinsin kuluttajien mediavalintoja ja erityisesti niihin liittyviä alitajuisia ja psykologisia tekijöitä. Olen myös yrittäjänä tutkinut kuluttajien käyttäytymistä, ja sitä miten mainonta heihin tehoaa. Olen muun muassa analysoinut 237 mainoskampanjaa. Minulla on siis paljon dataa siitä, kuinka sanamuodot ja visuaaliset vivahteet vaikuttavat mainonnan tehoon. Vaikka olen tutkinut kuluttajille suunnattuja mainoksia paljon, olen tutkinut vielä enemmän vaaleihin liittyviä mainoksia. Niitä on vaalimainontatietopankissani yhteensä 4896 kappaletta. Laajaan tutkimustietoon nojaten tiedän paljon siitä, millainen vaalimainonta toimii ja miksi. Tässä kirjassa paljastan sen sinulle.

En ole kuitenkaan pelkästään tutkinut mainontaa, vaan myös tehnyt sitä paljon omille asiakkailleni. Monipuolisesta markkinoinnin ja viestinnän kokemuksestani on ollut paljon hyötyä kirjaa kirjoittaessani. Hyötyä on ollut myös lukuisista kirjoitusaikana suoritetuista koulutuksista (viestinnän tohtori, digisomeyrittäjä, tuotteistamisen ammattitutkinto ja pedagogiikan perusopinnot).

Tämän Enemmän ääniä -kirjan yleisenä tavoitteena on parantaa demokratian toimivuutta auttamalla vaaliehdokkaita tuomaan arvonsa ja ajatuksensa selkeästi esiin. Toivon, että ehdokkaat kokevat kirjani hyödylliseksi ja pystyvät sen avulla käyttämään aikansa ja rahansa tehokkaammin.

---

2. Lista tutkimuksista on julkaistu Vaalimuusan nettisivuilla https://mira tio.fi/vaalimuusan-tutkimukset/ ja tuloksia on jonkin verran esitelty Vaalimuusa-blogissani https://vaalimuusa.blogspot.com ja Satunnainen äänestäjä- kirjassa. Tässä kirjassa ei esitellä tutkimustuloksia, joten suosittelen katsomaan niitä edellä mainituista lähteistä, jos ne kiinnostavat.
3. Väitöskirjani "Consumer media choice – Towards a comprehensive model" löytyy Tampereen Yliopiston nettisivuilta. https://trepo.tuni.fi/handle/10024/123896

2

EHDOKKUUDEN YTIMESSÄ

Kun tyttäreni meni vapaaehtoisena inttiin, häneltä kyseltiin vähän väliä miksi hän on siellä. Tähän tyyliin: *"Mä just tajusin. Sä oot vapaaehtoisena täällä. Miksi ihmeessä?"* Jonkin aikaa hän jaksoi vastata näihin kysymyksiin asiallisesti ja kertoa omia vaikuttimiaan. Mutta koska kysymykset toistuivat päivittäin, hän pikkuhiljaa kyllästyi vastaamaan. Lopulta vakiovastaukseksi muodostui ytimekäs ja kaikki lisätiedustelut lopettava: *"Hävisin vedon".* Vaaliehdokkaana tulet luultavasti kysymään itseltäsi samaa asiaa moneen kertaan: *"Miksi ihmeessä lähdin tähän juttuun?".* Toivottavasti sinulla on parempi vastaus kuin vedon häviäminen.

Kun nuori Barack Obama työskenteli kansalaisjärjestössä, joka auttoi paikallisia kirkkoja tarjoamaan työharjoittelupaikkoja köyhien asuinalueiden asukkaille, hän kyllästyi siihen, ettei saanut aikaan niin paljon kuin olisi halunnut. Kirjassaan *"A Promised Land"*[1] hän kuvasi ajatuksiaan seuraavasti: *"Lähdin järjestötoiminnasta, koska koin tekemäni työn olevan liian*

---

1. Lainaukset Barack Obaman kirjasta "A Promised Land" järjestyksessä luvuista 1, 2, 3 ja 6.

7

hidasta, liian vähäistä. Melkein joka ongelmassa törmäsin siihen, että oli olemassa joku, jolla oli valta muuttaa asiat paremmiksi, mutta joka ei tehnyt sitä. Jos jotain tehtiinkin, niin se oli useimmiten liian vähän, liian myöhään. Valta muuttaa asioita oli jossain ihan muualla". Obama kertoi, ettei hän halunnut olla vallan rajoilla, aina hakemassa palveluksia joltain, eikä hän myöskään halunnut olla pysyvä protestoija täynnä oikeamielistä vihaa. Molempia polkuja on tallattu paljon. Obama halusi jotain muuta.

Näiden ajatusten siivittämänä Obama lähti kuntapolitiikkaan. Jossain vaiheessa hän turhautui sielläkin siihen, että se vei niin paljon aikaa ja valta tehdä muutoksia oli edelleen rajoitettua. Lukuisten keskustelujen jälkeen hänen oli pakko myöntää, että vaimo, Michelle, oli oikeassa; aikaansaannokset kuntapolitiikassa eivät olleet siihen uhratun ajan arvoisia. Sen sijaan että olisi Michellen toiveiden mukaan lopettanut politiikan, Obama menikin päinvastaiseen suuntaan ja lähti ehdolle kongressivaaleihin. Michelle, joka oli toivonut Barackin viettävän enemmän aikaa kotona, ei ollut tyytyväinen: *"Älä sitten odota, että minä teen minkäänlaista kampanjointia. Eikä sinun kannata luottaa edes ääneeni."* Myöhemmin presidentinvaaleihin Obaman ajoi sama logiikka. Jos haluaa muuttaa asioita, tarvitsee valtaa. Hän totesi, että kampanjointi ja asioista puhuminen ei hänelle riitä, vaan: *"The point was to win".* Tällä asenteella mekin ryhdymme kohta rakentamaan sinun vaalikampanjaasi.

Miksi lähteä ehdolle?

Sinullakin saattaa olla erittäin vahva vakaumus tai sitten hieman epämääräisempi tahtotila, joka ajaa sinua politiikkaan. Et välttämättä osaa selittää tarkalleen, mikä se sinun juttusi on. Ehkä ajattelet, samalla tavalla kuin Tuntemattoman sotilaan Antero Rokka, joka sanoi *"Kuule, vänskä. Mis sie tarviit oikein hyvää miest? Täs siul on sellanen."* Eli toisin sanoen olet valmis antamaan itsesi ja taitosi yhteiskunnan käyttöön. Tämä ajattelumalli vaikuttaa olevan hyvin tyypillinen suomalaisille. Meillä on vähän hassu tapa ilmaista halumme johonkin poliittiseen pestiin. Olemme valinneet suuren määrän poliitikkoja, jotka ovat olleet käytettävissä, mutta eivät ole oikeastaan ilmaisseet haluavansa hommaa.

Esimerkiksi vuoden 2024 presidentinvaalien ehdokkaat lähtivät kisaan kertoen olevansa käytettävissä. Jutta Urpilainen totesi SDP:n puoluekokouksessa 19.11.2023 " Olen käytettävissä presidenttiehdokkaaksi, jotta ketään ei jätetä. Ei nuorta, ei vanhaa. Ei veljeä, ei siskoa". Jussi Halla-Aho kertoi Ilta-Sanomille 7.7.2023: *"Mikäli perussuomalaiset haluavat asettaa minut ehdokkaakseen ensi vuoden presidentinvaaleissa, olen käytettävissä."* Li Andersson ilmoitti Keskisuomalaiselle 13.9.2023, että *"Kun oppositiotyö on päässyt käyntiin, niin huomasin että kyllä Li Anderssonissa vielä virtaa riittää. Sen seurauksena olen päättänyt ilmoittaa, että olen käytettävissä vasemmistoliiton presidenttiehdokkaaksi, jos puolueväki näin haluaa ja näin päättää".* Ongelma tässä "käytettävissä" olemisessa on se, että sillä mentaliteetilla on aika vaikeaa lähteä aktiivisesti kampanjoimaan. Kyllä sitä pitää ihan tosissaan haluta hommaan, että viitsii palella turuilla ja toreilla, altistua nettikiusaamiselle ja polttaa suuria summia rahaa kampanjointiin.

Nyt kun tiedämme, että haluat ehdolle, niin tarkastellaan vähän myös haasteita, joita ehdokkuus voi tuoda mukanaan. Vaalikampanjointi vaatii merkittävän määrän aikaa, energiaa, taloudellista panosta ja henkistä sitkeyttä. Ehdokkaana oleminen voi olla henkisesti uuvuttavaa, koska pitää yrittää koko ajan olla parhaimmillaan. Rahoituksen hankkiminen, kampanjan suunnittelu, organisointi ja resurssien hallinta vaativat hyvää järjestelykykyä. Monet ehdokkaat hankkivat tuekseen kampanjatiimin, joka auttaa suunnittelussa, markkinoinnissa ja käytännön järjestelyissä. Ennen kuin ilmoitat ehdokkuudestasi, on hyvä pohtia, onko sinulla tarvittavat aineelliset ja henkiset resurssit kampanjointiin.

9

Tässä vaiheessa, kun jo harkitset vakavasti ehdokkuutta, kannattaa siivota kaikki kännikuvat ja muut nolot jutut pois netistä ja somesta. Kun nämä "luurangot" on siivottu, niin sitten ei enää kirjoiteta anonyymejä kommentteja rasistisiin blogeihin eikä tekstailla eroottisille tanssijoille. Ei ole myöskään hyvä bilettää niin, että biletysvideon taustalla joku höpisee leipomistarvikkeista. Poliitikon ei pidä töpeksiä myöskään pienissä asioissa. Jos muistaa väärin missä ja milloin on tavannut vaimonsa, saattaa Iltalehti seuraavaksi otsikoida, että "Mika Aaltola vaikenee vaimokohusta"[2]. Nykyaikana lähes kaikesta toiminnasta jää digitaalisia jälkiä, eikä ihan kaikkea pysty poistamaan. Jos menneisyydessäsi on jotain arveluttavaa tai noloa, sinun kannattaa perehtyä kriisiviestintään ja valmistautua mahdollisiin kohuihin jo ennakkoon. Varaudutaan yhdessä tähän kirjan loppupuolella ja siihenkin, että möläytät vahingossa jotain pöljää kampanjan aikana.

On hyvä tehdä itselleen selväksi, miksi on lähdössä mukaan politiikkaan, mitä ajattelee siitä saavansa ja miten uskoo maailmaan vaikuttavansa. On tärkeää, että tunnistat syysi lähteä ehdolle, sillä ne muodostavat kampanjasi ytimen ja ohjaavat valintojasi jatkossa. Ei ole mitään hyviä tai huonoja syitä, eikä sinun tarvitse niitä kenellekään kertoa. Olennaista on, että tiedät itse. Ennen kuin astut politiikan maailmaan, tarkista myös seuraavan sivun kuvassa luetellut asiat.

Olen luonut tähän kirjaan sinulle 23 erilaista tehtäväosiota, jotka tukevat konkreettisesti kampanjasi suunnittelua. Voit toki halutessasi lukea kirjan täyttämättä tehtäviä tai palata niihin myöhemmin. Suosittelen kuitenkin niiden miettimistä ja muistiinpanojen tekemistä, sillä tehtävät on suunniteltu pedagogisesti siten, että niiden tekeminen juuri tässä järjes-

2. https://www.iltalehti.fi/politiikka/a/7e66fb6a-85f1-4567-baa5-e3d1d4
baceae
14.11.2023

antaa sinulle parhaan hyödyn. Tehtäväosiot ovat tiiviitä, jotta ne mahtuvat kirjan sivuille, mutta voit tilata laajemman työkirjan osoitteesta https://miratio.fi/kauppa/.

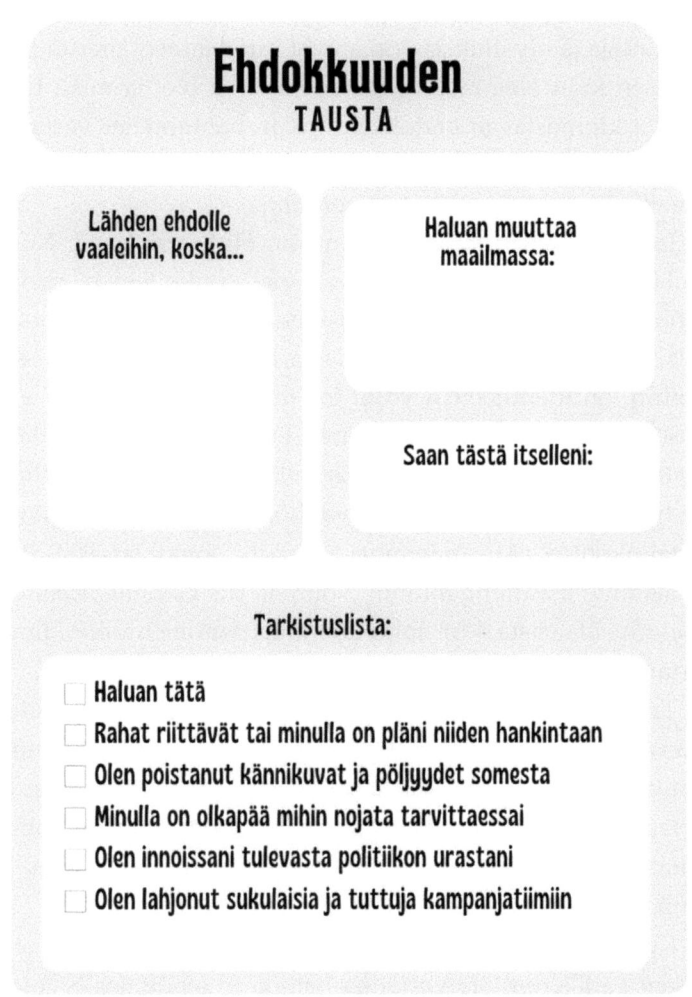

Ehdokkuuden
TAUSTA

Lähden ehdolle vaaleihin, koska...

Haluan muuttaa maailmassa:

Saan tästä itselleni:

Tarkistuslista:

☐ Haluan tätä
☐ Rahat riittävät tai minulla on pläni niiden hankintaan
☐ Olen poistanut kännikuvat ja pöljyydet somesta
☐ Minulla on olkapää mihin nojata tarvittaessai
☐ Olen innoissani tulevasta politiikon urastani
☐ Olen lahjonut sukulaisia ja tuttuja kampanjatiimiin

No niin. Tämän jälkeen ei enää jahkata. Se on menoa nyt.

Ehdokkaan ainutlaatuinen elämäntarina

Nyt kun olet päättänyt lähteä leikkiin mukaan, niin tutustutaan seuraavaksi hiukan sinuun. Meistä jokaisella on oma ainutlaatuinen elämäntarinamme. Se sisältää kokemuksia, pohdintoja ja oivalluksia, jotka ovat muokanneet meistä juuri sellaisen kuin olemme. Millainen siis sinä olet ja mikä tekee sinusta kiinnostavan ehdokkaan? Kun hahmottelet vastausta tähän kysymykseen, huomaat pian, että sinun on vaikea kuvailla itseäsi ilman että teet vertailuja.

Jos olisit yksin tässä maailmassa, olisit vain sinä. Koska täällä on meitä muitakin, sinä olet jonkinlainen meihin muihin verrattuna. Jossain asioissa samanlainen, jossain erilainen. Se millainen sinä omasta mielestäsi olet suhteessa muihin, on identiteettisi ydin. Jos ihminen eläisi täysin eristyksessä muista ihmisistä, kuten Tarzan viidakossa, hänen identiteettiään olisi vaikeaa määritellä. Onko hän ystävällinen vai tyly, suuri vai pieni, viisas vai höntti? Vaikea sanoa ilman vertailukohtaa. Me tulemme joksikin, jonkinlaiseksi, kun vertaamme itseämme muihin. Voimme siis kuvailla itseämme adjektiiveilla vasta, kun suhteutamme itsemme muihin. Ilman vertailukohtaa on mahdoton määrittää, millainen joku on.

Tarvitaan siis vertailukohta, mutta ei ole ollenkaan yhdentekevää mikä tai kuka valitaan siihen. Mielikuva itsestämme nimittäin muuttuu joka kerta kun vertailukohta muuttuu. Jos vertaat itseäsi Pekka Haavistoon tai Alexander Stubbiin, saatat päätyä olemaan samanlainen tai erilainen ihan eri ominaisuuksien suhteen.

Kun mietimme yhtäläisyyksiä ja eroavuuksia itsemme ja toisten välillä, on tätä vertailua helpompi tehdä, jos tyypittelemme ja ryhmittelemme ihmisiä. Näin toimiessamme, huomaamme, että syntyy erilaisia ihmisryhmiä. Joihinkin näistä syntyneistä ryhmistä koemme kuuluvamme ja joihinkin emme selvästikään kuulu. Ryhmät, joihin kuulumme ja joihin emme koe kuuluvamme, ovat osa meidän identiteettiämme. Tyypillisesti teemme tätä pohdintaa alitajuisesti, eikä tietoisella tasolla niin kuin nyt.

Nämä ryhmät voivat olla mitä vain, esimerkiksi liittyä paikkakuntalaisuuteen, ammattiin tai harrastuksiin. Tarkastellaan asiaa esimerkin valossa: Leikitään hetki, että pääsemme Saksan entisen liittokansleri Angela Merkelin pään sisään. Merkel on syntynyt Itä-Saksassa, mikä yhdistää hänet kaikkiin muihin ennen muurin purkamista eläneisiin itäsaksalaisiin. Hän on yksi heistä ja jakaa heidän tunteensa. Merkel on myös papintytär, mikä on vaikuttanut hänen lapsuuteensa merkittävästi.

Merkelistä kirjoitetussa elämäkerrassa[3] kerrotaan häneltä kysytyn, harmittaako häntä, kun häntä luonnehditaan edelleen papintyttäreksi. Merkel vastaa: "*Ei tietenkään, sehän minä olen*". Hän siis kuuluu myös lapsuudenkotinsa yhteisöön ja jakaa sen uskonnollisen perinnön. Hän tuntee yhteenkuuluvuutta muiden papintyttärien kanssa. Nämä molemmat identiteetin osat vaikuttivat merkittävällä tavalla myös hänen politiikkaansa. Vaikka Angela Merkel katsoo kuuluvansa näihin edellä mainittuihin ryhmiin, hän myös erottelee. Hän ei kuulu sellaisten itäsaksalaisten joukkoon, jotka ovat katkeria ja toivovat valtion tekevän enemmän heidän eteensä. Hän ei myöskään jaa isänsä fundamentaalista kristillistä näkemystä, vaan on muokannut oman maltillisen uskonnollisen kantansa.

Käsitys itsestämme muotoutuu toki myös sen perusteella, mitä olemme tehneet ja kokeneet. Elämänpolkumme ja valintamme ovat muovanneet meistä sen ihmisen, joka me tänä päivänä olemme. Tietenkin siihen vaikuttavat myös periaatteemme ja arvomme (suhteessa muihin ihmisiin). Identiteettimme koostuu siis palasista: siitä miten missäkin tilanteessa vertaamme itseämme muihin ihmisiin, mihin ryhmiin

---

3. Kati Marton kertoo tästä kirjassaan "*Merkel - Maailman vaikutusvaltaisimman naisen tarina*".

katsomme kuuluvamme ja miten elämänpolkumme on meitä muokannut. Identiteetti on siis hajanainen ja alati muuttuva kokonaisuus. Se muuttuu, kun vertailukohta, painotus tai näkökulma muuttuu.

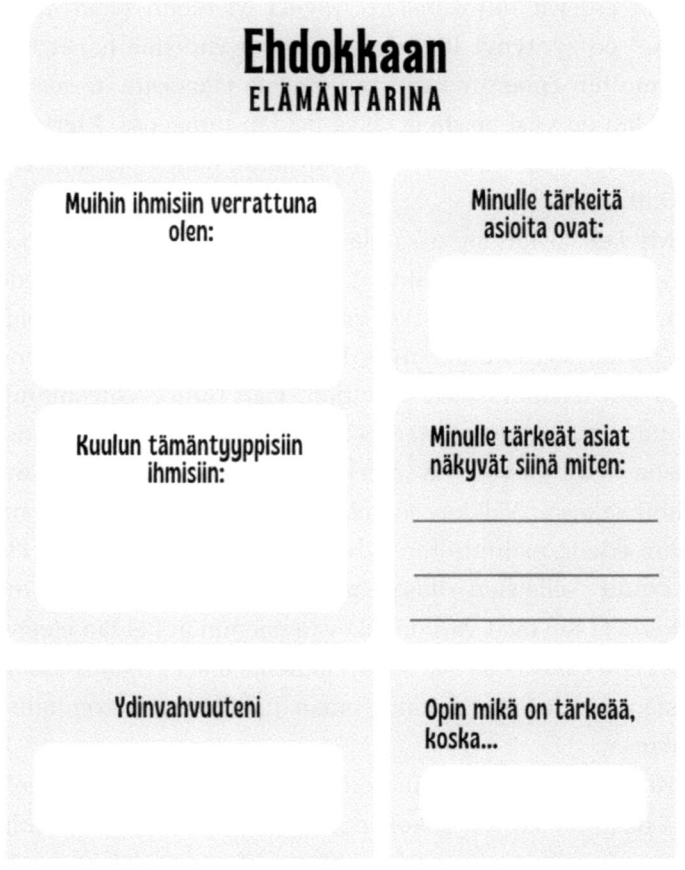

Ehdokkaan
ELÄMÄNTARINA

Muihin ihmisiin verrattuna olen:

Minulle tärkeitä asioita ovat:

Kuulun tämäntyyppisiin ihmisiin:

Minulle tärkeät asiat näkyvät siinä miten:

Ydinvahvuuteni

Opin mikä on tärkeää, koska...

Tätä elämäntarinan hahmottelemista me kaikki teemme alitajuisesti koko ajan. Sinunkin metatarinasi on siis olemassa jossain alitajuntasi syövereissä. Vaalikampanjaa ja brändin rakennusta varten meidän tarvitsee kaivaa tarinastasi joitain elementtejä esiin. Hahmotellaan siis seuraavaksi elämäntarinaasi poliitikon näkökulmasta. Millainen sinä olet muihin ihmisiin verrattuna ja mihin ryhmiin katsot kuuluvasi ja mihin et kuulu? Mitkä asiat ovat sinulle tärkeitä ja miten ne näkyvät toiminnassasi? Miksi olet päätynyt pitämään juuri näitä asioita tärkeänä? Mieti vastauksiasi ihan rauhassa, sillä me palaamme vielä näihin aiheisiin ja rakennamme kampanjan perustuen juuri sinun ainutlaatuisille vahvuuksillesi.

Nyt kun tiedämme, millainen ihminen sinä olet, voidaan siirtyä seuraavaan vaiheeseen. Nyt nimittäin pitäisi valita, mitä ominaisuuksia tuodaan vaalikampanjassa esiin. Toimintaa, missä pyrimme hallitsemaan äänestäjien mielikuvia sinusta, sanotaan brändäämiseksi.

Ehdokkaan brändi

Jokaisella ihmisellä on jokin brändi. Eräässä itsensä brändäämisestä kertovassa kirjassa[4] määriteltiin henkilöbrändi siten, että se on niitä asioita, mitä sanotaan ja ajatellaan, kun joku lähtee huoneesta. Vaikkapa: *"Onpas siinä mukava ihminen"*, *"Siinäpä vasta ääliö äijä"* tai *"Johan oli kettumainen akka"*. Yksittäisen ihmisen brändi tarkoittaa siis sitä mielikuvaa, mikä muilla on hänestä. Luonnollisesti myös jokaisella vaaliehdokkaalla on brändi. Ehdokkaan brändi tarkoittaa sitä mielikuvaa, mikä äänestäjillä, medialla ja muilla ehdokkailla on hänestä. Tunnetuilla ehdokkailla brändi voi olla melko vakiintunut ja siitä vallitsee äänestäjien ja median keskuudessa yhteisymmärrys. Samalla tavalla kuin meillä on kuluttajina vakiintuneet mielikuvat siitä, millainen on vaikkapa H&M-brändi Marimekkoon verrattuna.

Juttelin hiljattain baarissa erään potkut saaneen jääkiekkovalmentajan kanssa. Hän oli surullinen ja murehti sitä, mahtaako hän enää koskaan saada töitä. Mies oli mukava ja ajattelin voivani auttaa häntä. Ehdotin, että voisin jeesata

---

4. Veronica Cunning sanoo näin kirjassaan "You 'r' brand".

häntä rakentamaan itselleen selkeämmän brändin. Mies torjui ehdotuksen jyrkästi. Hän sanoi sen olevan feikkiä kikkailua, eikä hän missään tapauksessa lähde sellaiseen peliin. Hän totesi, että jos hän ei omana itsenään riitä, niin antaa olla.

Yritin selittää, ettei kyse ole mistään epäaidosta tai feikistä, vaan ainoastaan siitä, että johdonmukaisesti selkeytetään hänen vahvuuksiaan valmentajana, eikä hänen tarvitse tai kuulu olla mitään muuta kuin oma itsensä. Sillä kertaa ei tullut kauppoja. Olisi pitänyt selittää brändääminen jotenkin varovaisemmin ja siten, etten käytä brändi-sanaa. Mitä siis tämä tunteita herättävä brändääminen on?

Vaaliehdokkaan brändäämisellä tarkoitetaan toimenpiteitä, joiden avulla pyritään ohjaamaan ja selkiyttämään mielikuvaa, jonka äänestäjät ehdokkaasta muodostavat. Jotkut ihmiset luulevat, kuten jääkiekkovalmentaja edellä, että henkilöbrändäys on jotenkin feikkiä. Siitä ei ole kyse, sillä päälleliimatut piirteet eivät pysy ehdokkaan mukana kovinkaan pitkään. Henkilöbrändin pitää ehdottomasti perustua aitoihin olemassa oleviin ominaisuuksiin. Me rakennamme sinun brändisi niistä elämäntarinasi aineksista, joita hahmottelimme viime luvussa.

Kyse on oikeastaan siitä, että me tuomme markkinoinnin keinoin esiin parhaan mahdollisen version sinusta. Pyrimme vaikuttamaan ihmisten mielikuviin esittelemällä valikoidusti ja systemaattisesti hyviä puoliasi. Tästä huolimatta on hyvä pitää mielessä, että brändisi ei ole se, mitä itse sanot itsestäsi, vaan se, mitä muut sanovat sinusta. Sitä onko sinulla brändi vai ei, et voi itse valita, kaikilla on. Sen sijaan voit valita onko se sattumanvarainen vai tietoisesti rakennettu. Tietoisesti rakennettu brändi on todennäköisemmin houkuttelevampi kuin sattumanvarainen brändi.

Tyypillisesti ehdokkaat valitsevat tarkkaan mitä puolia itsestään he haluavat esitellä äänestäjille. Tämä jo sinänsä on brändäämistä. Tätähän me kaikki teemme. Valitsemme some-postaukseen kuvia, joissa näytämme hyvältä. Emme kerro työkavereille kahvitauolla alhaisista tai kateellisista ajatuksistamme, vaan asioista, mistä olemme ylpeitä. Usein pyrimme kommunikoimaan tavalla, joka saa meidät näyttämään hyvältä muiden silmissä. Brändäämisessä on kuitenkin kyse enemmästä, sillä näiden valintojen lisäksi tehdään myös taktisia päätöksiä. Ennen kuin mennään niihin, tarkastellaan miksi brändit vaikuttavat meihin niin vahvasti. Toisin sanoen tarkastelemme brändäämisen psykologiaa.

Brändäämisen psykologia

Olet varmaan huomannut, että me suhtaudumme kuluttajina joskus hieman erikoisesti joihinkin brändeihin; me rakastamme tai vihaamme niitä. Tämä on kummallista. Miten ihmeessä voimme vihata tai rakastaa tai ylipäätään suhtautua intohimoisesti tunteella johonkin pelkkään tuotemerkkiin? No, emme tietenkään oikeasti voikaan. Meidän tunteemme selittyy sillä, että brändit eivät ole pelkästään tuotemerkkejä, vaan **ne symboloivat erilaisia asioita.**[5] Koska ne toimivat symboleina, niihin voidaan liittää myös tunteita. Kun rakastamme tai vihaamme joitain asioita tai ilmiöitä, teemme samoin myös noiden asioiden tai ilmiöiden symboleille.

Kun brändäämme jotain poliitikkoa pyrimme kiinnittämään häneen markkinoinnin avulla kiinnostavia ominaisuuksia tai ideoita. Jos onnistumme tässä hyvin, poliitikosta saattaa tulla sen idean symboli. Esimerkiksi Greta Thunbergia voidaan pitää ilmastonmuutoksen vastaisen taistelun symbolina. Jos hän olisi poliitikko, moni haluaisi äänestää häntä, koska hän symboloi heille tärkeä asiaa.

Sen lisäksi, että brändit toimivat symboleina, niillä on toinenkin kiinnostava piirre. On nimittäin niin, että brändiin liitetyt ominaisuudet **siirtyvät mielikuvissamme myös sen**

---

5. Väitöskirjassani "Consumer Media choice – Towards a comprehensive model", s.73, taulukko 6.4.

17

käyttäjien ominaisuuksiksi. Jos esimerkiksi jotain vaate-merkkiä pidetään coolina, niin myös vaatemerkin käyttäjiä pidetään cooleina. Koska brändien avulla voidaan täten melko helposti liittää itseen haluttuja ominaisuuksia, ne ovat kuluttajille hirmu hyödyllisiä. Ostamalla tietynlaisia tuotteita, me ikään kuin muutumme tietynlaisiksi ihmisiksi. Käyttämis-tämme brändeistä tulee osa meidän olemustamme ja tarinaamme.[6] Sama ilmiö näkyy myös äänestämisessä. Jos äänestämme poliitikkoa, joka symboloi jotain tärkeää ideaa, mekin muutumme idean kannattajiksi. Äänestyspäätöksestä tulee osa tarinaamme, ikään kuin näkymätön asuste, mitä kannamme mukanamme.

Otetaan (kuvitteellinen) esimerkki: Ehdokas Jutta Juureva on hyvin huolissaan geenimanipuloiduista vauvoista ja siitä mahdollisuudesta, että manipuloidessamme ihmisten peri-mää, emme hallitsekaan tilannetta ja jotain kamalaa tapahtuu. Nettisivuillaan hän kertoo, että tarvittava teknologia on jo olemassa ja että Kiinassa syntyi ensimmäiset geenimanipu-loidut vauvat vuonna 2018. Hän kertoo myös CRISPR-tekno-logiasta ja on huolissaan sen helposta saatavuudesta.[7] Ehdokkaalla on Instagram-tili, missä hän julkaisee näkemyk-siään. Hän spekuloi päivittäin millaisia kauheita asioita hallit-semattomasta vauvojen geenimanipulaatiosta voi seurata. Jutta Juurevasta ja hänen Instagram-sivuistaan on jo tullut varsinainen ilmiö, brändi. Juureva on alkanut symboloimaan luomuvauvoja. Kun äänestäjät äänestävät Juurevaa, niin he kokevat ottavansa kantaa luomuvauvojen puolesta. Juurevan

---

6. Willman-Iivarinen, 2017e.
7. Tämä teknologia on siis todella jo oikeasti olemassa. Walter Isaacsonin kirja *"The code breaker"* kertoo aiheesta seikkaperäisesti. Samaa aihetta, joskin filosofisemmasta näkökulmasta, on pohtinut myös Jonathan Anomaly kirjas-saan *"Creating future people"*. Molemmissa kirjoissa kerrotaan Kiinassa synty-neistä geenimanipuloiduista vauvoista.

äänestäminen saa heidät tuntemaan itsensä vastuullisiksi ja tulevaisuuteen suuntautuneiksi kansalaisiksi.

Suunnitelma ehdokkaan brändiksi

Nyt kun olemme todenneet mitä brändit ovat ja miten ne vaikuttavat, voimme lähteä hahmottelemaan sinun brändiäsi. Kaiken lähtökohtana on itsensä tunteminen. Ei voi viestittää mitään ominaisuuksiaan tai arvojaan, jos ei ensin itse tiedä mitä ne ovat. Tätä varten rakensimme metatarinan edellisessä luvussa. Puhuimme myös siitä, miksi olet ehdokkaana. Brändi luodaan perustuen näihin tietoihin, eli omiin vahvuuksiisi ja tahtotiloihisi.

Brändi
HAHMOTELMA

Brändini ydinominaisuudet:	Tavoitebrändini näkyy toiminnassani seuraavasti:

Minun äänestämiseni symboloi:

Minun äänestämiseni kertoo äänestäjästä, että hän....

Metatarinassa olimme mahdollisimman rehellisiä itsellemme. Nyt voimme tehdä valintoja siitä, mitä haluamme kertoa muille. Valitse siis kaikkein tärkeimmät asiat, jotka haluat kertoa muille. Ne voivat olla arvoja, tavoitteita tai luonteenpiirteitä. Mieti myös, miten nuo asiat ovat tähän asti näkyneet toiminnassasi. Näiden lisäksi kannattaa pohtia, onko jotain sellaista, missä olet niin ainutlaatuinen, että voisit olla sen asian tai ilmiön symboli? Mitä sinun äänestämisesi kertoo äänestäjästä itsestään? Brändisi ei ole vielä tällä valmis, mutta nyt tiedämme, mitä tavoittelemme. Brändiä rakennetaan viestinnällä ja siihen perehdymme koko loppukirjan ajan. Koska brändi ei ole sitä, mitä itse ajattelet itsestäsi, vaan mitä muut sinusta ajattelevat, niin kannattaa jutella läheistesi kanssa asiasta. Kysy ihmisiltä, jotka todella tuntevat sinut, millainen kuva sinusta välittyy ja mitkä heidän mielestään ovat vahvuutesi. Tämä auttaa sinua sekä näkemään omat vahvuutesi että ymmärtämään, mitä asioita viestinnässä pitäisi painottaa.

Loppujen lopuksi brändäämisessä törmätään siihen, että ei mitenkään riitä, että sanot olevasi jotain. Voit toki väittää olevasi intohimoisesti kotikissojen etua ajava ihminen, mutta sinua ei välttämättä uskota. Onneksi on olemassa näppärä keino todistaa väitteitä: voit nimittäin kertoa tarinan. Kun kerrot miksi kissat ovat sinulle läheisiä, yleisö uskoo sinun vilpittömästi haluavan ajaa niiden asiaa. Perehdymme tarinoiden voimaan seuraavaksi.

Vakuuttavat tarinat

Tietokirjailija Paul Smith kertoo kirjassaan "*Sell with a Story*", miten hän päätyi ostamaan valokuvan possusta meressä. Hän näki kuvan käydessään taidenäyttelyssä vaimonsa kanssa. Näyttelyyn mennessään ja nähdessään kuvan ensimmäistä kertaa, Smith ei todellakaan tiennyt, että hän tulee ostamaan kuvan (ja kirjoittamaan siitä myöhemmin kirjaansa). Kuvassa ei ollut mitään kovinkaan ihmeellistä. Se oli otettu Karibian-merellä erään aution saaren rannalla ja siinä kuvassa ui possu. Mutta kun kuvan ottanut valokuvaaja Chris Cook kertoi kuvan taustoista, Smith innostui siitä. Valokuvaaja kertoi, että monta vuotta aiemmin eräs paikallinen yrittäjä sai "kuningas-idean" ja toi saarelle possuja kasvattaakseen niistä lihaa. Hän ei kuitenkaan ollut miettinyt ideaansa ihan loppuun asti, sillä saarella ei ollut juuri mitään possuille sopivaa ruokaa. Possuilla meni pitkään todella huonosti. Kunnes eräänä päivänä eräs toinen paikallinen yrittäjä, jolla oli ravintola, alkoi kipata ravintolansa ruoantähteitä lahdelle. Nälkäiset possut opettelivat uimaan ja nykyisin kaikki saarella olevat possut osaavat uida. Possut ovat oppineet, että lähestyvät veneet tarkoittavat ruokaa, ja siksi ne uivat innokkaasti kaikkia veneitä vastaan ilahduttaen suuresti turisteja. Possujen uusien taitojen ansiosta saari tunnetaan nykyään nimellä 'Pig Island'.

Ennen tarinan kuulemista kuva possusta uimassa oli vain kuva. Kun on kuullut tarinan, possun kuva muuttuu symbo-liksi. Kuulijasta riippuen se saattaa symboloida selviytymistä, sitkeyttä tai evoluution mahtia. Tarina teki kuvasta "keskustelunaiheen". Uniikki tarina maantieteestä, historiasta ja eläinten psykologiasta. Tarina nosti kuvan arvoa merkittävästi ja sai aikaan ostopäätöksen. Tarinat myyvät. Vaikka sinä et vaaliehdokkaana olekaan myymässä tauluja, niin Paul Smithin kertomus antaa silti ajattelemisen aihetta. Jos possun valokuva muuttuu tarinan avulla halutuksi taideteokseksi, niin mitä tarinat voivat tehdä sinulle, kysynpä vaan.

Kun tapaat äänestäjiä, niin osa heistä saattaa suhtautua sinuun aluksi aika epäilevästi. Lähtökohtaisesti he eivät usko sanaakaan siitä, mitä sinä sanot ja he pitävät sinua etäisenä ja melko tylsänä ihmisenä. Kun puramme näitä ennakkoluuloja ja äänestämisen esteitä, tarinat ovat avainasemassa. Tarinat herättävät tunteita ja niiden avulla saamme ihmiset luotta-maan sinuun. Ne tekevät sinusta inhimillisen ja helposti lähestyttävän. Vaaliehdokkaana sinä tarvitset nipun erilaisia tarinoita.

Saatat ajatella, että et aio tarinoida, tarkoitus on tehdä vakavaa politiikkaa. Et halua kertoa mitään satuja. Nämä tarinat, jotka tässä luvussa rakennamme, eivät todellakaan ole mitään satuja. Niiden avulla kerromme mitä sinulle on tapahtunut, miltä se on tuntunut ja mitä siitä on seurannut. Voimme esimerkiksi kertoa miksi tietyt asiat ovat sinulle tärkeitä ja miten sinun arvosi ovat kehittyneet. Tarinoilla on vaalikampanjassasi todella olennainen rooli.

Tarinan psykologia

Tarinoiden teho perustuu useisiin psykologisiin mekanismeihin. Kun vaaliehdokas kertoo äänestäjille tarinan, niin tarina luo hänelle ja kuulijoille yhteisen kokemuksen. Jos hyvin käy, äänestäjä saattaa tunnistaa itsensä tarinasta. Jaetut kokemukset lähentävät ihmisiä toisiinsa. Lisäksi henkilökohtainen tarina tekee ehdokkaasta inhimillisen ja mukavanoloisen. Äänestäjät ovat loppumattoman kiinnostuneita tietämään mitä poliitikon ulkokuoren alla piilee. Kun raotat tuota salaperäistä verhoa, he alkavat pitää sinusta. Olen kuunnellut sekä Barack että Michelle Obaman kirjat heidän itsensä lukemana.[8] Kirjoissa oli paljon tarinoita ja arkipäiväisiä sattumuksia. Niiden seurauksena minusta alkoi tuntua, että tunnen tämän pariskunnan jo aika hyvin. Olemme oikeastaan jo melko hyviä kavereita (vaikka Obamat eivät taida sitä tietää).

Paul Smith kertoo kirjassaan, että kun ihmisiltä on kysytty kuinka moneen ihmiseen he luottavat, he kertovat luottavansa noin joka kolmanteen kanssakulkijaan. Mutta kun heiltä kysytään kuinka moneen tuntemistaan ihmisistä he luottavat, niin luotettavien ihmisten määrä kasvaa kahteen

---

8. Barack Obama: "A promised land" ja Michelle Obama: "Becoming". Molemmat löytyivät Amazon Audiblesta heidän lukeminaan.

kolmasosaan. Meillä on siis taipumus luottaa sellaisiin ihmisiin, jotka tunnemme. Kun kerrot henkilökohtaisen tarinan, joka koskettaa kuulijaa, siirryt tuntemattomasta ihmisestä yhtäkkiä ihmiseksi, jonka kuulija jollain tasolla "tuntee". Tämä on ehdokkaan kannalta ensiarvoisen tärkeää, sillä tunne tuntemisesta saa äänestäjät luottamaan sinuun ja kiinnostumaan viestistäsi.

Tarinoiden voima on myös siinä, että ne jäävät helposti mieleen ja auttavat äänestäjiä muistamaan ehdokkaat. Mietitään tätä hetki. Mitä muistat Yhdysvaltojen entisestä presidentistä Bill Clintonista? Sen, että hänen kaudellaan käytiin sotaa Kosovossa ja Irakissa, vai sen, että hän uudisti sosiaaliturvaa Yhdysvalloissa? Vai sittenkin sen Monica-jutun? Veikkaan, että kaikki, jotka olivat aikuisia Clintonin kaudella 1993-2001, muistavat vähintään sen Monica-hommelin.[9] Clintonille Monica-tapauksesta ei ollut mitään hyötyä, vaikka sen kaikki muistavat. Tarkastellaan toista esimerkkiä. En usko, että Greta Thunberg olisi ikinä noussut kansainväliseksi ilmiöksi ilman poikkeuksellista tarinaansa. Jos hän olisi ollut joku random keski-ikäinen täti tai setä, niin harvaa olisi kiinnostanut, mitä sanottavaa hänellä on. Mutta kun hän oli totinen pikkutyttö, joka uskoi asiaansa niin vakaasti, että meni koululakkoon, ihmisiä alkoi kiinnostamaan hänen tarinansa. Kun tarina kiinnosti ihmisiä, kiinnostuttiin myös hänen sanomastaan.

Tarinoiden voima vaalitilaisuuksissa, puheissa ja kirjoituksissa on kiistaton. Ne eivät ainoastaan välitä tietoa, vaan myös tunteita ja arvoja. Ne auttavat sinua luomaan vahvoja suhteita äänestäjiisi, rakentamaan luottamusta ja antamaan sinusta mukavaa vaikutelmaa. Tarinoiden kertominen vaalikampanjassasi voi olla aivan ratkaiseva tekijä.

---

9. Nuoremmille lukijoille tiedoksi, että Monica Lewinsky -skandaali oli poliittinen kohu, jossa paljastui Clintonin ja valkoisen talon harjoittelijan välinen suhde. Tämä johti lopulta Clintonin virkarikosoikeudenkäyntiin. Tuntui, että media kirjoitti siitä joka ikinen päivä. Kohu kuitenkin laantui, kun Clinton lopulta vapautettiin kaikista syytteistä.

Ehdokkaalla on hyvä olla nippu erilaisia tarinoita, joiden avulla hän voi tuoda esiin oman persoonansa, arvonsa ja tavoitteensa. Tarinoita ehdokas saattaa tarvita monissa eri tilanteissa. Pohdi elämäntarinaasi ja brändisi ydinominaisuuksia. Mitä kohtia tai ominaisuuksia haluaisit korostaa tai todistaa? Miten nämä asiat ovat näkyneet elämässäsi? Kannattaa tehdä lista tarvittavista tarinoista.

Ehdokkaalla voisi olla esimerkiksi seuraavanlaisia tarinoita:

- **Ehdokkuustarina** eli miksi päätit lähteä mukaan politiikkaan.
- **Aikaansaannostarina** kertoo mitä konkreettista olet tehnyt.
- **Arvotarina** kertoo arvoistasi ja niiden kehittymisestä.
- **Luonnetarina** kertoo, millainen olet ihmisenä.
- **Oppimistarina** kertoo tilanteista, missä olet oppinut tai oivaltanut jotain.
- **Brändäävä** tarina kertoo ehdokkaan ydinominaisuuksista.

Listaa, mitä tarinoita tarvitset. Muista, ettei tarinan tarvitse olla mitenkään ihmeellinen. Pienetkin arkipäiväiset tarinat voivat olla merkityksellisiä ja auttaa äänestäjiä ymmärtämään sinua. On tärkeää, että tarina on aito, sillä äänestäjät tunnistavat nopeasti tekaistun tarinan.

Jos tuntuu vaikealta alkaa keksiä tarinan aiheita, niin kuvaile vaikkapa jotain oppimaasi tai oivaltamaasi asiaa, mikä on muokannut sinua ihmisenä. Se voi olla vaikkapa jokin henkilökohtainen haaste, jonka voitit, tai vaikea tilanne, josta selviydyit. Voit myös pohtia, millaiset ihmiset ovat elämäsi varrella vaikuttaneet sinuun. Mitä he ovat auttaneet sinua oivaltamaan?

Tarinat
JOKA TILANTEESEEN

Tarvittavat tarinat:	Tarinani ydinelementit:
1	
2	
3	
4	
5	

Luonteeni tulee hyvin esiin, kun:	Minua muovanneita tapahtumia:
Ihmisiä, joita ihailen (ja miksi):	Kommelluksia, mistä olen selvinnyt:

Nyt kun tiedämme, mitä tarinoita tarvitsemme, voimme alkaa kehittelemään niitä. Kannattaa nähdä vaivaa muotoillessaan tarinoita. Hyvillä tarinoilla on nimittäin taipumus levitä.

Miten rakentaa kiinnostava tarina

Tarkastellaan ensin sitä, mikä oikeastaan on tarina. Tarina eroaa muista sanarykelmistä muutaman keskeisen ominaisuuden perusteella. Ensiksikin jokainen tarina sijoittuu johonkin tiettyyn aikaan ja paikkaan. Tarinassa on myös päähenkilö ja juoni. Yleensä juoni rakennetaan niin, että päähenkilöllä on aluksi jokin tavoite. Tämän alkuasetelman jälkeen ilmenee yleensä jokin haaste tai ongelma, joka estää päähenkilöä pääsemästä tavoitteeseensa. Sitten joku tekee jotakin tai jotain tapahtuu. (Jotain pitää tapahtua, koska muuten kyse ei ole tarinasta). Lopulta päähenkilö joko pääsee tavoitteeseensa tai vaihtoehtoisesti hän ymmärtää, että hänen alkuperäinen tavoitteensa on ollut väärä ja hän muuttaa sitä. Tarina saa päätöksensä.

Esimerkiksi tämä on tarina: Barack Obama haluaa parantaa maailmaa (tavoite). Hänellä ei ole valtaa (ongelma), ja siksi hän päättää lähteä ehdolle presidentinvaaleihin (teko). Obama valitaan presidentiksi ja hän parantaa maailmaa (lopputulos).

Tarinan luomiseen on olemassa erilaisia työkaluja. Yksi tehokas työkalu on "Story Spine,"[10] joka auttaa luomaan tarinan rakenteen: "**Jossain paikassa jossain ajassa** oli **tämä henkilö.** Hän yritti tehdä **jotain.** Sitten eräänä päivänä tapahtui **jotain.** Sen jälkeen hän teki **sitä ja tätä.** Lopulta tapahtui **tämä.** Mitä **tästä** opin, on **tämä.**"

Tarkastellaan esimerkiksi edellä kerrottua tarinaa possutaulusta. Paul Smith oli taidenäyttelyssä. Hänellä ei ollut aiko-

---

10. Story spine -työkalun on alun perin kehittänyt Ken Adams. Tästä kerrottiin Paul Smithin kirjassa "Sell with a story", s.121-126.

ostaa mitään, hän vain yritti saada ajan kulumaan katselemalla tauluja. Sitten hän kuuli erään valokuvan taustatarinan. Tämä muutti kaiken, sillä sen jälkeen hän osti taulun. Me opimme tästä, että tarinat ovat vahvoja ja tekevät tavallisista asioista merkityksellisiä.

Tarinan rungon hahmottelemisen jälkeen on hyvä pohtia keinoja, joilla saadaan tarinasta kiinnostava. Hyvät tarinat usein **alkavat** jollakin koukulla, mikä saa lukijat tai kuulijat kiinnostumaan siitä. Koukun luominen tarinaan on taitolaji. Se saattaa olla jokin yksittäinen lause, joka selittää miksi kerrot tarinaa ja miksi sitä kannattaa kuunnella. Tai se voi olla yllättävä tai salaperäinen asia. Jos esimerkiksi aloitat kertomalla, että: *"Minulla on tarjoilijan housut jalassa"*, ihmisiä kiinnostaa tietää miksi. Uteliaisuutta herättää myös, jos aloitat puheesi sanomalla: *"En kadu montaa asiaa elämässäni, mutta..."*.

Tarinan **konteksti** on myös tärkeä. Se kertoo missä ja milloin tarina tapahtui ja kuka on päähenkilö. Selkeä konteksti vaikuttaa siihen, kuinka uskottavana ja kiinnostavana tarina koetaan. Jos kertoo mitä *tapahtui "kesäkuussa tänä vuonna Joensuussa"*, ihmiset olettavat tarinan olevan totta. Jos taas kertoo *"Kuulin kerran, että.."* ei se välttämättä ole ihan totta. Tämän takia tarinoissa on hyvä käyttää ihmisten nimiä ja konkretiaa. Yksityiskohdat lisäävät myös mielenkiintoa. Jos kerrot: *"kerran konferenssissa, eräs myyntipäällikkö teki..."* niin se ei ole kovin kiinnostavaa, eikä välttämättä ihan tottakaan. Kiinnostavampi ja luottamusta herättävämpi olisi: *"Konferenssissa viime viikolla Turussa Mika myynnistä..."*.

Huolehdi, että yleisösi tuntee **päähenkilösi**. Jos kerrot, että työpaikallasi yksi tyyppi sai potkut, ihmisiä ei paljoa kiinnosta. Mutta jos kerrot *"Mulla oli kerran työkaverina Jukka, joka oli ihan huipputyyppi. Jukalla oli tapana mennä aamulla töihin ennen muita ja keittää kahvit koko porukalle. Jos jollain oli ongelma, Jukka oli aina ensimmäisenä tarjoamassa apua. Kun sitten Jukka yhtenä päivänä sai potkut..."* Nyt ihmisiä kiinnostaa. He tuntevat jo vähän Jukkaa ja he tykkäävät hänestä. Kaikkia kiinnostaa tietää, miksi mukava ja auttavainen Jukka sai potkut. Tämän kiinnostuksen herättämiseen meni vain pari lausetta. [11]

Kontekstin ja päähenkilön esittelemisen lisäksi tarinaan kannattaa lisätä **tarkoin valittuja yksityiskohtia**. Ne tekevät tarinasta kiinnostavamman ja uskottavamman. Yksityiskohdat voivat olla esimerkiksi aistihavaintoja (miltä siellä kuulosti, miltä näytti, miltä tuoksui). Ne auttavat kuulijoita tai lukijoita eläytymään tarinaan. Mutta yksityiskohtia ei kuitenkaan kannata laittaa liikaa, sillä liika yksityiskohtaisuus tekee tarinasta sekavan. Ehkä kannattaa valita yksi tärkeä kohtaus ja kuvailla se tarkkaan. Kun kerrot henkilökohtaista tarinaa, kerro se niin pikkutarkasti, että yleisö pystyy kuvittelemaan olleensa sinun kanssasi sinun omassa tarinassasi.

Esittele tarinan **keskeinen haaste** tai ongelma, joka asettaa päähenkilön koetukselle. Kerro mitä päähenkilö haluaa ja miksi sen saaminen on vaikeaa. Esimerkiksi: *"Minulla oli nälkä, mutta kotona ei ollut mitään ruokaa."* Tämä rakentaa tarinaan konfliktin, joka pitää kuulijoiden jännitystä yllä. Miten päähenkilö aikoo ratkaista ongelman? Kerro, miten haaste voitetaan ja tavoite saavutetaan. Mitä kukakin teki ja mitä siitä seurasi.

Luultavasti pyrit tarinasi avulla tekemään vaikutuksen ihmisiin. Tämä onnistuu helpoimmin, jos **tarinasi herättää tunteita**. Kun suunnittelet tarinasi kertomista, niin mieti mitkä kohdat siinä voivat herättää ihmisissä tunteita. Tuo sitten tunteet selkeästi esiin tarinassasi. Voit kertoa niistä suoraan: *"Olin järkyttynyt"*, *"Hän pelästyi pahan kerran"* tai kuvailemalla miten joku käyttäytyy: *"Hän nauraa hohotti"*, *"Hän käpertyi sängylle sikiöasentoon, eikä liikkunut pitkään aikaan"*. Jälkimmäinen on tehokkaampi tapa, sillä se noudattelee kirjoittamisen perussääntöä "näytä, älä kerro". Jos olet

---

11. Tämä esimerkki ja vinkit on poimittu Paul Smithin kirjasta.

todella taitava, onnistut saamaan yleisösi kokemaan samoja tunteita kuin tarinasi päähenkilö.

Tarinan **lopetus** antaa tarinalle merkityksen ja jättää kuulijat tai lukijat miettimään sitä vielä pitkään sen jälkeen. Hyvä lopetus voi olla opettavainen tai tunteita herättävä. Opettavaisuutta ei kuitenkaan kannata alleviivata. Esimerkiksi *"Minä opin tästä kokemuksesta, että..."* on huomattavasti parempi kuin *"Tarinan opetus on..."*. Jälkimmäinen on alentava, ensimmäinen jättää yleisölle tilaa tehdä oma tulkintansa. Lopetuksen ei tarvitse selittää kaikkea, mutta se tulisi antaa tarinalle selkeä päätös. On hyvä lopettaa jotenkin niin, että kaikki ymmärtävät tarinan olevan ohi. Esimerkiksi: *"Silloin ymmärsin, että..."*, *"Tämä siis selittää miksi..."*, *"Tapahtuman jälkeen olen oppinut ymmärtämään..."*. Kun tarina loppuu, olisi myös hyvä, että yleisö tietäisi, mitä sen tulisi ajatella tarinasta. Tähän voi antaa vihjeitä: *"Sen jälkeen, en ole enää ikinä..."*, *"Tämä oli paras päätös mitä olen tehnyt"*, *"Tuolla matkalla tapasin vaimoni"*. Näiden vihjeiden perusteella yleisö tietää, miten suhtautua tarinaasi.

Monille siirtyminen tarinaan kesken puheen on vaikeaa. Siksi siirtymää tehdään usein vaikka kuinka monen lauseen ajan. Yritä kuitenkin tehdä se mahdollisimman luontevasti. Voit aloittaa sanomalla vaikkapa: *"Paras esimerkki tästä oli, kun..."* tai *"Kaverilleni Mikolle kävi juuri noin. Kun hän oli..."*. *"Jotain tapahtui viikko sitten, mikä muutti täysin käsitykseni tästä"*. Yleensä ei kannata kertoa yleisölle, että nyt minä aion kertoa teille tarinan. Tarina kuulostaa sanana lapselliselta ja joltain sellaiselta, mikä ei ole mitenkään tarpeellinen tai välttämättä edes kovinkaan totta. Jos puhut tarinasta tarinana niin se aiheuttaa paljon psykologista vastustusta, mitä et todellakaan tarvitse. Kerro siis tarinoita ilman, että kutsut niitä tarinoiksi.

Tarinankerronnan taito kehittyy harjoittelemalla. Harjoittele kertomalla tarinoita perheellesi ja kavereillesi. Kiinnitä huomiota siihen, miten tarinan elementit ovat mukana kerto-

muksessa. Yritä siirtyä tarinaan vaivihkaa, ilman että julistat
yleisölle kertovasi tarinaa.

3

VAIKUTTAVA VAALIVIESTINTÄ

Nyt kun olemme hahmotelleet, millainen olet ehdokkaana, voimme alkaa kertomaan siitä muille. Ihan ensin meidän pitää päättää minkä digitaalisen alustan valitsemme kotipesäksesi. Voidaan puhua myös digisydämestä[1]. Se tarkoittaa sellaista digitaalista alustaa, johon on koottu kaikki tärkeät tiedot sinusta. Vaikka mediapaletissa on paljon muitakin medioita, niin digisydän on se paikka, mihin ohjaamme ihmiset kaikkialta muualta saamaan lisätietoja. Totta kai linkitämme myös toiseen suuntaan eli digisydämestä löytyy linkit kaikkiin muihin medioihin.

Digisydän on kaiken keskus

Digisydämessä ehdokas pystyy vapaasti esittelemään omia mielipiteitään ja tuomaan esiin persoonaansa. Hän hallitsee tätä alustaa täysin. Vaalikampanjan onnistumisen kannalta on erittäin tärkeää, että ehdokkaalla on tällainen digisydän. Jos ehdokas olisi esimerkiksi pelkästään vaalikoneen varassa, ei

---

1. Digisydämen idean olen saanut Sanya Saariselta jossain koulutuksessa. Hän tosin käytti termiä digiydin.

hän pystyisi tuomaan esiin kaikkia itselleen tärkeitä asioita. Vaalikoneessa pystyy vastaamaan vain niihin kysymyksiin mitä toimittajat ovat sinne valinneet. Sama pätee myös puolueen sivuihin tai muihin alustoihin, mihin on koottu monia ehdokkaita samaan paikkaan.

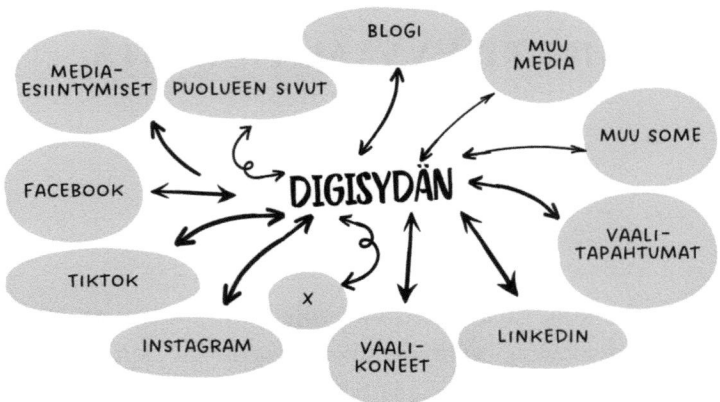

Digisydän voi olla esimerkiksi nettisivu, mutta jos se tuntuu työläältä tai kalliilta, niin se voi olla myös blogi tai joku someprofiili (*Facebook, X, Instagram, TikTok, YouTube…*) Sillä ei oikeastaan ole väliä mikä se on, mutta yksi kanava kannattaa ehdottomasti valita tällaiseksi kaiken viestinnän lähtökohdaksi. Jos sinulla on jo valmiiksi poliittinen nettisivu tai poliittinen Facebook-profiili tai jokin muu poliittinen sosiaalisen median profiili, niin kannattaa tietenkin harkita sitä. On turhaa alkaa rakentaa mitään uutta, jos vanhakin on olemassa. Samoin jos jo olet jonkin sosiaalisen median kokenut käyttäjä, niin se saattaisi tuntua myös aika luontevalta digisydämen paikalta. Jos aikaa ja energiaa olisi rajattomasti, niin tietenkin kannattaisi rakentaa kaikki mahdolliset someprofiilit ja nettisivut viimeisen päälle. Kun aikaa tai rahaa ei kuitenkaan ole rajattomasti, niin teemme valintoja.

Kun olet valinnut digisydämen, valitse myös, mitä muita medioita käytät aktiivisesti vaalikampanjassa. Tämä toimii muistilistana. Käy niistä kaikista tarkistamassa, että sieltä löytyy linkit digisydämeen. Linkitä myös digisydämestä niihin. Listaa sen jälkeen myös ne somealustat, mitä et aio käyttää vaalikampanjassa. Näiden passiivisten somealustojen listaaminen on tärkeää, koska niihinkin pitäisi käydä tekemässä profiiliin päivitys ja linkki digisydämeen. Sillä vaikka et itse tätä mediaa käytä, niin moni äänestäjä käyttää. On hyvä pohtia tarkkaan, mitä kaikkea haluaa digisydämestä löytyvän. Ainakin siellä pitäisi olla nimesi, kuvasi, puolueesi ja vaalinumerosi. Tänne on hyvä myös listata vaalitapahtumasi. Lisäksi olisi tärkeää, että digisydämestä löytyy vaalisloganisi (katso luku 10), tavoitteesi ja vaalilupauksesi (luku 10). Linkit blogeihisi tai mielipidekirjoituksiisi lehdissä ovat myös olennaisia. Kannattaa toki myös linkittää sinusta tehtyihin lehtijuttuihin tai muihin mediaesiintymisiin. Koskaan ei ole haittaa siitä, että tekisit myös ohjeet, miten joku voi lahjoittaa kampanjalle rahaa.

Kun mietit digisydämen sisältöä, mieti, mitkä asiat äänestäjää kiinnostavat (katso luku 4). Kannattaa käydä myös stalkkaamassa miten muut ehdokkaat ovat asian hoitaneet. Mitä voit heiltä kopioida ja mitä voit tehdä paremmin? Muista myös päivittää aktiivisesti digisydäntäsi ja pitää se ajan tasalla. Jos valitset digisydämeksi nettisivut, niin upota sinne sosiaalisten medioiden kanavien sisältö, niin saat jatkuvasti päivittyvät sivut ilman sen suurempaa vaivaa.

Sisällönsuunnittelun jälkeen on hyvä miettiä visuaalista ilmettä. Panosta nettisivujen ja someprofiilien ulkonäköön. Hyvännäköiset sivut, joilta tiedot löytyvät helposti, houkuttelevat enemmän kävijöitä. Tekemäni pienimuotoisen analyysin mukaan näyttäisi siltä, että mitä upeammat nettisivut ehdokkaalla on, sitä enemmän hän saa ääniä. Analysoin keravalaisten ehdokkaiden kotisivuja kuntavaaleissa 2017.[2] Tosin löysin nettisivut vain pieneltä osalta ehdokkaista. Muilla joko

---

2. Willman-Iivarinen, 2021a.

sivuja ei ollut tai en niitä löytänyt (mikä lienee suunnilleen sama asia). Luokittelin sivut karkeasti kahteen kategoriaan: laimea tai upea. Tämän pienimuotoisen analyysin perusteella näyttäisi siltä, että kotisivujen upeuteen kannattaa satsata, sillä yhtä lukuun ottamatta kaikki, joilla oli upeat sivut, tulivat valituiksi. Valitsematta jäänytkin pääsi varasijalle. Sivujen upeuden luokittelu on toki subjektiivista, mutta näyttää selvältä, että sivujen ulkonäköön kannattaa satsata.

Digisydän
SUUNNITELMA

Valitsen digisydämekseni:

Käytän aktiivisesti kampanjassa myös:

Passiiviset someprofiilini (en käytä kampanjassa):

Digisydämen sisältö:

☐ Nimi, puolue ja vaalinumero
☐ Vaalislogan
☐ Vaalilupaus
☐ Tavoitteet ja arvot
☐ Millainen olen ihmisenä
☐ Vaalitapahtumat
☐ Linkit mediaesiintymisiin
☐ Linkit somekanaviin

Muuta, mitä?

Ehdokkaan oma chattibotti

Yksi kiva lisä digisydämeesi voisi olla oma henkilökohtainen chattibottisi. Monet ehdokkaat eivät ehdi tai jaksa vastata äänestäjien kysymyksiin ja kommentteihin. Jotkut ovat palkanneet avustajan vastailemaan äänestäjille. Vastaaminen voi silti olla hänellekin vähän puuduttavaa, kun samat teemat ja kysymykset toistuvat koko ajan. Kun yrityksissä vastaavassa tilanteessa huomataan, että asiakaspalveluun tulee toistuvia kysymyksiä eikä asiakaspalvelijan aika riitä niihin vastaamiseen, otetaan usein avuksi chattibotti. Botille annetaan leikkisä nimi ja luodaan persoonallisuus. Yritys hyötyy botista, koska sillä on aikaa ja kärsivällisyyttä vastata toistuviin kysymyksiin. On myös huomattu, että usein botti toimii asiakaspalvelussa vähintään yhtä hyvin kuin ihminen.

Tähän mennessä pidetyissä vaaleissa ei ehdokkailla ole ollut omia chattibotteja.[3] Nyt niiden hinnat ovat tulleet niin paljon alaspäin ja ominaisuudet parantuneet niin paljon, että tulemme varmaankin näkemään niitä tulevissa vaaleissa. Esimerkiksi personoitu ja suljettu versio Chat GPT:stä voisi toimia aika kivasti. Botti tarjoaa suuria hyötyjä ehdokkaille. Ensinnäkin se jaksaa vastata äänestäjien kysymyksiin ympäri vuorokauden ja tarjota heille monenlaista kiinnostavaa tietoa ehdokkaasta. Toiseksi ehdokkaat hyötyvät botista, sillä se tallentaa äänestäjien kysymykset, vasta-argumentit ja pohdinnat digitaalisessa muodossa. Analysoimalla tätä botin keräämää dataa, ehdokas näkee mitkä aiheet kiinnostavat äänestäjiä ja mitkä asiat saattavat olla äänestämisen esteitä. Hyödyntämällä näitä tietoja ehdokas voi tehdä entistä tehokkaampaa kampanjointia.

Niin kauan kuin äänestäjät tietävät keskustelevansa botin eikä ehdokkaan itsensä kanssa, chattibotit lienevät hyödyllisiä myös äänestäjille. Äänestäjät saavat helposti vastauksia kysymyksiinsä, ja kynnys kysyä on matala. Toki vastauksia saa

---

3. Joskin puolueet ja tietyntyyppiset ryhmittymät ovat käyttäneet jo. Esim. Bashyakarla, 2019.

vain kysymyksiin, joihin ehdokas on huomannut laittaa botille tietoja. Näen kaksi potentiaalista ongelmaa bottien käyttämisessä.

Ensiksikin ehdokkaalle syntyy vakava ongelma, jos joku ulkopuolinen taho pystyy hakkeroitumaan bottiin tai muuten syöttämään sille tietoja. Tai jos botti oppii kaikista äänestäjien kanssa käymistään keskusteluista, niin se saattaa alkaa toimia ehdokkaan edun vastaisesti. Toinen ongelma liittyy äänestäjien tietoturvaan. Poliittiset mielipiteet ovat erittäin arkaluonteisia, eikä ole oikein, jos äänestäjän nimi ja mielipiteet voidaan yhdistää vaikkapa IP-osoitteiden kautta. Ehdokkaan pitää miettiä tarkkaan, miten hän käyttää botin avulla hankittua dataa. Näistä haasteista huolimatta suosittelen, että ehdokkaat ainakin perehtyvät botteihin, sillä niistä voi olla valtava apu vaalikampanjoinnissa.

Hakukoneoptimointi ja hashtagit

On tärkeää, että äänestäjät löytävät ehdokkaan häntä etsiessään. Äänestäjät eivät kuitenkaan välttämättä etsi ehdokasta tämän nimellä, vaan he saattavat käyttää hakutermejä kuten *"kuntavaalit forssa komistus"* tai *"vasemmistolaisin kokoomuslainen hyvinkää"*. Riippumatta hakutermistä, olisi tärkeää, että kaikki ehdokkaaseen edes etäisesti liittyvät hakutermit johtaisivat hänen digisydämeensä. Hakukoneoptimoinnin tarkoituksena on parantaa verkkosivuston näkyvyyttä hakukoneiden tuloksissa. Käytännössä tämä tarkoittaa sitä, että kun äänestäjä kirjoittaa Googleen hakutermin, niin hakutermiin sopivan ehdokkaan sivusto nousee hakutulosten kärkeen tai mahdollisimman lähelle sitä. Koska juuri kukaan ei selaa hakutuloksia ensimmäistä sivua pidemmälle, hakukoneoptimointiin kannattaa todella panostaa.

Ensimmäinen askel hakukoneoptimoinnissa on keksiä mitä sanoja tai termejä äänestäjät todennäköisesti käyttävät etsiessään ehdokasta. Tämä vaatii pientä tutkimustyötä. Voit käyttää hakusanojen etsimiseen esimerkiksi Googlen avainsanojen suunnittelutyökalua, joka auttaa löytämään suosittuja hakutermejä. Esimerkiksi tärkeimpiä avainsanoja ehdokkaalle, joka kampanjoi nuorten työllisyyden parantamisen puolesta, voisivat olla: *"nuorten työllisyys"*, *"työpaikat nuorille"* ja *"nuorten hyvinvointi"*.

Kun olet löytänyt oikeat avainsanat, niitä kannattaa käyttää johdonmukaisesti kaikessa digitaalisessa viestinnässä: verkkosivustollasi, blogikirjoituksissasi, sosiaalisen median profiileissa ja julkaisuissa. Tehokkainta on sisällyttää avainsanat otsikoihin, väliotsikoihin ja sivun metakuvauksiin. Jos näihin ei luontevasti onnistu niitä sovittamaan, laita ne tekstin joukkoon.

Sosiaalisessa mediassa löydettävyyttä parantavat hakusanojen lisäksi hashtagit.

MAHTIPONTISIA VAALIHASHTAGEJA:
(Chat GPT:n kuvittelemina)

#POLITIIKANPRINSESSA

#AÄNESTÄ_ÄSSÄÄ

#VAALI VETER AANI

#TULEVAISUUDEN- TOIVO

#MAHTAVAMUUTOS

#POLITIIKANPARAS

#PÄIVÄNPELASTAJA

#SUPEREHDOKAS

Hashtagien avulla voit liittyä osaksi käynnissä olevia keskusteluita ja tehdä itsestäsi helpommin löydettävän. Esimerkiksi jos kampanjoit ilmastonmuutoksen torjumisen puolesta, käytä hashtageja kuten #ilmastonmuutos, #ympäristö ja #kestäväkehitys jne. Hyödynnä suosittuja ja ajankohtaisia hashtageja, mutta niiden rinnalle kannattaa luoda omia persoonallisia ja kampanjasi kannalta merkityksellisiä hashtageja. Keksi kampanjallesi sellainen hashtag, joka on ainutlaatuinen ja helposti muistettava. Chat GPT ideoi pyynnöstäni vähän hassuja ja mahtipontisia vaalihashtageja. Voit pyytää sitä ideoimaan itsellesi joitain vähän asiallisempia. Kun suunnittelet hashtageja, mieti, millaisia sanoja ja lauseita äänestäjät käyttävät sosiaalisessa mediassa. Kokeile erilaisia hashtageja ja seuraa, mitkä niistä saavat eniten näkyvyyttä. Hashtagien suunnitteluun on olemassa useita työkaluja. Voit esimerkiksi käyttää jo edellä mainittua Googlen avainsanojen suunnittelutyökalua löytääksesi hyviä hakutermejä, jotka liittyvät kampanjasi teemoihin. On olemassa myös muita kaupallisia palveluita, mitkä tarjoavat apua hashtagien suunnitteluun. Voit toki myös selvittää, mitä hashtageja muut ehdokkaat käyttävät. Se auttaa sinua pysymään mukana olennaisissa keskusteluissa.

Hakusanat
JA HASHTAGIT

Hakusanaoptimoin sisältöni
seuraavilla sanoilla:

_____

_____

_____

Kampanjani teemoihin
liittyvät hashtagit:

Kampanjani ikioma hashtagi:

38

On tärkeää, että hakukoneoptimointi ja hashtagit ovat jatkossa olennainen osa kaikkea digitaalista toimintaasi. Näin varmistat, että äänestäjät löytävät sinut ja viestisi helposti. Suunnittele, miten käytät hashtageja sosiaalisen median julkaisuissasi. Parhaiten toimii sellainen yhdistelmä, jossa käytät sekä suosittuja hashtageja, joiden avulla liityt yleiseen keskusteluun, että omia kampanjasi hashtageja, joiden avulla ihmiset löytävät sinut.

Vaalikonemarkkinointi

Kaikki äänestäjät eivät löydä tietään suoraan digisydämen luokse, vaan osa äänestäjistä löytää ehdokkaan vaalikoneesta. Vaalikoneet tarjoavat ehdokkaille ainutlaatuisen mahdollisuuden esitellä itseään laajalle yleisölle, sillä ne ovat tärkeimpiä tapoja, joilla äänestäjät hankkivat tietoa ehdokkaista.[4] Tämän takia vaalikoneisiin vastaaminen on ehdokkaan kannalta aivan välttämätöntä.

Vaalikoneiden toimintaidea on todella hieno: sekä ehdokkaat että äänestäjät vastaavat samoihin kysymyksiin ja kone kertoo, keiden kanssa äänestäjä on eniten samaa mieltä. Koska kaikki ovat vastanneet samoihin kysymyksiin, ehdokkaiden vertailu on helppoa. Vertailu on kuitenkin rajattua, sillä ehdokkaita voi vertailla ainoastaan vaalikoneen kysymysten perusteella.

Äänestäjät käyttävät vaalikoneita vaihtelevalla tavalla. Jotkut käyttävät niitä huvikseen, toiset taas tarkistavat ehdokkaiden mielipiteitä. Osa käyttää niitä rajatakseen ehdokkaiden joukkoa. Pieni osa äänestäjistä luottaa vaalikoneeseen niin paljon, että valitsee sen suosituksista ehdokkaansa (jos suositeltu ehdokas on sopivasta puolueesta). Vielä pienempi

---

4. Erno Laisin (2021) kirjoittaman jutun mukaan Uutissuomalaisen teettämän gallupin mukaan 52 % suomalaisista sanoi hakevansa tietoa äänestämiseen ensisijaisesti vaalikoneesta.

osa äänestää vaalikoneen suosittelemaa ehdokasta täysin riippumatta siitä mistä puolueesta hän on. Näin vahva luotto vaalikoneisiin näyttää liittyvän äänestäjän ikään. Mitä nuorempi äänestäjä, sitä enemmän hän luottaa.[5] Olen hieman huolissani siitä, miten monet ihmiset näyttävät luottavan vaalikoneen suosituksiin. Olen testaillut vaalikoneita useissa eri vaaleissa, ja niiden antamat suositukset vaihtelevat hurjasti.[6] Osittain vaihtelu johtuu vaalikoneiden laatijoiden kehnoista tai moniselitteisistä kysymyksistä ja osittain vastaajien, minun tai ehdokkaan, epäjohdonmukaisuudesta. Haluaisin uskoa, että vaalikonekysymysten laatijat pyrkivät vilpittömästi muotoilemaan mahdollisimman puolueettomat kysymykset. Tähän ei kuitenkaan voi täysin luottaa, sillä kysymysten laatiminen on aina subjektiivista. Vaalikoneiden kysymykset saattavat painottua tietyille teemoille, mistä kysymysten laatijat ovat olleet kiinnostuneita. Vaikka vaalikonekysymykset eivät aina ole optimaalisia, ne tarjoavat silti sinulle ehdokkaana mahdollisuuden esitellä näkemyksiäsi suurelle yleisölle. Siksi niihin kannattaa vastata.

Varo vaalikoneen ansoja

Ehdokkaiden ei ole ihan yksinkertaista vastata vaalikoneiden kysymyksiin, sillä kysymykset saattavat olla vaikeasti muotoiltuja. Ehdokkailla ei välttämättä ole myöskään riittävästi tietoa kaikista kysytyistä asioista ja he joutuvat etsimään taustatietoja. Osa haluaisi taktikoida vaalikonevastauksissaan. Taktikoiminen vaalikoneissa ei kuitenkaan ole ihan helppoa, ei edes sellaiselle "Olen ihan mitä halutaan"- ehdokkaalle, koska äänestäjien tahtotila ei välttämättä ole selvillä. Ei myös-

5. Satunnainen Äänestäjä, s. 168.
6. Nämä kaikki löytyy Vaalimuusa-blogistani: "Tehokas vaalikonemarkkinointi" (2015a), Vaalikoneiden luotettavuus testissä: Case Kuntavaalit (2017d), Vaalikoneiden luotettavuus testissä: Case Eduskuntavaalit (2015b), Vaalikoneiden luotettavuus testissä: Case eduskuntavaalit (2019e).

ole aina ihan yksiselitteistä, onko jostain asiasta "täysin" vai "melkein" samaa mieltä.

Vaalikoneiden kysymyksiin on hankalaa vastata myös siksi, että jotkut kysymykset yksinkertaistavat asioita liikaa ja niihin on lähes mahdotonta vastata. Osa vaalikoneiden kysymyksistä vaikuttaa tahallaan johdattelevilta ja osa johdattelee luultavasti tahattomasti. Osa kysymyksistä on varmaan vahingossa moniselitteisiä. Jotkut kysymykset ovat naiiveja tai täysin irrelevantteja, esimerkiksi "*Ovatko kissat koiria fiksumpia eläimiä*" (Ilta-Sanomat, 2015). Ottaen huomioon vaalikoneiden suuren merkityksen äänestäjien päätöksenteossa, on sääli, että osa kysymysten laatijoista tuntuu huonoilla ja johdattelevilla kysymyksillään pilkkaavan ehdokkaita, äänestäjien älykkyyttä ja demokratiaa.

Näiden haasteiden lisäksi vaalikonekysymyksissä on ehdokkaille myös todellisia ansoja. Edellä kirjoitin, että kaikki ovat vastanneet samoihin kysymyksiin. Teoriassa näin onkin, mutta käytännössä tämä ei kuitenkaan pidä paikkaansa. Monet kysymykset ovat niin huonosti laadittuja, että kysymyksen voi ymmärtää useilla eri tavoilla. Osa kysymyksistä on sellaisia, mitä nimitän nollakysymykseksi, eli kysymyksiä, joista kukaan rationaalinen ihminen ei voi olla eri mieltä. Kun sitten kysytään, olenko täysin/melko samaa mieltä vai täysin/melko eri mieltä väitteen kanssa, on se ihan absurdia. Esimerkiksi Iltalehti kysyi (2015) olenko samaa vai eri mieltä väitteen kanssa "*Suomen talouskriisi antaa uudelle eduskunnalle hyväksyttävän syyn leikata kehitysapua*". Joo, varmaan antaa. Ei väitteen kanssa varmaan kukaan voi olla eri mieltä. Luultavasti tarkoituksena oli kysyä, pitäisikö kehitysapua leikata vai ei, ja sehän on ihan eri kysymys. Olen tuon vaalikoneen väitteen kanssa täysin samaa mieltä, talouskriisi antanee hyväksyttävän syyn leikata kehitysapua. Mutta sen kysymyksen kanssa, että pitäisikö meidän talouskriisin tilanteessa leikata kehitysapua, olen täysin eri mieltä. On vaikeaa arvioida, miten sinun ehdokkaana kannattaisi vastata tähän.

Toinen esimerkki nollakysymyksestä oli Ilta-Sanomien vaalikoneesta. Siinä kysyttiin, mitä mieltä olen väitteestä "*Suomalaisen ei tarvitse antaa rahaa kerjäläiselle*". Luulisin, että tästäkin väitteestä kaikki ovat täysin samaa mieltä. Eihän meidän todellakaan tarvitse antaa. Annamme, jos haluamme. Ehkäpä tässä haluttiin kysyä sitä, mitä mieltä olemme kerjäläisistä. Vai olikohan kenties tarkoitus kysyä, pitäisikö yhteiskunnan tehdä jotain asialle. Aika vaikea tähän on vastata yhtään mitään, kun en pysty edes arvaamaan mitä tällä on haettu. Tästä seuraavasta väitteestä osaan sentään arvata, mitä tässä on yritetty kysyä. (Yle 2017): "*Sosiaali- ja terveyspalveluiden toimivuus on tärkeämpää kuin sijainti*". Tässä varmaan haettiin jonkinnäköistä fiilistä siitä, että kuinka paljon terveyspalveluita pitäisi hajauttaa ja kuinka paljon keskittää. Väite ei kuitenkaan tarkkaan ottaen kysy sitä lainkaan. Ihmettelen, miten kukaan voisi olla sitä mieltä, että toimimattomat palvelut ovat tärkeämpiä kuin sijainti?

Toinen ehdokkaalle vaikea kysymystyyppi on sellainen, missä on samassa väitteessä monta eri asiaa. Nämä all-in-one-kysymykset ovat hankalia. Tällöin ei voi tietää, mitä väitteen kohdista kysymyksellä tarkoitetaan. Yrittäjien vaalikoneessa (2015) oli väite: "*Tietullit tai tienkäyttömaksut olisivat alueellinen lisävero, joka lisäisi yritysten kustannuksia ja vääristäisi kilpailua.*" Jos tätä väitettä purkaa osiin, niin väitteen kaksi ensimmäistä osaa ovat sellaisia, mistä luulen kaikkien olevan samaa mieltä. Tietullit ovat todellakin alueellinen lisävero ja ne lisäävät yritysten kustannuksia. Eikä oikeastaan tuosta kolmannestakaan osasta voi olla eri mieltä, eivätköhän tietullit vääristä kilpailua. Siitä toki voidaan olla montaa mieltä, onko sillä merkitystä tai väliä. Eli suurin osa väitteestä on sellaista, minkä kanssa rationaalisesti ajatellen ei oikein voi olla eri mieltä. Luultavasti oli kuitenkin tarkoitus kysyä, kannatatko tietulleja ja siitähän me voimme olla mitä mieltä tahansa. Joka tapauksessa ehdokkaan on vaikeaa arvata mitä kysymys tarkoittaa ja miten äänestäjät ovat sen ymmärtäneet. Vaalikonekysymysten moniselitteisyys on johtanut jopa sellaiseen täysin absurdiin tilanteeseen, missä jotkut poliitikot koemielessä vaalikoneeseen vastatessaan äänestäjän roolissa, eivät saaneet itseään vaalikoneen antaman ehdotusten listalle. Tähän samaan teemaan liittyy myös Iltalehden vaalikoneen väite: "*Uuden eduskunnan on säädettävä laki tienkäyttömaksuista*". Väite on ilahduttavan yksiselitteinen, kysytään mielipidettäni siitä, pitäisikö eduskunnan säätää laki vai ei. Harmillisesti, tässä ei kuitenkaan oteta lainkaan kantaa siihen millainen laki on säädettävä. Halutaanko sellainen laki, missä on tienkäyttömaksuja, vai sellainen laki, joka kertoo, että niitä ei ole jatkossakaan. Todennäköisesti haluttiin kysyä sitä, mitä mieltä olen tienkäyttömaksuista, eikä sitä haluanko jonkun uuden lain. Näitä tämäntyyppisiä piilokysymyksiä on hyvin vaikea arvioida. Vähän samaan sarjaan liittyy Ylen vaalikoneen kuntavaaleissa 2017 Keravaan liittyvä kysymys: "*Kauppojen sijoittumista tulee ohjata päätöksenteossa kaupungin uuteen keskustaan*". Lähes koko ikäni Keravalla asuneena minulle on hyvin epäselvää, missä on kaupungin uusi keskusta. Jos sen tietäisin, voisin ehkä ottaa kantaa siihen, haluanko sinne kauppoja vai en.

Jotkut vaalikoneiden kysymyksestä näyttävät testaavan äänestäjän (ja ehdokkaan) tietojen laajuutta. Näihin kysymyksiin oletetaan äänestäjällä olevan niin hyvät taustatiedot, ettei tällaisen tavallisen yhteiskuntatieteiden tohtorin tietämys riitä alkuunkaan. Ongelma näissä kysymyksissä on se, että ihmiset eivät yleensä tiedä, mitä he eivät tiedä. Mitä vähemmän jostain aihepiiristä tietää, sitä helpommalta vastaaminen saattaa tuntua. Nämä tietokilpailutyyppiset kysymykset ovat myös ehdokkaille ansoja. Kun ehdokkaana vastaat näihin kysymyksiin, on hyvä pohtia, minkähän verran tietoa keskivertoäänestäjillä mahtaa olla tästä aihepiiristä. Vastaavatko he ihan mutulla vai ovatko he todella perehtyneet aiheeseen? Useimmat ongelmat ovat sellaisia, että ne muuttuvat, kun niihin perehtyy huolella. Onneksi monissa vaalikoneissa äänestäjä pystyy hyppimään sellaisten kysymysten yli, mistä ei mitään tiedä. Kaikki eivät kuitenkaan hypi. Ehdokkaille vaalikoneisiin vastaaminen on aina riski, mutta suurempi riski on, ettei niihin vastaa. Tein vuonna 2008 analyysin keravalaisten kuntavaaliehdokkaiden osallistumisesta vaalikoneisiin.[7] Tulosten mukaan valtuustoon pääsyyn vaikutti selvästi se, oliko ehdokas vastannut vaalikoneisiin ja kuinka moneen vaalikoneeseen hän oli vastannut. Mitä useampaan vaalikoneeseen hän vastasi, sitä todennäköisemmin hän pääsi läpi.

Olemme tässä luvussa siis todenneet, että vaalikoneisiin vastaaminen on ehdokkaalle välttämätöntä, mutta vastaaminen voi olla vaikeaa. Monet ehdokkaat perustelevat laajasti vastauksensa, mikä antaa äänestäjille paljon lisätietoa ehdokkaan mielipiteistä. Tätä suosittelen lämpimästi. Koska monien vaalikoneen väitteiden muotoilu on usein moniselitteistä, kannattaa perusteluissa kertoa mihin kysymykseen vastasi.

VAALIKONEVINKKEJÄ

- Selaa kaikki kysymykset läpi. Varmista puolueesi linja. Jos poikkeat linjasta, perustele huolella.
- Pohdi jokaisen kysymyksen kohdalla: Voiko kysymyksen ymmärtää väärin? Ymmärrätkö mitä on kysytty? Ymmärtävätkö äänestäjät?
- Vastaa selkeästi. Jos kysymys on hankala, kerro miten sen ymmärsit ja mihin kysymykseen oikeastaan vastasit.
- Vastaa mahdollisimman moneen vaalikoneeseen. Se on ilmainen media, mikä tavoittaa enemmän äänestäjiä kuin mikään muu media.
- Vastauksissa on hyvä korostaa omia arvoja ja näkemyksiä selkeästi. Voit lisätä näitä perusteluihin, vaikka asiaa ei olisikaan kysytty.

Chattibottivaalikoneet

---

7. Willman-Iivarinen, 2008.

44

On todennäköistä, että vaalikoneet muuttuvat tulevaisuudessa enemmän chattibottityyppisiksi. Tällöin ne eivät sisältäisi lainkaan väittämiä, joiden kanssa pitäisi olla samaa tai eri mieltä, vaan väittämien sijaan chattibotti kyselisi äänestäjältä hänen tärkeänä pitämistään asioista ja äänestäjä voisi vastavuoroisesti kysyä chattibotilta asioita. Käydyn keskustelun perusteella chattibotti sitten suosittelisi jotakin ehdokasta.

Äänestäjille chattibottityyppinen vaalikone mahdollistaisi yksilöllisemmän tavan etsiä tietoa ehdokkaista ja heidän poliittisista ohjelmistaan. Se kykenisi tarjoamaan jokaiselle käyttäjälle räätälöityjä vastauksia. Lisäksi se voisi auttaa äänestäjiä ymmärtämään paremmin poliittisia kysymyksiä, mikä taas saattaisi innostaa heitä osallistumaan enemmän yhteiskunnan kehittämiseen.

On siis paljon hyviä puolia, mutta valitettavasti on myös haasteita. Koska chattibottivaalikoneiden algoritmit ovat ihmisten suunnittelemia, ne voivat sisältää tahattomia inhimillisiä ennakkoluuloja ja puolueellisuuksia. Tämä tarkoittaa, että niiden antamat suosituksetkin voivat heijastella suunnittelijoidensa arvoja ja käsityksiä. On esimerkiksi huomattu, että suosittu tekoäly Chat GPT heijastelee enemmän Yhdysvaltojen demokraattien kuin republikaanien arvoja. Todennäköisesti tämä johtuu sen suunnittelijoiden arvoista.

Myös chattibottivaalikoneeseen liittyy haasteita. On olennaista tietää, miten chattibotti oppii eli mitä dataa käytetään sen opettamiseen. Oppiiko se esimerkiksi äänestäjien kanssa käymistään keskusteluista? Tämä tuntuisi arveluttavalta, sillä jos äänestäjät suhtautuvat negatiivisesti johonkin ehdokkaaseen, niin vaalikonekin saattaa alkaa suhtautua häneen negatiivisesti. Joku voisi myös tahallaan manipuloida chattibottia syöttämällä sille tietynlaisia mielipiteitä.

Jos chattibottivaalikone ei opi käymistään keskusteluista, niin sitten sillä on tietoja vain niistä asioista, mitä sille on syötetty tai mitkä se on hakenut jostain lähteestä. Tuo lähde ei oikein voi olla koko internet, koska silloin botin tiedot olisivat hyvin alttiita trollaukselle. Ehkä data voisi muodostua ehdokkaille suunnatuista kyselyistä ja päämedioissa olevista jutuista (Esimerkiksi Yle, Helsingin Sanomat, Turun Sanomat, Aamulehti, MTV3 jne.) Tässä ongelmana olisi kuitenkin se, että tämäntyyppinen botti suosisi sellaisia ehdokkaita, jotka ovat olleet esillä valtamediassa. Uusista ehdokkaista ei tällöin olisi vaalikoneessa tietoa. Mediapaletin rajaaminen on myös hankalaa. Jos esimerkiksi mukaan otettaisiin vaikkapa MV-lehti tai somekanava X, botin sisältö muuttuisi aika lailla. Keskustelu näissä medioissa on kärkevää ja vahvasti puolueellista. Jos botti saisi datansa mediasta, niin todennäköisesti sen antamat suositukset riippuisivat siitä, mitä medioita käytetään tietolähteenä. Eikä näin hutera perusta kuulosta demokratian kannalta kovinkaan hyvältä.

Jos taas botin data perustuisi ehdokkaille tehtäviin kyselyihin, ei se juurikaan eroaisi nykyisistä vaalikoneista. Eikä myöskään poistuisi se nykyisiin vaalikoneisiin liittyvä ongelma, että niissä on tietoja vain toimittajien valitsemista aiheista. Chattibotin datan valinta on aivan olennaista, sillä se määrittää millaisia suosituksia se antaa. Nykyisellään, jos ehdokas ei vastaa vaalikoneeseen, ei hän ole olemassa vaalikoneen suosituksessa. Tämä ongelma säilyisi sellaisessa chattibottivaalikoneessa, minkä data perustuu ehdokkaiden antamiin vastauksiin tai medianäkyvyyteen. Koska botin toiminta perustuu aina pelkästään digitaaliseen dataan, se jättää kaiken muun (ei-digitaalisen) ulkopuolelle. Tästä seuraa eksistentiaalinen ongelma: jos ehdokkaasta ei ole digitaalista dataa, hän ei ole botille olemassa.

Kaikista näistä ongelmista johtuen äänestäjiltä vaaditaan jonkun verran tietoisuutta siitä, miten chattibotit toimivat ja miten niiden suositukset muodostuvat, jotta äänestäjä pystyy arvioimaan niiden antamia tietoja kriittisesti. Toisin sanoen äänestäjät tarvitsevat tekoälynlukutaitoa. Sen riittävään osaamisen tasoon yhteiskunnassa voi hetki mennä.

Toinen merkittävä huolenaihe on chattibottien mahdollinen manipulointi. Jos bottiin syötetään harhaanjohtavaa tai virheellistä tietoa, se antaa harhaisia suosituksia. On mahdollista, että joku taho, kuten vaikkapa ulkomainen valtio tai poliittinen ryhmä, hakkeroituisi bottiin ja muokkaisi sitä omien tarkoitusperiensä mukaiseksi. Kolmas huolenaiheeni liittyy kysymykseen äänestäjien tietosuojasta. Keskustellessaan botin kanssa äänestäjä todennäköisesti tulee paljastaneeksi poliittiset mielipiteensä. Onkin tärkeää varmistaa, että nämä tiedot pysyvät suojattuina, eikä niitä käytetä väärin. Vaikka olen nostanut esiin huoliani chattibottityyppisestä vaalikoneesta, odotan sitä silti innolla. Nykyisen tyyppiseen vaalikoneeseen liittyy paljon ongelmia, kuten olemme edellä havainneet ja olisi tosi mielenkiintoista nähdä miten hyvin chattibottivaalikone toimii.

Somepäivitykset

Barack Obama käytti menestyksekkäästi sosiaalista mediaa vaalikampanjassaan jo vuonna 2008 ja siitä lähtien some on kuulunut jokaisen varteenotettavan ehdokkaan työkalupakkiin. Sosiaalinen media tavoittaa monia sellaisiakin äänestäjiä, jotka eivät vaalikonetta käytä, eivätkä digisydämeen eksy. Siksi ehdokkaan kannattaa olla mukana mahdollisimman monessa kanavassa. Olennaista on, että kaikissa kanavissa pelataan digisydämelle.

Ehdokkaan kannalta sosiaalisessa mediassa kiinnostavaa on sen rooli julkisen keskustelun areenana. Netin alkuaikoina monet innostuivat siitä, että nyt kaikki ihmiset pääsevät ilmaisen informaation äärelle ja jokainen pystyy osallistumaan nettikeskusteluihin.[8] Ajateltiin, että kun voimme vaihtaa vapaasti mielipiteitä, pystymme ratkaisemaan yhteiskunnalliset ongelmat yhdessä. Arveltiin netin keskustelufoo-

---

8. Tähän innostukseen liittyy esimerkiksi Clay Shirkeyn kirja "Here comes everybody".

47

tulevan uudenlainen julkinen tila. Vähän sen tyyppinen kuin mitä saksalainen filosofi Jürgen Habermas tarkoitti termillään Public Sphere.[9] Ihan ei tämä Habermasin visio toteutunut. Jälkiviisauden katkeransuloisessa valossa voimme vain ihmetellä, miten naiiveja tuolloin oltiin. Monet somealustat tarjoavat kyllä areenan julkiselle keskustelulle ja Facebookin Mark Zuckerberg puhuu mielellään Facebookin roolista demokratiassa. Hän uskoo (edelleen), että kun ihmisille annetaan mahdollisuus käyttää ääntään, he voimaantuvat ja kehittävät paremman yhteiskunnan. Hieno ajatus. Tosin käytännössä Facebookissa keskustellaan lähinnä vain kaverien kanssa tai suljetuissa ryhmissä.

Lisäksi kaikkien nettikeskustelujen ongelmana on ilkeäksi muuttunut keskustelukulttuuri. Kaikkein kärkkäimmät ja kiivaimmat kommentit nousevat algoritmien takia eniten esiin ja jyräävät alleen maltilliset. Koska maltillisia mielipiteitä ei kuulla, ihmisille voi tulla se käsitys, ettei niitä ole. Tämän takia saamme aina välillä lukea Iltalehdestä, miten somekansa närkästyi, raivostui, pahastui tai loukkaantui jostain, mistä todellisuudessa vain muutama ihminen pahoitti mielensä.

Vaikka keskusteleminen netissä on edellä mainituista syistä hankalaa, digitaalinen media on siitä huolimatta mullistanut tavan käydä poliittisia keskusteluja. Äänestäjät voivat nykyään osallistua niihin helposti lukemalla, katsomalla, kuuntelemalla ja kommentoimalla niitä verkossa. Monet esimerkiksi livetwiittaavat vaalikeskustelujen aikana samalla kun katsovat niitä televisiosta. Näin toimiessaan heistä tuntuu, että he katsovatkin tapahtumaa yhdessä muiden kanssa, vaikka ovatkin yksinään kotisohvalla. On syntynyt uudenlainen yleisöys, johon liittyy voimakas tunne yhteisestä kokemuksesta, vaikka ollaankin fyysisesti erillään. Televisio-

---

9. Habermas, 1991.

myös kannustavat keskusteluun avaamalla livechattejä ja käyttämällä hashtageja. Tämän kaiken seurauksena tapahtumissa on nykyisin ikään kuin kaksi kerrosta: ensin on fyysinen tapahtuma ja sitten sen (usein samanaikainen) analysoiminen ja kommentointi somessa.

Ehdokkaille tämä uudenlaisen poliittisen osallistumisen kulttuuri tarjoaa ainutlaatuisen mahdollisuuden tavoittaa äänestäjiä. Jos ehdokas ei itse osallistu television vaalikeskusteluun, (kuten usein ei osallistu, koska siellä on pelkästään puheenjohtaja), hän voi osallistua somekeskusteluun aiheesta. Tämä mahdollistaa vuorovaikutuksen äänestäjien kanssa reaaliajassa. Myös muihin somekeskusteluihin kannattaa tietenkin osallistua aktiivisesti. Keskustelemalla ehdokas ottaa paikkansa julkisessa tilassa.

X:ssä (eli entisessä Twitterissä) toimittajat ja politiikan superstarat muodostavat ydinjoukon, jossa suunnilleen kaikki seuraavat kaikkia. Tämä on luonnollisesti huono asia niille, jotka eivät sisäpiiriin kuulu. Toisaalta, koska toimittajat seuraavat X:ää saadakseen uutisia, kommentoimalla politiikan superjulkkisten twiittejä nokkelalla, hauskalla ja kantaaottavalla tavalla saattaa onnistua kiinnittämään toimittajien huomio.

Yhteiskunnalliseen keskusteluun kannattaa toki osallistua myös omilla somepäivityksillä. Niiden lisäksi kannattaa osallistua myös sellaisiin keskusteluihin, joita äänestäjät käyvät keskenään. Erityisesti Facebookissa on paljon keskustelevia ryhmiä. Osa niistä keskittyy politiikkaan. Ehdokkaan kannattaa selvittää itsensä kannalta olennaiset ryhmät, seurata niitä ja osallistua niissä käytävään keskusteluun.

Someilun psykologiaa

Monet äänestäjät hakevat tietoa ehdokkaista somesta ja siksi heille on hyvä niitä tarjota. Jo pelkkä somessa "oleminen" on ehdokkaalle hyödyllistä, sillä profiili toimii käynti-

49

korttina ja mainoksena. Varsinainen hyöty tulee kuitenkin siitä, että somessa voi kertoa omista näkemyksistään. Ei kuitenkaan riitä, että päivität someen mitä ajattelet ja millaisia asioita ajat. Suurin osa äänestäjistä ei tunne sinua ja he käyttävät somea muodostaakseen käsityksen sinusta. Tämän takia olisi hyvä, että somesi kertoisi myös siitä, millainen olet ihmisenä. Loppujen lopuksi ihminen äänestää aina ihmistä, jotakuta, johon hän luottaa, ja jonka uskoo "ansaitsevan" hänen äänensä. Moni ehdokas miettii tarkkaan, millaisena esiintyy somessa. Varmaan sinäkin olet rakentanut profiilisi ja päivityksesi hyvin huolellisesti. Valitset, mitä itsestäsi kerrot. Pyrit välttämään asioita, jotka karkottavat äänestäjiä ja yrität vakuuttaa empiviä äänestäjiä. Näin toimiessasi sinulle on syntynyt reaaliminän rinnalle toinen minä. Digitaalisessa mediassa sinua edustaa digitaalinen versio itsestäsi eli kyberminä. Usein tuo kyberminä on hyvin huolellisesti rakennettu. Ihmiset käyttävät paljon aikaa valitessaan kuvia ja pohtiessaan mitä kirjoittavat. Kyberminä tarjoaa välähdyksiä todellisesta minästä, mutta on siitä irrallinen. Se puhuu henkilön puolesta, mutta ei todella ole hän. Tyypillisesti kyberminä on fiksumpi, hauskempi ja visuaalisesti houkuttelevampi kuin todellinen minä. Kyberminä on myös sellainen minä, jota kehitämme jatkuvasti. Se linkittäytyy, saa tykkäyksiä ja uusia seuraajia, se ystävystyy ja se tägätään kuviin. Yhä enenemässä määrin kyberminä on se itsen muoto, joka kommunikoi muiden kanssa.[10]

Jokainen äänestäjä on potentiaalisesti oma mediansa, joka voi jakaa sisältöä omalle yleisölleen. Jos tuo yleisö jakaa ehdokkaan päivityksiä eteenpäin, kerrannaisvaikutusten ansiosta yksittäinen päivitys voi tavoittaa hurjan määrän ihmisiä. Tämä on ehdokkaan kannalta hyvin kiinnostavaa. Jos ehdokas näkee vähän vaivaa viestin muotoiluun hauskaksi,

---

10. Kyberminää on pohtinut mm. Mary Aiken kirjassaan *"The Cyber Effect"*.

yllättäväksi tai kantaaottavaksi, hänen näkyvyytensä voi moninkertaistua. Kannattaa siis innostaa ihmiset jakamaan päivityksiä. Tästä on kahdenlaisia hyötyjä: ensinnäkin viestit tavoittavat moninkertaisen määrän ihmisiä ja toiseksi ne tavoittavat sellaisia ihmisiä, jotka eivät välttämättä kuulu poliitikon normiseuraajakuntaan.

Jonah Berger kertoo kirjassaan "Contagious: Why things catch on", että ihmiset jakavat somessa mielellään sellaisia asioita, jotka saavat heidät näyttämään hyvältä muiden silmissä. Jaettu sisältö toimii tällöin sosiaalisena valuuttana, sen avulla nostetaan omaa arvostusta. Esimerkiksi meemejä jakamalla saa itselleen nokkelan ja hauskan ihmisen leiman. Mieti siis, millainen viesti voisi antaa seuraajillesi jotain niin kiinnostavaa, että he haluaisivat jakaa sitä eteenpäin. Kiinnostavien viestien lisäksi ihmiset jakavat paljon myös sellaisia sisältöjä, jotka tarjoavat konkreettisia hyötyjä: ne voivat olla neuvoja, uudenlaisia näkökulmia tai ratkaisuja arjen haasteisiin. Lisäksi ihmiset tykkäävät kertoa (ja jakaa) tarinoita. Jos kerrot, miksi olet mukana politiikassa tai mitä tapahtui kulissien takana, niin juttu saattaa levitä laajallekin.

Ihmiset jakavat someviestejä myös hyväntahtoisuuttaan. Kun he törmäävät päivityksiin, mitkä saavat heidät hyvälle tuulelle, he haluavat ilahduttaa niillä myös muita. Buzzfeedin julkaisupäällikkö Dao Nguyen esitteli Ted Talk puheessaan tekemäänsä tutkimusta, missä hän tutkimusryhmänsä kanssa löysi viraaliksi menneistä sisällöistä yhdistäviä tekijöitä. He totesivat, että ihmiset jakavat videoita, kuvia ja tekstejä heitä ilahduttaneista asioista, koska he haluavat jakaa hyvää mieltä muillekin. Tämän takia videot nauravista vauvoista tai pöljistä kissoista leviävät huimaa vauhtia. Myös sisällöt, jotka ovat yllättäviä tai hämmästyttäviä jaetaan helposti. Niiden avulla oppii jotain uutta maailmasta ja tätä oivalluksen iloa halutaan levittää muillekin. Myös kuvat ja tarinat, jotka osoittavat, että maailmassa on vielä hyviä asioita, menevät helposti viraaliksi.

Yhteenvetona voidaan todeta, että ihmiset jakavat sisältöjä joko siksi, että jakaminen saa heidät näyttämään hyvältä muiden silmissä, tai siksi, että he haluavat ilahduttaa muita. Kannattaa siis panostaa viestien muotoiluun niin, että ne sopivat jompaankumpaan tai molempiin tarkoituksiin.

Somestrategia

Ehdokkaalle houkuttelevaa sosiaalisessa mediassa on se, ettei julkaiseminen maksa mitään. Toki, vaikka rahaa ei kulukaan, niin aikaa sen sijaan menee paljon. Voidaankin ajatella, että sosiaalinen media maksaa aikaa ja perinteinen media rahaa. Rahaa uppoaa toki myös sosiaaliseen mediaan, jos ostaa mainontaa tai käyttää mainostoimistoa apuna. Moni myös palkkaa jonkun hoitamaan someaan. Jotta someen ei uppoaisi hallitsemattoman paljon aikaa, kannattaa sisältöä suunnitella etukäteen. Ilman strategiaa somekampanjasi hajoaa helposti satunnaisiksi päivityksiksi, jotka eivät muodosta mitään järkevää kokonaisuutta.

Useimmat vaaliehdokkaat käyttävät Facebookia ja Instagramia kertoakseen omista näkemyksistään seuraajilleen. Facebook on kaikkein monipuolisin ja siellä voi jakaa sisältöä ja osallistua keskusteluihin. Instagramissa hyvännäköiset kuvat ovat se juttu ja sitä voi hyvin käyttää henkilökohtaisen brändin rakentamiseen. TikTok puolestaan tarjoaa mahdollisuuden tavoittaa nuoria äänestäjiä luovilla ja kepeillä videoilla. X (entinen Twitter) puolestaan palvelee yhteiskunnallisen keskustelun alustana. LinkedInissä tavoittaa erityisesti liike-elämän ihmisiä. Kampanjavideot ja muitakin videoita kannattaa toki laittaa edellä mainittujen lisäksi myös Youtubeen. Kun valitset kanavia, mieti, mikä on sinulle luontevaa ja missä potentiaaliset äänestäjäsi ovat.

Yleisempien somekanavien lisäksi ehdokas voi kokeilla vähemmän tunnettuja alustoja, kuten Snapchatia, Twitchiä, Redditiä, Pinterestiä, Discordia, Tumblria, Rednotea,

Lemon8:aa ja Jodelia. Nämä kanavat tarjoavat mahdollisuuden tavoittaa tarkkaan rajattuja yleisöjä vähemmän kilpaillussa ympäristössä. Näillä alustoilla onnistuminen ei kuitenkaan ole helppoa. Jos et tunne alustojen kulttuuria tai niiden käyttäjäkuntaa, viestisi ei toimi. Toisaalta, jos tunnet kanavan kulttuurin hyvin ja osaat mukauttaa sisältösi sen yleisölle, kannattaa toki kokeilla.
Mieti siis mistä aiheista haluat tehdä päivityksiä? Aikatauluta ne myös. Pohdi lisäksi mistä saat tarvittavat kuvat tai videot. Miten saisit ihmiset jakamaan päivityksiäsi? Missä ryhmissä ajattelit olla aktiivinen?

Somestrategia
SOMEILUA SUUNNITELLUSTI

Teen päivityksiä näistä aiheista:	Idea kuvaan tai videoon:	DL:

Osallistun keskusteluun näissä kanavissa ja hashtageissä:	Yritän saada ihmiset jakamaan päivityksiäni näillä keinoilla:

Jotta tietäisit, millaisia somejulkaisuja kannattaa jatkossa tehdä, on hyvä tarkastella, millaiset päivitykset ovat saaneet paljon tykkäyksiä, jakoja tai kommentteja. Mikä niitä yhdistää? Voitko tehdä lisää samantyyppisiä? Entä mitkä päivitykset ovat sellaisia, joiden takia olet saanut uusia seuraajia?

Sosiaalisen median alustoilla on omia seurantatyökaluja, joilla voit mitata päivitystesi menestystä. Esimerkiksi Facebook ja Instagram tarjoavat kattavat välineet päivitysten hallintatyökalun eli Meta Business Suiten kautta. Voit tarkastella yksittäisten julkaisujen näyttökertoja, tykkäyksiä, jakamisia ja kommentteja. Stories- ja Reels-sisältöjen mittareita ovat esimerkiksi näyttökerrat, klikkaukset ja keskimääräinen katseluaika. X:ssä voit seurata monenlaisia asioita, kuten kuinka monta ihmistä on katsellut profiiliasi, kuinka monta kertaa sinut on mainittu tai kuinka paljon seuraajamääräsi on kasvanut.[11] Lisäksi voit tarkastella julkaisujen näyttökertoja, tykkäyksiä, uudelleentwiittauksia, kommentteja ja klikkauksia.

LinkedInissä on käytettävissä erityinen mittari nimeltä Social Selling Index (SSI), joka antaa sinulle kokonaiskuvan aktiivisuudestasi ja näkyvyydestäsi LinkedInissä. Tämä mittari koostuu useista osa-alueista, kuten siitä, kuinka hyvin olet rakentanut LinkedIn-profiilisi, kuinka aktiivisesti käytät hakutoimintoja, kuinka usein julkaiset itse sisältöä ja kuinka aktiivisesti osallistut muiden keskusteluihin.[12] LinkedIn tarjoaa myös tarkempaa analytiikkaa yksittäisistä julkaisuista, kuten näyttökertoja ja klikkauksia.

---

11. Näitä tietoja pääset tarkastelemaan osoitteessa https://analytics.twit ter.com.
12. Pääset tarkastelemaan SSI-indeksiäsi osoitteessa https://www.linkedin. com/sales/ssi
   Avaa ensin Linkedin ja sitten toinen sivu, mihin avaat Social selling index – sivun.

TikTok ja YouTube tarjoavat analytiikkatyökaluja, joiden avulla voit tarkastella videoiden näyttökertoja, tykkäyksiä, kommentteja, jakamisia ja profiilikäyntejä. Lisäksi saat tietoa katseluajasta ja katselijoiden pysyvyydestä (Retention Rate). Yllä mainittujen lisäksi kampanjan hashtagien käyttöä sosiaalisessa mediassa on kiinnostavaa seurata. Tarkastele vaikka, kuinka moni käyttää kampanjasi hashtagia ja millaisia postauksia sen ympärille syntyy. Tämä antaa sinulle käsityksen siitä, kuinka laajasti kampanjasi leviää ja miten yleisö sen ymmärtää.

Poliittiset puheet

Poliittiset puheet ovat ehdokkaan viestinnän aatelia, sillä niiden avulla pystyy vaikuttamaan yleisöön kaikkein tehokkaimmin. Digisydän, vaalikoneet ja some tarjoavat voittopuolisesti tietoja, mutta puheen ytimessä on tunne. Tämän takia ehdokkaan kannattaa puhua sellaisista asioista, jotka ovat hänelle itselleen tärkeitä. On myös hyvä kertoa yleisölle, miksi aihe on itselle tärkeä. Kirjan *"Talk like TED"* kirjoittaja Carmaine Gallo kertoo huomanneensa, että kun ihmiset kuuntelevat puheita, niin he eivät välttämättä ole kovin kiinnostuneita varsinaisesta aiheesta. Mutta sen sijaan he ovat erittäin kiinnostuneita siitä, miksi puhuja on innostunut kyseisestä aiheesta. Tämän ymmärtäminen on avain hyvän puheen pitämiseen! Vaikka tuntuu aika karulta, niin on hyvä ymmärtää, että melko harvaa ihmistä kiinnostaa poliittinen sanomasi. Sen sijaan heitä kyllä kiinnostaa, miksi se on sinulle tärkeää. Kun kerrot seikkaperäisesti miksi välität aiheesta, niin kuulijakuntasikin saattaa alkaa välittää siitä.

Yleensä poliittiset teemat ovat tärkeitä ja vakavia asioita. Teemaa käsittelevä puheesi ei silti tarvitse olla tylsä. Jos lisäät puheeseen henkilökohtaisia elementtejä, niin autat yleisöä näkemään asiat sinun kannaltasi ja kiinnostumaan niistä. Puheestasi tulee vakuuttava ja kiinnostava, kun maalaat kuulijoille mielikuvan itsestäsi silmät suurina ihmettelemässä jotain asiaa tai miten järkyttynyt olet jostain. Nämä henkilökohtaiset tarinat elävöittävät puhetta.

Kaikki tekstit ja puheet ovat kiinnostavampia, jos niihin on lisätty ripaus huumoria. En tarkoita sen tyyppistä huumoria, mikä saisi kuulijat tai lukijat nauramaan kyyneleet silmissä, vaan sellaista mikä nostaa hymyn heidän huulilleen. Huumoria voidaan lisätä hyvin hienovaraisella tavalla. Esimerkiksi henkilökohtaisiin tarinoihin on helppo lisätä hauskoja yksityiskohtia. Käyttämällä sitaatteja voi myös lisätä tekstiin huumoria ilman, että kertoo varsinaisesti vitsejä. Voit siteerata tunnettuja ihmisiä, oman lähipiirisi ihmisiä tai vaikka jotain mitä kuulit junassa.

Brittiläinen tietokirjailija Viv Groskop esittelee loistavia puheita käsittelevässä kirjassaan käsitteen "Happy High Status".[13] Sillä hän tarkoittaa sellaista esiintyjän olemusta, mikä henkii itsevarmuutta, mutta ei ole tippaakaan ylimielinen. Ihminen on tilanteessa riittävän itsevarma, jotta hän voi suhtautua hyväntahtoisen joviaalisti kaikkeen. Hän hymyilee ystävällisesti ja vaikuttaa rennolta, koska hänen ei tarvitse olla puolustuskannalla. Puhuessa hän ei vähättele omia saavutuksiaan, mutta ei myöskään yritä asettua muiden yläpuolelle. Esimerkkinä tällaisesta Groskop mainitsee Michelle Obaman. Hän on esiintyjänä hyvin itsevarma, mutta ei lainkaan ylimielinen. Kyseessä on ennen kaikkea mielentila.

Happy High Status -henkilö on täysin läsnä tilanteessa, kiinnostunut ja utelias. Läsnäolon tuntu onkin erittäin tärkeää jokaiselle esiintyjälle. Joskus kritisoidaan puhujia siitä, että he vain lukevat puheensa paperilta. Oikeasti kritiikki kohdistuu tällöin nimenomaan siihen, ettei henkilö vaikuta läsnäolevalta. Puheen lukeminen paperilta tai prompterista ei ole ongelma, vaan läsnäolon puute.

---

13. Viv Groskopin kirjassa "How to own the room" luku *Be more Michelle: Happy high status"*.

Tässä lienee syytä korostaa sitä, että Happy High Status -asenteen voi omaksua kuka vaan, siihen ei tarvita titteleitä eikä tarvitse olla Yhdysvaltojen ensimmäinen nainen. Riittää, että tuntee itseluottamusta asiantuntijuuteensa ja siihen, että on oikea henkilö puhumaan aiheesta. Jos et koe näin, niin amerikkalainen sanonta "fake it until you make it" toiminee paremman puutteessa. Olennaista on asenne, mikä henkii sisäistä rauhaa, varmuutta ja hyväntahtoisuutta. Puhetta suunnitellessasi voit pohtia, miten henkilö, jolla on Happy High Status, lähestyisi tilannetta. Tämä auttaa sinua valmistautumaan esiintymiseen niin, että vältät vastenmielisen itsekorostuksen ja yhtä luotaantyöntävän aggressiivisen itsepuolustuksen.

Puhetekniikkaa

Julkinen puhuminen ei ole kenellekään helppoa. Kaikki hyvät puhujat ovat harjoitelleet sitä. Kun harjoittelet, kiinnitä huomiota rytmiin (kuinka nopeasti puhut), äänenvoimakkuuteen, painotuksiin ja taukoihin. Puhenopeus eli puheen tempo on olennainen osa vaikuttavaa esiintymistä. Liian nopea puhe voi turhauttaa yleisön, kun taas liian hidas puhe voi puuduttaa heidät. Viv Groskop suosittelee vaihtelemaan tempoa pitääkseen yleisön hereillä. Kuitenkin mitä monimutkaisempia ajatuksia esität, sitä hitaammin voit puhua. Virginia Woolf on tästä loistava esimerkki – hän puhui hitaasti, jopa viipyilevästi.[14] Jos huomaat puhuvasi liian nopeasti, kannattaa pysähtyä ja todeta: "*Annan teille hetken aikaa sulatella tätä.*" Pidä pieni tauko ja jatka sitten rauhallisemmalla tahdilla.

Silloin kun ihminen kirjoittaa tekstiä, hän haluaa kenties alleviivata tärkeitä lauseita tai sanoja. Puhuttaessa sama

---

14. Viv Groskopin kirjassa "How to own the room" luku "Be more Virginia".

vaikutelma syntyy madaltamalla ääntä, puhumalla normaalia kovemmalla tai hiljaisemmalla äänellä. Ennen avainsanoja tai niiden jälkeen voi pitää tauon korostaakseen niitä. Puheen aikana on muutenkin hyvä pitää pieniä taukoja, jotta kuulija ehtii niiden aikana järjestelemään omia ajatuksiaan. Yleisö turhautuu, jos ei esityksessä ole lainkaan taukoja; mitään ei ehdi omaksua, kun uutta asiaa vyörytetään koko ajan lisää. Jos siis sanot jonkun tärkeän pointin, kannattaa sen jälkeen olla hetki hiljaa, eikä höpistä sitä pointtia olemattomiin.

On monenlaisia esiintyjiä. Jotkut elehtivät kiivaasti ja jotkut ovat hyvin hillittyjä. Viv Groskop on kiinnittänyt huomiota videoon, missä Angela Merkel ja Emmanuel Macron kertoivat uudesta EU:hun liittyvästä sopimuksesta vuonna 2018. Videolla he selittävät yhdessä, mitä sopimus tarkoittaa. Lyhyessä puheessa nousee esiin kaksi hyvin erilaista esiintymistyyliä: karismaattinen ranskalainen ja jäyhempi saksalainen. Macronin kehonkieli, ilmeet ja äänen-käyttö vaikuttivat varmoilta ja miellyttäviltä. Silti Merkel vaikuttaa vahvemmalta. Hän pysyy täysin paikallaan, ei vaihda asentoa eikä liikauta edes päätään. Hän liikahtaa yhden ainoan kerran käyttäessään sanaa "vahva", ja silloin hän puristaa kätensä nyrkkiin. Video on todella hyvä esimerkki kahdesta hyvin erilaisesta johtajuustyylistä, joista kumpikin on tehokas omalla tavallaan.

Angela Merkel on mestarillinen esimerkki poliitikosta, joka osoittaa valtansa eleettömyydellä. Hänen johtajuutensa tulee esiin juuri hillityssä, lähes liikkumattomassa olemuk-sessa, joka heijastaa harkittua ja luotettavaa auktoriteettia. Huoneen hiljainen hallinta luo voimakkaan vaikutelman jo ennen kuin hän on sanonut sanaakaan. Eleettömyys ei tarkoita kylmyyttä tai etäisyyttä, vaan pikemminkin se heijas-telee itsevarmuutta ja hallintaa. Kun poliitikko hallitsee huoneen liikkumatta tai turvautumatta ylenpalttisiin eleisiin, hän välittää sanattomasti viestin, että hänellä on tilanne hallussa.

Merkelin tavoin myös Hillary Clinton käyttää eleettö-myyttä vallan osoittamiseen. Hän puhuu hitaasti ja tarkoituk-sella, katse kiertäen yleisössä. Hänen äänensä on voimakas, sellainen millä on pyritty Yhdysvaltojen presidentiksi. Clinton on taitava korostamaan pointtejaan käsiliikkeillä, joita hän varoo käyttämästä liikaa. Puheeseen kannattaa suunnitella vahva lopetus. Mikä on viimeinen lauseesi? Tee siitä jokin mieleenpainuva aforismi, jos pystyt. Kiitä puheesi lopuksi selkeästi yleisöä, jotta he tietävät, että on aika taputtaa. Jos kyseessä on cocktail -tilai-suus ja ihmisillä on samppanjalasit kädessä, he eivät pysty taputtamaan. Voit välttää laimeat aplodit ja tunnelman lässäh-tämisen ehdottamalla lopuksi maljaa jollekin asialle.

Puhetekniikan
PARANTAMINEN

Hyviä aloituksia:

Haluan puheessa kiinnittää huomiota:

Hyviä lopetuksia:

Puhujana haluan kopioida nämä ideat:

Kun valmistaudut puheiden pitämiseen, kannattaa katsoa muiden ihmisten pitämiä puheita esimerkiksi Ted Talkista tai YouTubesta. Kun katsot niitä, pohdi kenen tyylistä pidät ja miksi. Millaisista puheen aloituksista ja lopetuksesta tykkäät? Lisäksi on hyvä myös analysoida kenen tyyleistä et pidä ja miksi. Näistä havainnoistasi ja tämän luvun johdosta syntyneistä huomioista voit kirjoittaa itsellesi juuri sinulle sopivat ohjeet. Kun katsot Ted Talk -puheita, niin älä masennu. Sinun ei tarvitse päästä samaan. Et ole ammatiltasi puhuja, vaan poliitikko. Ainakin osa noista puheista on äärimmäisyyksiin saakka harjoiteltuja. Käytä niitä inspiraation lähteenä, mutta ei minään tavoitteena, johon pitäisi päästä.

Sisältömarkkinointisuunnitelma

Olemme tähän asti tässä luvussa keskittyneet lähinnä viestinnän välineisiin. Nyt käännämme katseemme sisältöön eli siihen, mitä oikeastaan haluamme sanoa. Somepäivityksissä ei kovin pitkiä selostuksia pysty tekemään ja sen takia moni ehdokas kirjoittaa blogia. Blogissa voi tarkastella asioita syvällisesti ja niiden avulla ehdokas voi rakentaa asiantuntijuuteen perustuvaa brändiä.

Sanomalehtien mielipidepalstat tavoittavat laajemman yleisön kuin ehdokkaan oma blogi ja lisäävät ehdokkaan uskottavuutta. Sanomalehdillä on nimittäin tiukka seula, eivätkä ne julkaise mitä tahansa tekstejä. Olen tutkinut[15] mielipidekirjoitusten merkitystä vaaleissa. Selvisi, että vaalien alla julkaistujen mielipidekirjoitusten määrällä on selkeä korrelaatio ehdokkaan saamien äänien kanssa. Toisin sanoen näyttää siltä, että mitä enemmän väsää mielipidekirjoituksia vaalien alla sanomalehteen, sitä enemmän saa ääniä.

Sosiaalisen median päivitykset, blogit, mielipidekirjoi-

---

15. Willman-Iivarinen, 2017c.

ja poliittiset puheet ovat sisältömarkkinointia. Niitä käytetään mielenkiinnon herättämiseen, asiantuntijuuden osoittamiseen ja brändin rakentamiseen. Millaisista aiheista sinä voisit kirjoittaa? Mistä kirjoituksista tai puheista olisi eniten hyötyä ehdokkuutesi kannalta? Missä mediassa tuot ne parhaiten esiin?

Sisältömarkkinointi
SUUNNITELMA

Haluan puhua tai kirjoittaa näistä aiheista:	Julkaisen tässä mediassa:	DL

Ennen kuin alat kirjoittaa blogia, mielipidekirjoitusta tai puhetta, mieti tarkkaan, mikä on sen tarkoitus. Mitä haluat sillä saavuttaa? Tämä tavoitteen asettaminen on tärkeää, sillä se ohjaa kirjoittamista. Sanotaan vaikka, että pidät puheen ilmastonmuutoksesta. Puhe on liikuttava ja vaikuttaa yleisöön. Jos sinulla on tavoitteena ainoastaan lisätä tietoa ilmastonmuutoksesta, niin olet ehkä saavuttanut sen. Jos taas tavoitteena on, että yleisö ensisijaisesti haluaa äänestää sinua ja toissijaisesti saa jotain tietoa ilmastonmuutoksesta, et välttämättä ole saavuttanut tavoitettasi. Olisi olennaista, että lisäisit ilmastonmuutospuheeseesi jotain keinoja, miten haluat edetä asiassa eli millaisia konkreettisia ratkaisuja ehdotat ja sen miksi juuri sinä olisit oikea henkilö hoitamaan tätä asiaa. Näillä muutoksilla vakuutat yleisösi aiheen tärkeydestä ja siitä, että juuri sinä olet oikea henkilö ratkaisemaan sitä. Vasta sen jälkeen, kun olet asettanut tavoitteet puheellesi tai tekstillesi, voit alkaa kirjoittamaan sitä.

Kirjoittaminen tekoälyn kanssa

Kaikissa teksteissä ja puheissa on tärkeää kiinnittää huomiota sanoihin ja sanamuotoihin. Oikein valitut sanat tekevät viestistä tehokkaamman ja huonosti valitut vesittävät koko idean. Tekstin tärkein osa on otsikko ja siksi kannattaa nähdä vaivaa sen muotoiluissa. Laita otsikkoon jokin koukku, uteliaisuutta herättävä elementti tai niin vahva väite, että Iltalehti uutisoi sen kannanottona. Hyvä otsikko kertoo lukijalle, että juttu kannattaa lukea. Tee otsikosta riittävän yksinkertainen. Lukijat eivät yleensä jaksa ponnistella, joten älä tee mitään liian näppärää ja vaikeasti ymmärrettävää. Otsikointi kannattaa tehdä yleensä vasta viimeiseksi, sitten kun teksti on valmis ja tiedät mistä se kertoo. Toki työlle kannattaa antaa joku kirjoittamista ohjaava työnimi jo aloitusvaiheessa.

Suosittelen, että käytät tekoälyä apunasi kirjoittaessasi mitä tahansa tekstejä. En kuitenkaan suosittele, että pyydät tekoälyä kirjoittamaan koko tekstin puolestasi. Vaikka tekoäly on tosi kätevä ja osaa upeita asioita, niin se ei voi mitenkään tietää, mitä juuri sinä haluat tekstilläsi kertoa. Et voi siis sanoa tekoälylle, että kirjoita puhe vaikkapa syrjäytymisen estämisestä. Tekoäly kyllä kirjoittaa puheen, mutta se ei ole sinun puheesi. Eikä se sisällä niitä asioita, mitä sinä haluat sanoa. Tekoälyyn on hyvä suhtautua assistenttina, joka auttaa sinua pääsemään parhaimpaan mahdolliseen lopputulokseen, mutta sinun pitää tietää mikä se on. Suosittelen käyttämään tekoälyä apuna erityisesti seuraavissa vaiheissa: tekstin ideointi, puolivalmiin tekstin opponointi, epäselvien kohtien poistaminen ja otsikon hienosäätö.

Tekoälyn kanssa on kiva ideoida asioita. Voit aloittaa vaikkapa kertomalla sille mitä itse ajattelet asiasta ja kysyä miltä se sen mielestä kuulostaa. Voit jatkaa tätä keskustelua pitkään ja pohtia asiaa yhdessä tekoälyn kanssa monista eri näkökulmista, ennen kuin alat kirjoittamaan. Erityisen hyödyllistä on miettiä, mitkä tekstiisi liittyvät osa-alueet herättävät ihmisissä tunteita ja miksi. Tekoäly tarjoaa sinulle todella hyvää sparrausapua, kun suunnittelet tekstiäsi.

Kun olet kirjoittanut tekstisi ensimmäisen version, on tekoälystä jälleen hyötyä. Voit kysyä siltä, miten se parantaisi tekstiä. Älä kuitenkaan ota noita "parannuksia" sellaisenaan huomioon, sillä tekoälyllä on taipumus latistaa elinvoimaisimpia ilmauksia. Tekoäly kun pyrkii arvaamaan sen kaikkein tavallisimman ja todennäköisimmän ilmaisun mitä missäkin yhteydessä käytetään. Tällöin se ei käytä mitenkään erityisen mehevää kieltä. Olen huomannut, että ainakin omaa tekstiäni se latistaa huomattavasti. Jotkut parannukset ovat toki erittäin hyviä. Voit lisäksi kysyä mitkä kohdat tekstistäsi ovat sellaisia, mitkä joku voi ymmärtää väärin. Palautteen perusteella voit hioa noita kohtia.

Voit myös pyytää tekoälyä korjaamaan kirjoitusvirheet ja ehdottomaan lisäyksiä tekstiin ja selvennyksiä. Olen itse huomannut, että minun on vaikeaa tehdä teksteihin johdantoja ja lopetuksia. Olen sellainen kirjoittaja, että oletan lukijoiden lukevan ajatuksiani sujuvasti, joten kaikenlaiset johdannot ja siirtymät tuntuvat ihan turhilta ja minun on hyvin vaikeaa huomata niiden tarvetta, saati keksiä mitä niihin pitää kirjoittaa. Näissä olen käyttänyt tekoälyä apuna. Se kertoo, mitä taustatietoja minun pitäisi antaa, että lukija ymmärtää tekstini ja ehdottaa jotakin johdantoa tai siirtymää. Yleensä en ole niihin kovinkaan tyytyväinen, mutta ne auttavat minua keksimään, mitä minun niihin pitäisi kirjoittaa. Lisäksi voit pyytää tekoälyä lukemaan tekstisi erityyppisten ihmisten näkökulmasta ja pohtimaan mitä ajatuksia se saattaa heissä herättää. Tuleeko jollekin paha mieli jostakin kömpelöstä ilmaisusta? Näiden pohtimisessa tekoäly on todella hyvä.

Viimeisimpänä, mutta ei vähäisimpänä hyötynä on se, että tekoäly voi auttaa sinua löytämään todella hyvän otsikon tekstillesi. Sellaisen otsikon, minkä kaikki ymmärtävät, mikä on hakukoneoptimoitu ja mikä herättää kiinnostusta ja uteliaisuutta sopivalla tavalla. Suosittelen kertomaan tekoälylle millaisia asioita tai sanoja haluaisit otsikossa olevan ja minkä sävyisen otsikon haluat. Sen jälkeen voit pyytää vaikkapa viisi ehdotusta. Noista ehdotuksista voit poimia sen, mikä eniten miellyttää ja pyytää tekoälyä keksimään samantyyppisiä otsikoita tai muotoilemaan sitä jollain tavalla. Usein käyn läpi monta kierrosta, kun pohdimme yhdessä tekoälyn kanssa otsikoita. Pikkuhiljaa päästään sellaiseen otsikkoon, mihin olen tyytyväinen. Toivottavasti sinäkin pääset.

4

MITÄ ÄÄNESTÄJÄT HALUAVAT

O lemme tähän mennessä pohtineet sitä, millainen sinä olet ja miten voit siitä kertoa. Käännetään hetkeksi huomio pois sinusta ja tarkastellaan, miksi äänestäjät äänestävät ja mitä he haluavat ehdokkailta. Bisneskielellä ilmaistuna: olemme tähän asti tarkastelleet tarjontaa, nyt katsomme kysyntää. Tämä on tärkeää, sillä sellaisen "tuotteen" myyminen on vaikeaa, mille ei ole kysyntää. On myös tärkeää ymmärtää, millä "markkinoilla" toimii. Pahoittelut bisnesjargonin käytöstä, mutta termit ovat kuvaavia ja loppujen lopuksi tämä kirjahan on kuitenkin markkinoinnin kirja.

Miksi ihmiset äänestävät

Oletko koskaan miettinyt miksi ihmiset äänestävät? Siis sen lisäksi, että he ovat ylivertaisen viehättyneet charmistasi ja haluavat äänestää sinua mihin ikinä oletkin ehdolla. Minä olen pohtinut äänestämisen syitä paljon ja olen tutkinutkin asiaa useissa vaaleissa. Alla on tiivistelmä äänestämisen syistä:

MIKSI IHMISET ÄÄNESTÄVÄT

1. Haluaa vaikuttaa asioihin 97%
2. Haluaa osallistua yhteiseen päätöksentekoon 94%
3. Kokee äänestämisen kansalaisvelvollisuutena 90%
4. Haluaa ilmaista mielipiteensä 89%
5. Haluaa tukea jotain ehdokasta/puoluetta 83%
6. Äänestäminen symboloi tärkeitä asioita 80%
7. Jokin vaalin teema on erityisen tärkeä 75%
8. Äänestäminen on osa identiteettiä 69%
9. Äänestäminen on perinne suvussa/perheessä 67%

%, vaikutti paljon + vaikutti vähän äänestyspäätökseeni
Lähde: Vaalimuusa

Lähes kaikki äänestävät, koska haluavat vaikuttaa asioihin ja kertoa oman mielipiteensä. Osa äänestämisen syistä liittyy siihen, että äänestämistä itsessään pidetään tärkeänä. Halutaan osallistua demokratiaan ja yhteisöön, koetaan äänestäminen osaksi omaa elämää, se on sukuperinne ja niin edelleen. Tunne osallistumisesta ja kansalaisvelvollisuuden täyttämisestä ovat tärkeitä. Kun näitä äänestämisen syitä pyörittelee jonkin aikaa, niin tästä alkaa hahmottumaan neljä erilaista äänestämisen "markkinaa":

ÄÄNESTÄMISEN "MARKKINAT"

1 Aatteiden ja arvojen markkina

2 Yhteiskunnallisen osallistumisen markkina

3 Poliittisen vaikuttamisen markkina

4 Identiteetin rakentamisen markkina

66

Aatteiden ja arvojen markkina on koko demokratian ydin. Se on vahvasti ideologinen ja siihen osallistuu suunnilleen joka ikinen äänestäjä. Tämä markkina liittyy olennaisesti puoluevalintaan ja juuri siksi se ei ole kovinkaan kiinnostava tämän kirjan kannalta. Emme tässä kirjassa ole kiinnostuneita siitä, miten äänestäjät valitsevat puolueen.[1] Sinä olet puolueesi jo valinnut, etkä oletettavasti pysty paljoakaan vaikuttamaan sen markkinointiin. Osa äänestäjistäkin on puolueensa jo valinnut. Jos heidän puoluevalintansa ei osu sinun puolueeseesi, on ihan turhaa laittaa paukkuja heidän "käännyttämiseensä". Keskitytään siihen, mikä on mahdollista.

Poliittisen vaikuttamisen markkinoilla ihmiset äänestävät ensisijaisesti siksi, että he haluavat vaikuttaa asioihin. Äänestämällä vaikutetaan tietenkin suoraan siihen, ketkä tulevat valituiksi. Mutta tämä ei ole lopullinen tavoite, vaan se, mitä nuo valitut saavat aikaan. Poliitikot ovat ikään kuin kansantahdon toteuttamisen välikappaleita. Näillä markkinoilla on olennaista, että poliitikko kertoo millaisiin asioihin ja miten hän haluaa vaikuttaa. Kun ihmiset antavat äänensä poliitikolle, he pyrkivät hänen välityksellään vaikuttamaan näihin asioihin.

Yhteiskunnallisen osallistumisen markkinoilla äänestäjät kokevat erityisen vahvasti sen, miten he äänestäjinä ovat osa yhteisöä. Heistä on ihan mahtavaa päästä vaikuttamaan sen toimintaan ja siksi he ovat myös erittäin motivoituneita äänestäjiä. Osallistumisen ja osallisuuden tunne on tärkeitä. Tällä markkinalla se, ketä äänestetään, ei ole niin tärkeää kuin se, että äänestetään.

Identiteetin rakentamisen markkinoilla äänestämisellä on tärkeä symbolinen merkitys ihmisille. Äänestyspäätös kertoo heille (ja mahdollisesti myös muille) millaiset arvot äänestäjällä on. Äänestäjä kokee olevansa hyvä ihminen, jos

---

1. Puoluevalintaan vaikuttavia syitä käsitellään muun muassa kirjassa Satunnainen äänestäjä, s. 110-117.

hän äänestää hyvän asian puolesta (eli poliitikkoa, joka sellaista ajaa). On myös olennaista millaiselle ihmiselle äänensä antaa, sillä äänestyspäätöksestä ja valitusta ehdokkaasta tulee osa äänestäjän omaa tarinaa.

Poliitikkona osallistut kaikille näille markkinoille, mutta voit suunnata viestisi erityisesti jollekin niistä. Jotta juttu menisi kiinnostavaksi, niin voin kertoa, että eri puolueiden äänestäjät äänestävät eri syistä ja toimivat siis osin eri markkinoilla. Esimerkiksi aatteita painottavat eniten vasemmiston, vihreiden ja kokoomuksen äänestäjät. Osallistuminen on tärkeintä vasemmiston ja vihreiden äänestäjille.[2]

Äänestäjän identiteetti

Me ihmiset pohdimme identiteettiämme jatkuvasti. Pohdinta käynnistyy taustalla, kun aamulla päätämme mitä laitamme päälle, sitä tehdään myös silloin kun ostamme jotain tai osallistumme mihin tahansa keskusteluun. Vähintään alitajuisesti pohdimme kysymyksiä: Millainen minä olen? Miten eroan muista? Millaisena muut minua pitävät? Näitä samoja asioita pohditaan myös äänestettäessä, sillä äänestyspäätökset paljastavat millaisia arvoja meillä on ja mitä pidämme tärkeänä.

Tutkija Russell Belk on kirjoittanut siitä, miten me koemme omistamamme esineet minuutemme jatkeina. Hän puhuu "extended-self" -ilmiöstä, eli siitä, miten ajattelemme omistamiemme tavaroiden olevan osa meitä itseämme. Tavarat eivät kuitenkaan ole ollenkaan ainoa asia, joka laajentaa identiteettiämme. Siihen kuuluu myös tekemämme asiat ja sellaiset aineettomat seikat, mitä meillä on, kuten vaikkapa tavat, periaatteet ja äänestyspäätökset.

Äänestämällä tiettyä ehdokasta äänestäjät ottavat tuon ehdokkaan osaksi omaa tarinaansa, omaa identiteettiään. Tämän takia monilla ehdokkaan ominaisuuksilla, kuten miel-

---

2. Katso tarkemmin kirjasta Satunnainen äänestäjä, sivu 30-34.

on paljon merkitystä. Äänestäjät eivät halua mitä tahansa totista torvensoittajaa osaksi omaa tarinaansa, vaan he haluavat sympaattisen ja fiksun ihmisen. Äänestäjälle on tärkeää, että äänestyspäätös sopii siihen mielikuvaan, mikä hänellä on itsestään.[3] He miettivät, mitä ehdokkaan äänestäminen symboloi ja mitä tämä äänestyspäätös kertoo heistä itsestään tai millaiseksi he muuttuvat, jos äänestävät tätä ehdokasta.

Tarkastellaan kahden äänestäjän suhdetta viehättävään entiseen pääministeriimme, Sanna Mariniin. Veeran tarinaan Marinin äänestäminen sopii, Teemun taas ei.

VEERA

Veera ajattelee, että Marin on hyvännäköinen, nuorekas ja todella päättäväinen, kun hänestä kerran tuli pääministerikin niin nuorena. Marinin äänestäjät ovat moderneja ja nuorekkaita. Marinin äänestäminen voisi siis symboloida Veeralle menestystä ja uudenlaista tapaa tehdä politiikkaa. Jos Veera äänestäisi Marinia, hänestäkin tulisi modernin politiikan kannattaja, eli oikeastaan aika moderni tyyppi.

TEEMU

Teemu ajattelee, että Marinilla on ollut hyviä mielipiteitä. Mutta Teemun mielestä Marin on jäänyt etäiseksi ja vaikuttaa määrätietoisen sijaan määräilevältä. Lisäksi Teemun mielestä Marinista on tullut enemmänkin pop-tähteen verrattava idoli, jota fanittavat vain nuoret naiset. Marin ja hänen äänestäjäkuntansa vaikuttavat Teemun mielestä pinnalliselta. Teemu ei halua olla pinnallinen ihminen, minkä takia hän ei voi äänestää Marinia.

---

3. Esim. Shayo & Harel, 2012.

Ehdokkaan on tärkeää tiedostaa, millaisen viestin hänen äänestämisensä lähettää ja miten sen voisi sovittaa mahdollisimman monen äänestäjän omaan tarinaan.

Äänestäjäkunta

Totesimme edellä, että äänestämällä jotain ehdokasta, äänestäjä liittää ehdokkaan ja sen mitä hän symboloi osaksi omaa tarinaansa. Mutta itse asiassa kyseessä on laajempi ilmiö. Sillä emme ota ainoastaan äänestämäämme ehdokasta osaksi omaa tarinaamme, vaan myös hänen äänestäjäkuntansa. Sillä äänestämällä häntä, tulemme samalla liittyneeksi häntä äänestäneiden ihmisten joukkoon. Jäsenyytemme tuossa porukassa on osa meidän tarinaamme.

Äänestäjäkunnassa kyse on symbolisesta yhteisöstä, jonka jäsenet eivät tunne toisiaan, mutta kokevat silti yhteenkuuluvuutta. Emme tietenkään halua kuulua mihin tahansa porukkaan ja siksi mielikuva ehdokkaan äänestäjäkunnasta voi joko houkutella äänestämään häntä tai toimia äänestämisen esteenä. Tämä on sikäli vähän outoa, sillä jos ehdokas ajaa oikeita asioita ja on hyvä tyyppi, niin eihän sillä periaatteessa pitäisi olla mitään väliä, millaiset muut ihmiset ovat ehdokasta äänestäneet. Äänestäjäkunnalla on kuitenkin merkitystä, koska se vaikuttaa äänestäjän identiteettiin.

Mielikuva äänestäjäkunnan ominaisuuksista vaikuttaa siis äänestyspäätöksiin. Kun Veikko Vantaalta äänestää jotakuta ehdokasta, Veikko liittyy samalla ehdokkaan äänestäjäkuntaan ja tuon äänestäjäkunnan ominaisuudet tulevat myös Veikon ominaisuuksiksi. Jos siis Veikko äänestää esimerkiksi jotakin rasistista ehdokasta, Veikko liittyy rasistiseen äänestäjäkuntaan, jolloin häntäkin voidaan luonnehtia rasistiksi. Tuo oli esimerkki negatiivisesta leimasta. Veikko voisi ihan yhtä hyvin äänestää myös mukavaa korsolaista Kallea, joka on nuoriso-ohjaaja ja tekee paljon hyvää työtä nuorten parissa. Voimme päätellä, että Kallen äänestäjätkin ovat mukavia ja haluavat panostaa nuoriin. Äänestämällä Kallea Veikkokin saa itseensä mukavan miehen leiman. Monille ihmisille äänestäjäkunnan vaikutus lienee lähinnä alitajuinen.

Äänestäjälle vain tulee epämääräinen tunne, joko siitä, että tämän ehdokkaan äänestäjien joukkoon ei hän halua kuulua tai vaihtoehtoisesti, että ehdokkaan äänestäjiin kuuluminen voisi olla hienoa. Osa äänestäjistä ei mieti tätä asiaa lainkaan, mutta osalle sillä on paljon merkitystä. Mistään pienestä ilmiöstä ei ole kyse, sillä reilu kolmannes äänestäjistä miettii tietoisesti äänestäjäkuntaa äänestäessään. Eri puolueiden kannattajista äänestäjäkuntaan kuuluminen on selkeästi kaikkein tärkeintä vasemmiston äänestäjille.[4]

Monelle ehdokkaalle saattaa olla sinänsä ihan se sama millaisia hänen äänestäjänsä ovat, kunhan he äänensä antavat. Mutta koska äänestäjäkunta on osa ehdokkaan brändiä, sillä on paljonkin merkitystä, millaisia ihmisiä siihen kuuluu. Mielikuva äänestäjäkunnasta vaikuttaa äänestäjien käyttäytymiseen ja siten siis kokonaisäänimäärään. Ehdokkaana sinun kannattaa miettiä tarkkaan, millä tavalla puhut äänestäjäkunnastasi ja millaisia mielikuvia siihen liität puheissasi.

Koska äänestäjäkuntaan kuuluminen on monelle äänestäjälle tärkeää, tätä suhdetta kannattaisi käyttää markkinoinnissa hyväksi. Pohdi, voisitko jollain keinolla saada potentiaalisen äänestäjäkuntasi markkinoimaan sinua. Millaisia päivityksiä he haluaisivat jakaa? Voitko ottaa äänestäjäkuntasi mukaan ideoimaan kampanjoitasi? Yritysmaailmassa on huomattu, että kun yritykset osallistavat asiakkaita tuotekehitykseen tai markkinointiin, niin asiakkaat alkavat tuntea vahvaa psykologista omistajuutta.[5] Tällöin he sitoutuvat yrityksen asiakkuuteen hyvin vahvasti. Osallistuminen tämäntyyppiseen ehdokkaan brändäysprojektiin voi olla

---

4. Katso tarkemmin Satunnainen äänestäjä, sivu 58-63.
5. Fuchs, 2010.

äänestäjälle hauskaa ja voimaannuttavaa. Eikä heidän vahvemmasta sitoutumisestaankaan haittaa olisi.

Ehdokkaan pätevyys ja tykättävyys

Jotkut ihmiset haluavat valita mukavan tyypin edustamaan itseään. Toiset kiinnittävät enemmän huomiota siihen, että ehdokas on mahdollisimman pätevä. Syitä on monia. Tutkimukseni mukaan äänestäjät pitävät seuraavia asioita tärkeinä valitessaan ehdokasta:

EHDOKASVALINTAAN VAIKUTTAVAT ASIAT

PÄTEVYYS	TYKÄTTÄVYYS
Hyviä mielipiteitä 76%	Miellyttävä 28%
Edustaa arvomaailmaani 73%	Tunnen henkilökohtaisesti 21%
Puolue 60%	Ammatti 19%
Vaikutusmahdollisuudet 53%	Sukupuoli 18%
Kokemus politiikasta 36%	Ikä 15%
Ajaa taloudellista etuani 31%	Edustavannäköinen 8%
Kielitaito 26%	Julkisuudesta tuttu 5%
Vaalikoneen suositus 19%	

%, vaikutti paljon + vaikutti vähän ehdokasvalintaani
Lähde: Vaalimuusa

Demokratian toimimisen kannalta on kivaa, että äänestäjät arvostavat pätevyyttä paljon enemmän kuin tykättävyyttä. Silti, moni äänestäjä arvioi myös ehdokkaan henkilökohtaisia ominaisuuksia. Esimerkiksi ehdokkaan sukupuolella ja iällä on vaikutusta äänestyspäätökseen, vaikka näiden ei luulisi vaikuttavan millään lailla siihen, miten ehdokas hoitaa asioita. Periaatteessa myöskään ehdokkaan miellyttävyydellä ei pitäisi olla mitään tekemistä sen kanssa, kuinka hyvä hän on työssään. On kuitenkin luonnollista, että ihmiset haluavat äänestää mukavaa ihmistä.

Edellä olevassa listassa on sellaisia valintakriteerejä, joiden vaikutuksesta äänestäjät ovat enimmäkseen tietoisia. Päätöksiin vaikuttavat kuitenkin monet sellaisetkin asiat, joiden vaikutusta ei täysin huomaa. Esimerkiksi yllä olevan listan mukaan äänestäjistä vain vajaa kolmannes oli sitä mieltä, että ehdokkaan miellyttävyys vaikuttaa heidän päätökseensä. Kuitenkin, jos asiaa kysytään toisella tavalla: "Voisitko äänestää ehdokasta, josta et pidä?" Enää hyvin harva on sitä mieltä, ettei miellyttävyydellä ole väliä.

Yleisesti ottaen näyttää selvältä, että pätevän, asiantuntevan ja aikaansaavan ehdokkaan brändi ei vielä välttämättä riitä äänivyöryyn, vaan olennaista on myös, että äänestäjät pitävät ehdokkaasta. Tykkääminen saattaa olla vielä tärkeämpää kuin miltä se näiden tulosten valossa näyttää, sillä jos äänestäjä pitää jostain ehdokkaasta, hän yleensä löytää rationaaliset perusteet ehdokkaan äänestämiselle.

Osa äänestäjistä kokee, etteivät he tiedä ehdokkaiden arvoista tai tavoitteista tarpeeksi tehdäkseen hyviä äänestyspäätöksiä. Tällöin he saattavat päätyä äänestämään ehdokasta, johon he pystyvät samaistumaan. Ajatuksena on, että samankaltaiset ihmiset tekevät samankaltaisia päätöksiä. Jos siis ehdokkaalla on sama elämäntilanne, koulutus tai kiinnostuksen kohde kuin äänestäjällä, niin äänestäjä ajattelee ehdokkaan tekevän samankaltaisia päätöksiä kuin mitä hän itse tekisi vastaavassa tilanteessa. Tässä ikään kuin ulkoistetaan päätöksenteko jollekulle itsen kaltaiselle "hyvälle tyypille".

Tutkimukseni[6] mukaan, erityisesti perussuomalaisten äänestäjät pitävät tärkeänä äänestää itsen kaltaista ehdokasta. Ehdokasvalinnan kriteerit vaihtelevat muutenkin hieman puoluetaustojen mukaan. Ehdokkaan pätevyyteen liittyvissä asioissa (vaikutusmahdollisuudet, kokemus, ammatti, kieli-

---

6. Satunnainen äänestäjä, s. 123.

73

kokoomus on kaikissa kohdissa ykkönen. Jotenkin tuntuu luonnolliselta, että korkeasti koulutettujen puolueeksi profiloituneen kokoomuksen äänestäjät kiinnittävät eniten huomiota ehdokkaiden meriitteihin eli ansioihin. Keskustan kannattajat pitävät muita tärkeämpänä sitä, että he ovat tavanneet ehdokkaan henkilökohtaisesti. Syytä tähän en osaa spekuloida.

Peilineuronit ja samaistuminen

Kun äänestäjä tutustuu ehdokkaaseen katsomalla hänen esiintymisiään tai lukemalla hänestä, voi käydä niin, että yhtäkkiä äänestäjä alkaa tuntea yllättävän voimakasta sympatiaa ehdokasta kohtaan. Aluksi hän ehkä huomaa pieniä yhtäläisyyksiä itsensä ja ehdokkaan välillä. Mutta pian hän alkaa omaksua ehdokkaan ajatuksia ja tunteita, ikään kuin ne olisivat hänen omiaan. Nyt ehkä mietit, että mikäs tämä tämmöinen aivopesujuttu oikein on. Siitä ei ole kyse, vaan nämä yhtäkkiset positiiviset tunteet johtuvat peilineuroneista.

Peilineuronit ovat aivoissamme olevia soluja, jotka aktivoituvat, kun tarkkailemme toisia ihmisiä. Ne mahdollistavat kykymme tunnistaa ja ymmärtää toisten tunteita. Peilineuronit eivät ole mitään eksoottisia muukalaisia, vaan olennainen osa arkeamme. Ne aktivoituvat, kun näemme toisen ihmisen tekemässä jotain. Joskus ne saavat meidät tiedostamattamme **matkimaan** muita ihmisiä. Esimerkiksi, jos joku haukottelee, niin mekin haukottelemme. Jos joku kävelee hitaasti, mekin alamme kävelemään hitaasti. Kun muut kuiskaavat, mekin alennamme ääntämme jne.

Matkimisen lisäksi peilineuronit auttavat meitä salamannopeasti **tunnistamaan** toistemme tunteita. Olemme luontaisesti melko empaattisia olentoja ja siksi havaitsemme ja tunnistamme toistemme tunteet melko helposti.[7] Meidän ei

---

7. Keysers, 2011.

tarvitse edes nähdä toista ihmistä, riittää, että luemme tai kuulemme hänestä. On nimittäin havaittu, että hyvin kerrotut tarinat herättelevät peilineuronit ihan samaan tapaan kuin ihmisten fyysiset kohtaamiset. Hyvä tarina aktivoi samat alueet aivoissa kuin todelliset tapahtumat. Elokuvia katsellessamme peilineuronit ovat tärkeitä, sillä ne auttavat meitä eläytymään elokuvaan. Niiden ansiosta me tunnemme, mitä elokuvan hahmot tuntevat. Pelkäämme, liikutumme ja nauramme heidän kanssaan. Tunnemme päähenkilön kokemat tunteet ikään kuin ne olisivat omiamme.[8] Kun tunnistamme toisten tunteet ja eläydymme niihin, alamme **samaistumaan** henkilöön. Tämä kyky samaistua muihin on automaattinen ja usein tiedostamaton.

Yhteenvetona voidaan todeta, että peilineuronit auttavat 1) tunnistamaan muiden ihmisten tunteita ja ymmärtämään heitä. Samalla niiden ansiosta 2) kykenemme tuntemaan empatiaa muita kohtaan. Jos peilineuronit toimivat tehokkaasti, ne saavat meidät 3) samaistumaan henkilöön ja mahdollisesti jopa 4) matkimaan tämän käyttäytymistä omaksumalla arvoja ja toimintatapoja.

Vaalikampanjoinnissa peilineuroneilla on merkittävä rooli, sillä ne auttavat herättämään äänestäjissä empatiaa ehdokasta kohtaan. Ehdokas voi hyödyntää tietoa peilineuroneista kertomalla henkilökohtaisia tarinoita, mitkä auttavat äänestäjiä tunnistamaan ja ymmärtämään ehdokkaan tunteita. Kertomalla arkipäiväisistä sattumuksista, ehdokas auttaa äänestäjiä samaistumaan häneen ja tuntemaan yhteenkuuluvuutta. Samaistuminen voi olla niin vahvaa, että äänestäjä alkaa jopa omaksua ehdokkaan arvoja ja näkemyksiä. Peilineuronit selittävät, miksi tarinallistaminen mainonnassa toimii niin hyvin. Kun koemme, että tarinan henkilö on ihan kuin minä itse, kiinnostumme hänen ongelmistaan ja valinnoistaan.

8. Rizzolatti, 2004.

75

Äänestäjien tavoitteiden huomiointi

Alla on tiivistettynä asioita, joita tässä luvussa on käyty läpi ja joita olisi mielestäni hyödyllistä pohtia. Tämä ei todellakaan ole helppoa, eikä sinun tarvitse ponnistella löytääksesi vastauksia joka kohtaan. Halusin laittaa nämä kysymykset tähän, vaikka ne ovatkin aika hankalia, sillä niiden pohtiminen saattaa auttaa sinua löytämään jonkun ihan mahtavan markkinointi-idean.

Äänestäjien tavoitteiden
HUOMIOINTI

Osoitan pätevyyteni seuraavasti:

Miten luon äänestäjille tunteen osallistumisesta:

Lisään tykättävyyttäni seuraavasti:

Miten saan äänestäjäkunnan markkinoimaan minua:

Miten teen äänestäjäkuntaan kuulumisesta houkuttelevaa:

Miten mahdollistan äänestäjien samaistumisen minuun (peilineuronit):

5

ÄÄNESTÄJIEN PUUTTEELLISET TIEDOT

K ävimme edellisessä luvussa läpi sitä, mitä äänestäjät ehdokkaalta haluavat. Seuraavaksi keskitymme siihen, miten äänestäjät saavat tietoa ehdokkaista. Sitä saadaan monista eri lähteistä. Osan siitä äänestäjä hakee itse esimerkiksi googlaamalla, osaan hän törmää mediassa tai vaikkapa ulkomainonnassa. Niin tai näin, tiedonsaanti on hyvin hajanaista ja rajallista. Äänestäjät saavat tiedonmurusia sieltä täältä. Vaikka tietoa jonkin verran onnistuu hankkimaan, niin se on epätäydellistä, eikä sen perusteella pysty kunnolla vertailemaan ehdokkaita. Vaalikone auttaa, mutta ei täysin ratkaise ongelmaa. Vaalikoneen perusteella voi nimittäin vertailla ehdokkaita vain niiden kysymysten osalta, mitä vaalikoneessa on ja mitkä ovat niin hyvin laadittuja, että ne voi ymmärtää vain yhdellä tavalla.

Tietojen täydentäminen vihjeiden avulla

Koska äänestäjien saama tieto on epätäydellistä, he täydentävät tietoja erilaisten vihjeiden ja stereotypioiden avulla. Tämän luontaisen tietojentäydentämistaipumuksemme huomaa esimerkiksi silloin, kun juttelemme netissä (vaikkapa

Tinderissä) jonkun meille aiemmin tuntemattoman henkilön kanssa. Ihan väkisinkin me pyrimme luomaan itsellemme jonkin mielikuvan hänestä. Kuvittelemme hänet jonkinlaiseksi ihmiseksi. Tämä luomamme mielikuva perustuu keskustelussa esiin tulleisiin vihjeisiin, joita sitten täydentelemme tuntemiemme todellisten ja fiktiivisten ihmisten piirteillä.[1] Pyrimme siis kaikin mahdollisin keinoin tekemään toisesta ihmisestä kokonaisen ja "tunnetun".

Kun äänestäjä ja ehdokas kohtaavat sosiaalisessa mediassa, käy ihan samalla tavalla. He eivät tapaa todellisina henkilöinä, vaan he kohtaavat toistensa digitaaliset versiot. Kun siis äänestäjä kohtaa poliitikon huolella rakennetun kyberminän netissä, hän ei kohtaa kokonaista ihmistä, vaan jonkinlaisen julkisivun. Sitten hän täydentää enemmän tai vähemmän alitajuisesti puuttuvia tietoja ja ominaisuuksia erilaisten vihjeiden perusteella ja rakentaa mielessään uuden kuvitteellisen persoonan. Tuo äänestäjän kehittelemä persoona muistuttaa ulkoisesti ehdokasta, mutta sillä saattaa olla ihan erilaisia ominaisuuksia kuin hänellä. Koska tuo äänestäjän rakentelema persoona perustuu jo valmiiksi keinotekoisesti rakennettuun ehdokkaan digitaaliseen julkisivuun ja sitä vielä täydennetään mielikuvituksen ja vihjeiden avulla, on tämä persoona jo melko kaukana todellisen maailman henkilöstä. Loppujen lopuksi äänestäjälle ehdokkaasta somessa muodostuva kuva on siis pitkälti fiktiivinen kehitelmä. Vaikka tämä on homman nimi, se rakenneltu persoona on kuitenkin se persoona, jota äänestäjä äänestää (jos äänestää).

Kun äänestäjä täydentelee mielikuvaansa ehdokkaista, hän käyttää kaikki saatavilla olevat vihjeet ja stereotypiat. Vihjeenä voidaan käyttää esimerkiksi ehdokkaan sukupuolta,

---

1. David Eaglemanin kirjassa "Incognito – The secret lives of a brain" kerrotaan siitä, miten alitajunta toimii itsenäisesti (s. 101–150). Kyberpsykologi Mary Aiken kertoo kirjassaan "The cyber effect", miten täydennämme alitajuisesti kuvaamme muista ihmisistä.

ikää tai ulkonäköä. Tämä prosessi on enimmäkseen täysin alitajuinen. Tarkastellaan näitä mainittuja stereotypioita tarkemmin seuraavaksi.

Sukupuoli signaalina

Tutkimukset[2] osoittavat, että monet äänestäjät tykkäävät äänestää samaa sukupuolta olevaa ehdokasta, koska ajattelevat ehdokkaan silloin pystyvän ymmärtämään heidän tarpeensa paremmin. Usein ajatellaan, että samankaltaiset ihmiset ajattelevat samalla tavalla, siksi onkin loogista äänestää itsensä kaltaista ehdokasta. Sukupuolen vaikutus ei kuitenkaan rajoitu vain samaa sukupuolta olevan ehdokkaan äänestämiseen. Sukupuoleen liittyy myös stereotypioita, joista voi olla ehdokkaalle joko hyötyä tai haittaa riippuen tilanteesta. Sukupuoleen liitettyjen stereotypioiden avulla pyritään päättelemään (usein tiedostamattomasti) ehdokkaan arvoista yhtä ja toista. Erään tutkimuksen[3] mukaan amerikkalaiset äänestäjät päättelivät sukupuolen perusteella erilaisia arvoja republikaani- ja demokraattiehdokkaille. Naispuolisilla demokraattiehdokkailla kävi niin, että sukupuoleen liitetyt stereotypiat lisäsivät eroa heidän ja keskimääräisen äänestäjän arvojen välillä ja heikensivät heidän mahdollisuuksiaan pärjätä vaaleissa. Sen sijaan naispuolisilla republikaaniehdokkailla sukupuolistereotypiat vähensivät eroa heidän ja keskimääräisen äänestäjän välillä ja nostivat heidän mahdollisuuksiaan vaaleissa. Yksinkertaistaen: koska republikaanien arvoja pidetään kovina ja naisia pehmeinä, niin ehdokkaat voidaan asettaa arvojen kovuuden mukaan suoralle. Äärimmäisenä kovissa arvoissa on republikaanimies ja pehmeissä arvoissa demokraattinainen. Linjalla ovat:

---

2. Esimerkiksi Giger ym, 2014; Holli ja Wass 2010; Sanbonmatsu, 2002.
3. Koch, 2000.

ARVOT JA SUKUPUOLISTEREOTYPIAT

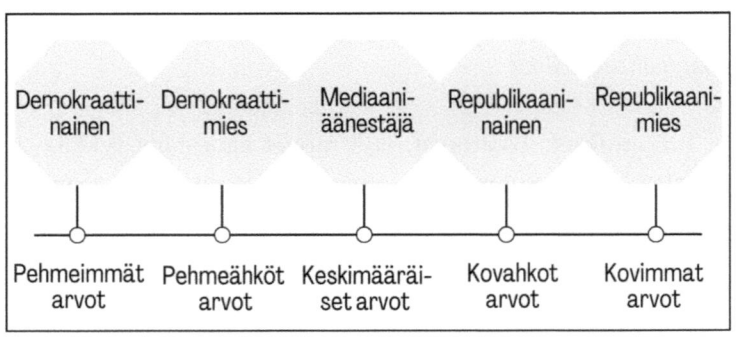

Demokraatti- nainen	Demokraatti- mies	Mediaani- äänestäjä	Republikaani- nainen	Republikaani- mies
Pehmeimmät arvot	Pehmeähköt arvot	Keskimääräi- set arvot	Kovahkot arvot	Kovimmat arvot

Yhdysvallat, Koch, 2000

Republikaaninainen ja demokraattimies ovat siis lähimpänä keskimääräistä äänestäjää ja hyötyvät näistä stereotypioista. Tämän tyyppiset sukupuoleen liitetyt stereotypiat on hyvä tunnistaa ja niitä voi tilanteen mukaan joko käyttää kampanjoidessa hyväkseen tai pyrkiä häivyttämään.

Ikä ei ole vain numero

Alkuvuodesta 2024 Yhdysvaltojen presidentinvaaleissa vastakkain olivat Donald Trump (77 vuotta) ja Joe Biden (81 vuotta). Herrat ovat suurin piirtein samanikäisiä. Tästä huolimatta Trump käytti Bidenin "liian korkeaa" ikää aseenaan. Kun sitten Joe Biden haparoi vaaliväittelyssä, hänen iästään alkoi puhua koko maailma. Pian tämän jälkeen Biden luopui ehdokkuudesta. Sen lisäksi, että ehdokas voi olla liian vanha, hän voi myös olla liian nuori. Ehdokkaan ikä vaikuttaa lähes joka toisen äänestäjän valintoihin.[4] Äänestäjät arvioivat ehdokkaita ja heidän kykyjään iän perusteella eri tavoin. Mutta mitä tämä tarkoittaa sinulle ehdokkaana?

---

4. Vaalimuusan tietopankki.

Nuorena ehdokkaana saatat kohdata haasteita vakuuttaaksesi äänestäjät. Nuoruutesi voi herättää epäilyksiä kokemuksen tai näkemyksen puutteesta. Monet äänestäjät epäröivät äänestää nuorta ehdokasta uskoessaan, ettei hänellä ole kykyä ymmärtää asioita laaja-alaisesti. Toisaalta nuoret ehdokkaat voivat tuoda uusia tuoreita näkökulmia politiikkaan ja heitä pidetään innokkaina ja innovatiivisina. Sinulla on siis mahdollisuus puhutella nuorten äänestäjien lisäksi myös kaikenikäisiä uudistushaluisia äänestäjiä. Jos taas olet kokeneempi ehdokas, sinun kokemuksesi luo uskottavuutta ja luottamusta. Monet äänestäjät saattavat pitää kokeneempia ehdokkaita näkemyksellisempinä ja valmiimpina hoitamaan poliittisia tehtäviä. Nämä ikään liittyvät stereotypiat vaikuttavat äänestyspäätöksiin riippumatta ehdokkaan todellisista ominaisuuksista. Kun tunnistat nämä sinuun sukupuolen tai iän perusteella lyödyt leimat, voit pyrkiä muuttamaan negatiivisia stereotypioita markkinoinnin avulla. Esimerkiksi naisena kannattaa korostaa vahvuuttaan ja miehenä empatiakykyään.

Kaunis on hyvää efekti

Useissa tutkimuksessa on todettu, että äänestäjät äänestävät mielellään edustavannäköisiä ehdokkaita. Mitä komeampi tai kauniimpi ehdokas on, sitä enemmän hän saa ääniä.[5] Loogisesti ajatellen ehdokkaan ulkonäöllä, sillä onko hän edustavannäköinen vai ei, ei pitäisi olla mitään merkitystä siihen, miten hyvin hän hoitaa edustamiensa ihmisten asioita. Tästä huolimatta ulkonäöllä näyttää olevan paljonkin merkitystä.[6] Kauneus yhdistetään stereotyyppisesti hyvään ja haluttavaan ("kaunis on hyvää"-efekti[7]). Ihmiset ajattelevat,

---

5. Esimerkiksi Laustsen 2014; Berggren et al. 2010; Hart et al. 2011.
6. Yli kolmannes suomalaista äänestäjistä tiedostaa ehdokkaan ulkonäön vaikuttavan heidän valintoihinsa. (Willman-Iivarinen, 2015c)
7. Esim. Dion ym. 1972; Lemay ym. 2010.

jotenkin hassusti, että jos joku on kaunis tai komea, hän on myös hyvä. Jos ehdokas kuitenkin lähtee ulkonäön suhteen vähän takamatkalta, ei hänen tarvitse masentua. Viehättävyyttä voidaan nimittäin myös lisätä erilaisin keinoin, sillä kyse ei ole (pelkästään) kauneudesta, vaan oikeastaan siitä kuinka mukavalta ehdokas vaikuttaa. Mukavat ihmiset esimerkiksi hymyilevät ystävällisesti. Tutkimuksissa onkin huomattu, että äänimäärä lisääntyy selvästi, jos ehdokas hymyilee vaalikuvissa.[8] Hymyllä on muutenkin jännä vaikutus, sillä ihmiset muistavat hymyilevien tyyppien nimet paremmin kuin vakavien. Tämän on arveltu johtuvan siitä, että haluamme muistaa ne ihmiset, jotka olivat meille ystävällisiä, siltä varalta, että olemme heidän kanssaan tekemisissä tulevaisuudessa.[9]

Miten alitajunta täydentää tietoja

Huomasimme edellä, että useilla epäolennaisilla seikoilla on paljon vaikutusta äänestäjien päätöksentekoon. Nämä keskustellut asiat ovat kuitenkin jollain tavalla rationaalisesti vielä perusteltavissa. Nyt hyppäämme niin ällistyttävien seikkojen pariin, että rationaalisuus ei tänne enää ulotu. Näennäisesti todella vähäpätöisillä yksityiskohdilla voi olla hämmästyttävän suuri vaikutus äänestäjien päätöksenteossa. Osittain tämä johtuu siitä, että äänestäjät saattavat joskus etsiä tietoa hyvin epäolennaisistakin asioista ja lähteistä. Tarkastellaan seuraavaksi miten pikkuriikkiset asiat vaikuttavat äänestäjien päätöksentekoon.

---

8. Horiuchi ym. 2012 tutkimuksessa muutettiin tietokoneen avulla muuttaa ihmiset joko hymyileviksi tai ei-hymyileviksi. Tutkijat testasivat hymyn vaikutuksia sekä Japanissa että Australiassa ja totesivat hymyn vaikuttavan äänimääriin selvästi.
9. Lindstrom, 2009, s.76.

Se ei liene yllättävää, että läheisten ihmisten mielipiteet vaikuttavat paljon äänestäjiin. Esimerkiksi vanhempien puoluekanta vaikuttaa lapsiin todella paljon.[10] Kaikki eivät vanhempiensa puoluekantaa tiedä, mutta osa tietää. Puoluekanta näyttää periytyneen suurelle osalle sellaisista äänestäjistä, jotka tietävät mitä puoluetta heidän vanhempansa äänestävät. Sen lisäksi, että puoluekanta tuppaa periytymään lapsuudenkodista, myös puoliso voi vaikuttaa siihen. On nimittäin havaittu[11], että puolisot äänestävät usein samaa puoluetta.

Perheen lisäksi myös kaveriporukan poliittisilla mielipiteillä voi olla suuri vaikutus äänestyskäyttäytymiseen. Vaikka kaverien kanssa ei politiikasta varsinaisesti puhuttaisikaan, voivat pienet tekijät, kuten jonkun sivulauseessa esittämä mielipide, vaikuttaa hyvinkin paljon. Jos kaveri toteaa treenien jälkeen pukukopissa, että *"Tää on taas näitä hallituksen säästöjä"*, sitä saattaa alkaa muistelemaan lämmöllä hallituksia, jotka eivät niin paljon karsineet palveluita.

Emme välttämättä ole tietoisia siitä, miten paljon muut henkilöt vaikuttavat mielipiteisiimme. Vaikka läheisten vaikutus ei ole yllättävää, niin sen sijaan olen melko hämmästynyt siitä, että tuntemattomatkin ihmiset vaikuttavat.

Eräässä tutkimuksessa[12] havaittiin, että vieressä istuvien tuntemattomien ihmisten mielipiteillä ja käyttäytymisellä oli vaikutusta äänestyspäätöksiin. Vaikutus oli pieni, jos näkemykset olivat alun perin hyvin kaukana toisistaan. Mutta jos oltiin jo muutenkin melkein samaa mieltä, niin vieressä istuvan pienet äännähdykset ja eleet vahvistivat omia näkemyksiä. Jos siis vieruskaverisi junassa peukuttaa Annika

---

10. Suomen tulokset löytyy Tiihosen tutkimuksesta. Samantyyppisiä tutkimustuloksia on saanut Saksassa myös Himmelweitin tutkimusryhmä.
11. Tiihonen ym. 2016.
12. Ramanathan 2010.

Saarikon Instagram-päivitystä, ja tykkäät Saarikosta, saatat ajatella Saarikosta positiivisia asioita koko loppupäivän. Toisin sanoen poliittiset mielipiteet siirtyvät sosiaalisissa kanssakäymisissä pieninä huomaamattomina eleinä.

Kiva nimi

Se, että tutut ja tuntemattomat ihmiset vaikuttavat päätöksiin lienee ymmärrettävää, olemmehan me sosiaalisia olentoja. Mutta entä nimet? En tarkoita nyt sitä, että jotkut nimet vihjaavat henkilön taustan poikkeavan valtaväestöstä, vaan ihan tavallisia nimiä. Tutkimuksissa on todettu, että ihmiset tykkäävät alitajuisesti sellaisista nimistä, paikoista ja asioista, mitkä muistuttavat heitä itseään. Esimerkiksi me suosimme oman etunimemme tai sukunimemme alkukirjaimella alkavia nimiä. Joel ja Jenny, Amy ja Andrew, Donny ja Daisy, sekä Matti ja Maija menevät paljon useammin naimisiin kuin mikä tilastollisesti tarkastellen olisi todennäköistä. Tuntuu hullulta, että niin pienellä asialla kuin nimen alkukirjaimella voisi olla vaikutusta siihen, kenen kanssa menee naimisiin. Tämän ilmiön paikkansapitävyys on kuitenkin osoitettu laajalla aineistolla. Selityksenä ilmiöön on se, että itseä muistuttavat asiat herättävät meissä lämpimiä tunteita. Rakastamme huomata heijastuksia itsestämme muissa ihmisissä.[13]

Tiedostamaton viehtymys itsestä muistuttaviin asioihin voi mennä pitkälle. Se voi nimittäin vaikuttaa aviopuolison valinnan lisäksi myös siihen missä asuu ja mikä on ammatti. Etunimen tai sukunimen alkuosa saattaa rimmata kivasti ammatin tai asuinpaikan kanssa. On enemmän Denise tai Dennis -nimisiä hammaslääkäreitä (englanniksi dentist) kuin pitäisi. Lisäksi ihmiset asuvat keskimääräistä todennäköisemmin paikkakunnilla, joiden alkukirjaimet vastaavat

---

13. Jones on tutkinut asiaa laajalla aineistolla ja Pelham on tutkimusryhmänsä kanssa arvellut ilmiön johtuvat implisiittisestä egoismista.

heidän omiaan. Esimerkiksi Louis asuu St. Louisissa. Nimen vaikutus ei ole suuri, mutta se on kuitenkin tilastollisesti merkittävä.

En löytänyt Suomesta vastaavia selvityksiä aiheesta, mutta onhan meillä näitä esimerkkejä: meteorologi Pekka Pouta, eläinlääkäri Mikael Ilves, Vapa-lehden päätoimittaja Martti Lohi, lintututkija Juha Tiainen, Suomen Puututkimus Oy:n toimitusjohtaja Aarni Metsä jne. [14]

Vaatteet

Törmäsin joskus monta vuotta sitten väitöskirjaa tehdessäni sattumalta tutkimukseen, jossa osoitettiin, että pelipaidan väri vaikuttaa siihen, kuka voittaa urheilussa.[15] Tutkimustulos tuntui mielestäni aivan käsittämättömältä. Eihän jollain niin triviaalilla asialla kuin paidan väri voi olla mitään tekemistä niinkin pyhän asian kanssa kuin sen, kuka urheilussa voittaa. Koska olin epäuskoinen ja utelias, luin sitten paljon lisää selvityksiä värien vaikutuksista ihmisten käyttäytymiseen.

Selvisi, että väreillä on todellakin aika paljon vaikutusta. Esimerkiksi auton väri vaikuttaa siihen, kuinka kovaäänisenä sitä pidetään. Kaupan värimaailma vaikuttaa siihen, kuinka kauan kaupassa viihdytään ja myös siihen, kuinka paljon sieltä ostetaan. Työhuoneen värin on todettu vaikuttavan työtehoon, tunnelmaan ja jopa sydämen sykkeeseen. Pelipaidan värin on todettu vaikuttavan voittojen lisäksi myös jääkiekkojoukkueen saamien rangaistusten lukumäärään NHL:ssä. [16]

---

14. David Eagleman kertoo aivojen toimintaa käsittelevässä kirjassaan useita esimerkkejä (s. 53–74).
15. Hill & Barton ovat todenneet, että useissa urheilulajeissa punaisen paidan käyttäminen lisää voittamisen todennäköisyyttä. Sama on huomattu myös Attrillin ym. tutkimuksessa.
16. Auton värin vaikutus: Menzel ym. Kaupan värimaailman vaikutus: Babin ym. Työhuoneen värin vaikutus: Kwallek ym. Pelipaidan värin vaikutus: Alun perin Frank & Gilovich. Testasin myös itse, miten tämä väite pitää

85

Yksi asia, joka väritutkimuksia lukiessani kiinnitti erityisesti huomiotani, oli punaisen värin voimakas vaikutus. Punainen on jo itsessään vahva väri, mikä huomataan helposti. Sillä on muitakin kiehtovia ominaisuuksia. Symbolisesti punainen liittyy esimerkiksi jouluun. Toisaalta punainen on vaaran väri (liikennevalot, veri, varoitusvalot) ja epäonnistumisen väri (kirjoitusten korjaaminen punakynällä). Kun ihminen pukee punaista ylleen, nämä punaisen eri ominaisuudet siirtyvät osaksi hänen ulkoista olemustaan. Punaisen vaatteen käyttämisellä on hämmästyttävän suuri vaikutus kanssaihmisiin.

Punainen väri on myös romantiikan ja rakkauden väri. Punaisen vaatetuksen on huomattu lisäävän naisen viehättävyyttä ja seksikkyyttä miesten silmissä, mutta naisia miehen punainen paita ei säväytä lainkaan. Ilmiötä on alettu nimittää "romanttinen punainen"-efektiksi. Siitä on tehty muutamia kiinnostavia tutkimuksia. Naisten on esimerkiksi todettu saavan punaisessa paidassa enemmän kontakteja nettideittipalstalla, tarjoillessa isompia tippejä ja liftatessa helpommin kyytejä.[17]

Naisen punainen vaatetus vaikuttaa siis miesten arvioon naisen viehättävyydestä. Miehet eivät ole tietoisia tästä vaikutuksesta. Nyt, kun olen pitkään selvittänyt näitä väritutkimuksia ja värien vaikutuksia ihmisten käyttäytymiseen, olet ehkä alkanut aavistella, että jokin yhteys äänestämiseenkin tällä kaikella voisi olla. Olet oikeassa. Testasin vuoden 2015 eduskuntavaaleissa, onko sillä merkitystä minkä värinen paita ehdokkaalla on vaalikuvassa päällä. En uskonut vaikutukseen pätkääkään, mutta tein testin silti. Käytännössä toimin niin, että listasin tietyn vaalipiirin ehdokkaat ja

jääkiekon SM-liigassa. Selvisi, että pelipaidan värillä näytti tosiaan olevan vaikutusta rangaistusten määrään (Willman-Iivarinen, 2019c).
17. Punaisen värin vaikutusta ovat tutkineet esimerkiksi Elliot & Niesta. Guéguen on testannut "Romanttisen punaisen" vaikutusta monissa erilaisissa tutkimuksissa.

koodasin heidän (oletetun) sukupuolensa ja paidan värin. Lisäsin listaan saadut äänet ja laskin korrelaatiot. Tutkimuksen tulokset olivat aivan yksiselitteiset. Punaisessa paidassa naiset saivat kaksinkertaisen määrän ääniä verrattuna muun värisessä paidassa oleviin naisehdokkaisiin. Ensimmäisen selvityksen jälkeen olin hiukan epävarma kuitenkin sen suhteen, että olisiko kyse voinut olla sattumasta. Eihän meidän demokratiaamme voi mitenkään vaikuttaa joku niin mitättömän pieni asia kuin ehdokkaan paidan väri. Tieteellisen tiedon yksi kriteeri on, että tutkimusta toistamalla saadaan samat tulokset. Koska olin niin hämmentynyt tuloksista, toistin testin vuosien 2017, 2019, 2021 ja 2023 vaaleissa. Tulos oli edelleen sama. Uskoin niihin lopulta ja kirjoitin aiheesta tieteellisen artikkelin[18]. Tässä tiivistelmä:

---

18. Ehdokkaiden kuvat on poimittu puolueiden kotisivuilla olevista vaalimainoksista vaaliviikon aikana. Kuvista on tallennettu ehdokkaan vaatetuksen väri. Jos vaatetus on ollut musta, harmaa, ruskea, valkoinen tai mustavalkoinen, on tämä koodattu neutraaliksi väriksi. Myös huomattavan tummansiniset, tummanharmaat ja tummanvihreät on laitettu tähän kategoriaan. Värien lisäksi ehdokkaista on tallennettu oletettu sukupuoli nimien ja tarvittaessa kuvien perusteella. Täsmällisempi kuvaus tutkimuksen tekotavan yksityiskohdista löytyy artikkelistani "Punaisessa paidassa eduskuntaan..." vuodelta 2021b.

NAISEHDOKKAAN PAIDAN VÄRI JA ÄÄNISAALIS

Naisehdokkaan äänimäärä kasvaa...

25%

...jos kuvassa
värillinen paita

34%

...jos kuvassa on
lämminsävyinen paita

100%

...jos kuvassa on
punainen paita

ROMANTTINEN PUNAINEN -EFEKTI

Jos nainen pukeutuu punaiseen, hänen
viehätysvoimansa miesten silmissä
lisääntyy. Vaikutus on alitajuinen, miehet
eivät tunnista värin vaikutusta.

Lähde: Willman-Iivarinen (2021): "Punaisessa paidassa eduskuntaan", HAMK Unlimited.

Demokratian kannalta on hieman hämmentävää, että vaatetuksen väri näyttäisi vaikuttavan vaalien lopputulokseen. Vaatteiden värillä ei liene mitään tekemistä sen kanssa, miten hyviä ehdokkaat ovat hoitamaan yhteisiä asioitamme. Vaikka tämä vaikutus on keskimäärin melko pieni, niin punaiseen pukeutuvien naisten kohdalla tulos on kuitenkin ihan selvä. Äänestäjät tuskin tätä tiedostavat, on vaikea uskoa kenenkään äänestäjän tietoisesti valitsevan ehdokasta paidan värin perusteella.

Miten ehdokas hallitsee vihjeitä

Äänestäjien tapa täydentää puutteellisia tietoja selittää minkä takia hämmästyttävän pienillä yksityiskohdilla ja täysin irrelevanteilta tuntuvilla seikoilla on merkitystä äänestäjien päätöksenteossa. Tämän takia sinunkaan ei pidä kuvitella sen riittävän, että sinulla on joku agenda tai päivität someen mitä ajattelet ja ajat. Ihmiset haluavat tietää ketä he äänestävät. Suurin osa äänestäjistä ei tunne sinua ja he käyttävät somea muodostaakseen käsityksen sinusta. Jotta mahdollisimman vähän jäisi sattuman ja arvausten varaan, ehdokkaana sinun kannattaa tarjota riittävästi tietoa sekä ajamistasi asioista että siitä millainen olet ihmisenä. Ehkä voit kertoa harrastuksistasi, millaisia asioita olet tehnyt tai mitä pidät tärkeänä. On hyvä tarjota äänestäjille samaistumisen mahdollisuuksia. Jos kerrot katsovasi jääkiekkoa, niin kuulut siihen suunnilleen 90 prosenttiin suomalaisista, jotka katsovat jääkiekkoa. Jos kerrot tekeväsi perheellesi pizzaa perjantaisin, kuulut jälleen suureen joukkoon ihmisiä.

Tarkista myös, että kyberminäsi edustaa sinua positiivisella tavalla digitaalisessa maailmassa. Päivitä kaikki someprofiilisi, vaikka et aktiivisesti käyttäisikään niitä kampanjoinnissa. Tarkastele someprofiileitasi ja mieti, millaisen kuvan ne antavat sinusta täysin ulkopuoliselle ihmiselle. Vaihda epäedulliset kuvat pois somepäivityksistäsi ja sellaiset asiat, mitkä antavat sinusta ihan "väärän" kuvan. Tämä pitää tehdä siitäkin huolimatta, että et ajatellut käyttää kyseistä somekanavaa markkinoinnissa. Äänestäjät käyttävät sitä kuitenkin. Käy myös katsomassa, mitä löytyy, kun googlaat itsesi. Googlen hakutulosten ensimmäinen sivu määrittää pitkälti sen, mitä ihmiset ajattelevat sinusta. Jos siinä on parantamisen varaa, niin huomioi asia markkinoinnissasi.

Vihjeiden
HALLINTA

Googlen perusteella minä olen:

Miten kyberminäni tai muiden mielikuvien perusteella luotu käsitys eroaa reaaliminästäni:

Googlen kuvahaun perusteella olen:

Someprofiilien perusteella olen:

Somekuvien perustella olen:

Millaisia vihjeitä voisin korostaa:

_____
_____
_____
_____
_____

Stereotypioiden perusteella olen:

On hyvä selvittää, miltä näytät ulkopuolisen silmin digitaalisessa maailmassa. Kun tiedät mikä tilanne on nyt, voit alkaa parantelemaan sitä.

6

ÄÄNESTÄMISEN ESTEET

Äänestäminen ei ole aina helppoa. Valintaan menee paljon aikaa ja äänestäjä saattaa katua sitä jälkikäteen. Äänestämiseen liittyy useita riskejä ja epävarmuustekijöitä. Moni pelkää esimerkiksi, että ääni menee hukkaan tai että ehdokas ei täytä hänelle asetettuja odotuksia. Vaikka näin kurjasti kävisi, niin ääntä ei siitäkään huolimatta pysty palauttamaan, eikä sille myönnetä minkäänlaista takuuta. Ei edes silloin, jos vaalien jälkeen selviää, ettei ehdokkaalla ollutkaan molemmat airot veneessä. Äänestyspäätöksen kanssa pitää elää vähintään seuraaviin vaaleihin asti. Aina eivät edes uudet vaalit riitä poistamaan hutiäänestyksen aiheuttamaa henkistä kärsimystä.

Katumisen pelko

Olen koonnut oheiseen kuvioon yhdeksän erilaista äänestyspäätökseen liittyvää riskiä. Riskit on luokiteltu sen mukaan, milloin mahdollinen ketutus iskee. Osa äänestäjistä alkaa katua valintaansa jo vaalivalvojaisten aikana, osa hallitusohjelman muotoiluun liittyvien neuvottelujen aikana ja osa vasta vaalikauden päästyä vauhtiin. Riskien runsaus selittää, miksi monet kokevat päätöksenteon tuskalliseksi ja osa ei äänestä lainkaan. Äänestäjät pyrkivät hallitsemaan riskejä tutustumalla huolellisesti ehdokkaisiin tai äänestämällä tuttua tai suosittua ehdokasta. Jos suosittu, monien ihmisten äänestämä ehdokas töpeksii, ei ainakaan ole yksinään hakkaamassa päätään seinään. Päätöksenteon voi myös ulkoistaa vaalikoneille. Jos päätöksen tekee vaalikoneen avulla, ei tarvitse katua huonoakaan päätöstä, vaan se on (tietysti) typerän masiinan syytä. Käymällä tapaamassa ehdokkaita toreilla ja turuilla voi varmistua siitä, että ehdokas ainakin "vaikuttaa" hyvältä tyypiltä. Näistä varautumistoimenpiteistä huolimatta äänestäjät tekevät joskus hutivalintoja, joita he katuvat jälkikäteen. Katuminen on sietämätöntä, sillä kyse ei ole pelkästään siitä, että teki väärän valinnan, vaan siitä, mitä niin hölmön valinnan tekeminen kertoo ihmisestä. Haluaisimme pitää itseämme fiksuna ihmisenä, mutta koska fiksut ihmiset tekevät fiksuja valintoja ja pöljät ihmiset pöljiä valintoja, on vaikeaa sietää sitä ankeaa johtopäätöstä, mikä tulee pöljän päätöksen tekemisestä.

Tämän takia monet äänestäjät huomioivat katumisen uhan jo päätöksiä tehdessään. Näin siis potentiaalinen katuminen päätöksentekohetken jälkeen, vaikuttaa päätökseen jo ennen sen tekemistä. Mistään ihan pienestä ilmiöstä tässä ei ole kyse, sillä lähes joka toinen äänestäjä pelkää katuvansa valintaansa.[1]

---

1. Vaalimuusan tietopankki.

ÄÄNESTÄJÄN RISKIT

- **Valitsemattajäämisriski:** Ääni menee hukkaan, koska ehdokas saa liian vähän ääniä ja ei tule valituksi.
- **Väärän ehdokkaan riski:** Ääni menee väärälle ehdokkaalle, koska oman ehdokkaan äänet ei riitä.
- **Vaalitappion riski:** Äänestäjä on häviävässä joukkueessa, koska puolue saa vain vähän ääniä.

PIAN VAALIEN JÄLKEEN

- **Oppositioriski:** Puolueen vaikutusmahdollisuudet ovat pienet, koska se ei pääse hallitukseen.
- **Kompromissiriski:** Puolueen tavoitteet vesittyvät se tehdessä kompromisseja hallitusneuvotteluissa.
- **Hyväuskoisuus riski:** Äänestäjä tuntee itsensä petetyksi, koska ehdokas ei pidä vaalilupauksiaan.

MYÖHEMMIN

- **Lyhytaikaisuusriski:** Ehdokas jättää kauden kesken.
- **Nolousriski:** Äänestäjä joutuu häpeämään valintaansa, koska ehdokas sanoo jotain käsittämättömän typerää tai sotkeutuu skandaaliin.
- **Passiivisuusriski:** Äänestäjä pettyy, koska ehdokas ei tee mitään tai tekee todella vähän.

Riskien poistaminen

Vaikka sinä ehdokkaana tiedät, ettei sinun äänestämiseesi liity minkäänlaisia riskejä, äänestäjä ei sitä tiedä. On olemassa keinoja pienentää äänestäjän kokemia riskejä. Kun yritykset pyrkivät poistamaan kuluttajien kokemaa epävarmuutta, ne tarjoavat riskinvähentäjiä (risk relievers). Osaa näistä yritys-maailman keinoista ei pysty soveltamaan politiikkaan (kuten takuuta tai palautusoikeutta), mutta joitakin keinoja ehdok-kaat pystyisivät käyttämään. Voit esimerkiksi jakaa runsaasti tietoa itsestäsi ja tavoitteistasi, lisätä suosittelijoita mainon-taan, antaa ihmisille mahdollisuus tavata sinut tai keskustella kanssasi somessa. Lisäksi voit antaa vaalilupauksen ja sitoutua puolueen linjaan. Kaikki nämä keinot pienentävät äänestäjän kokemaa riskiä.

Ehdokkaan on tärkeää ensin tunnistaa, mitä riskejä ja esteitä hänen äänestämiseensä voi liittyä. Vasta sen jälkeen voi pohtia, miten näitä tekijöitä voidaan minimoida tai poistaa. Kun teet tätä pohdintaa, on hyvä muistaa, ettet tarvitse kaikkien äänestäjien ääniä - suhteellisen pieni määrä riittää. Ei siis tarvitse alkaa mihinkään valtavan suurimittaisiin toimenpiteisiin, riittää, että kiinnität asiaan jonkin verran huomiota.

Äänestämisen esteiden
POISTAMINEN

Miksi äänestäjät saattaisivat ajatella, että minun äänestämiseni olisi riski:

Toimenpiteet riskien pienentämiseksi ja äänestämisen esteiden poistamiseksi:

Millaisia muita esteitä äänestämiselleni voisi olla:

Riskit liittyvät epävarmuuteen tulevasta. Ne eivät kuitenkaan ole ainoita äänestämisen esteitä. Ehdokas voi olla arvoiltaan tai tavoitteiltaan äänestäjälle epäsopiva tai äänestäjä ei vaan usko hänen mahdollisuuksiinsa. Näille seikoille ei juuri mitään voi. Useimmiten äänestämisen esteeksi muodostuu kuitenkin häviäminen vertailussa toiselle ehdokkaalle. Vertailuun voimme vaikuttaa paljonkin, tarkastellaan sitä siis seuraavaksi.

Epäedullinen vertailutilanne

Äänestäjillä on kaksi erilaista tapaa vertailla ehdokkaita. Tyypillisesti heitä vertaillaan jonkun tietyn kriteerin perusteella, vaikkapa talouteen liittyvien mielipiteiden perusteella. Toinen tapa on intuitiivinen, pohditaan kumpi vaikuttaa mukavammalta, pätevämmältä, paremmalta ja niin edelleen. Molemmissa vertailutilanteissa auttaa, jos pystyt selkeästi erottautumaan muista ehdokkaista.

Sellaisessa tilanteessa, missä samankaltaiset ehdokkaat kilpailevat samoilla argumenteilla, kilpailu on tosi kovaa. Bisneskirjallisuudessa puhutaan tuolloin verisesti kilpailluista markkinoista eli vähän raflaavasti punaisen meren markkinoista. Kuulostaa melko hankalalta kilpailutilanteelta. Tämän kontrastina on "Sinisen meren strategian"[2] avulla siirtyminen seesteisille markkinoille, missä ei ole lainkaan kilpailua. Houkuttelevaa, eikö totta?

Sinisen meren strategia tarkoittaa, että tehdään jotain ihan eri tavalla kuin muut. Ehdokkaan kannalta tämä tarkoittaisi sellaisten ominaisuuksien kehittämistä tai pikemminkin esiin tuomista, joita muilla ei ole ja joissa ehdokas on aivan omaa luokkaansa. Pyritään siis löytämään ne tekijät, jotka erottavat ehdokkaan kilpailijoista sellaisella tavalla, jota muut eivät pysty matkimaan. Politiikassa ehdokkaat toimivat yleensä

---

2. Sinisen meren strategia, jonka ovat kehittäneet W. Chan Kim ja Renée Mauborgne, keskittyy siihen, miten voi luoda täysin uuden markkinatilan, jossa kilpailua on vähän tai ei lainkaan.

niin kaavamaisesti, ettei erottautumisen luulisi olevan kovin vaikeaa. Emmanuel Macron teki tällaisen tempun Ranskassa. Koska hän ei löytänyt puoluekartalta itselleen sopivaa puoluetta, hän perusti sellaisen.[3] Myös populistiset ehdokkaat ovat usein toimineet tällä tavalla. Yhdysvaltojen presidentti Donald Trump oli aikoinaan sellainen ehdokas, jota ei oltu koskaan ennen nähty, (eikä ehkä nähdä jatkossakaan).

Ainutlaatuisten ominaisuuksien esiin tuomisen sijaan ehdokas voi vaihtoehtoisesti omistautua jollekin sellaiselle vaaliteemalle, mitä muut eivät käytä. Hän voi esimerkiksi napata asianomistajuuden jostain teemasta ja hallita sen määrittelyä sekä siitä käytävää keskustelua. Ulkopoliittisen instituutin johtaja Mika Aaltola nousi julkisuuteen napakoilla lausunnoillaan Venäjän hyökättyä Ukrainaan vuoden 2022 keväällä. Aaltola dominoi venäjäkeskustelua ja se teki hänestä erottuvan presidenttiehdokkaan pari vuotta myöhemmin. Vaikka muut ehdokkaat eivät pystyneet Aaltolan asiantuntemusta haastamaan, ei se tällä kertaa riittänyt.

Suosittelen, että käytät hetken aikaa siihen, että pohdit omaa sinisen meren strategiaasi. Löydätkö jonkin sellaisen ominaisuuden, idean tai vaaliteeman, minkä avulla siirryt "monopoliasemaan"? Olet yksinkertaisesti paras tai ainoa jossain kategoriassa. Tämän ainutlaatuisen ominaisuuden pitäisi vielä olla jollain tasolla kiinnostava äänestäjien kannalta. Se, että olet läänin paras ilmakitaran soittaja, ei nyt auta. Jos mitään erityisen ainutlaatuista ei tule mieleen, niin ei se haittaa. Jatketaan sitten vain ihan perinteiseltä pohjalta tätä markkinoinnin suunnittelua.

Löysit sitten tuon ylivertaisen kilpailuedun tai et, niin seuraavaksi tarvitaan keinoja hallita vertailuja muiden ehdokkaiden kanssa.

---

3. Petäistö, 2018.

Me eurooppalaiset olemme olleet hyvin hämmentyneitä monista asioista, mitä Yhdysvaltojen presidentti Donald Trump on sanonut. Suuruudenhullut puheet ja rajaton itseluottamus tuntuu varsinkin suomalaisesta näkökulmasta vieraalta. Ymmärrämme kuitenkin, että meininki Atlantin toisella puolella on erilaista. Silti tuntuu aika hämmentävältä, kun Trump vertaa itseään historian suurmiehiin.

Trump on esimerkiksi toistuvasti verrannut itseään yhteen Yhdysvaltojen kaikkien aikojen arvostetuimmista presidenteistä, eli Abraham Lincolniin. Lincoln on Yhdysvalloissa ikoninen hahmo, jota pidetään orjien vapauttajana ja oikeudenmukaisuuden vankkumattomana puolustajana. Hänen johtajuuttaan ja tekojaan kunnioitetaan laajasti. Vertaamalla itseään Lincolniin Trump pyrkii asettamaan itsensä suurten ja ikonisten presidenttien sarjaan. Trumpille ei kuitenkaan riitä, että hän olisi samassa sarjassa kuin Lincoln, vaan Trump korostaa, että hänen suosionsa ja kannatuksensa ovat korkeammat kuin Lincolnilla. Hieman epäselvää mistä hän on tuon tiedon saanut, sillä Lincolnin aikaan ei edes ollut nykyaikaisia mielipidemittauksia. Trump on myös vähätellyt Lincolnin saavutuksia sisällissodassa, sodassa, minkä Lincoln joukkoineen voitti.

Pyrkimys pilkata ja vähätellä erittäin arvostettua Lincolnia saa Trumpin vaikuttamaan varsin itsekeskeiseltä. Vertailu Lincolniin on Trumpille erittäin epäedullinen, sillä hän ei ymmärrä vertailun psykologiaa. Koska Lincoln oli ensin, ja on tunnetumpi ja arvostetumpi kuin Trump, niin Lincoln on se ankkuri, mihin Trumpia verrataan. Eikä tämä vertailu niiden silmissä, jotka tuntevat vähääkään Yhdysvaltojen historiaa, ole kovinkaan edullinen Trumpin kannalta.

Viime aikoina Trump on löytänyt itselleen toisen vertailukohdan historian suurmiehistä, nimittäin Etelä-Afrikan vapautusliikkeen johtajan Nelson Mandelan. Trump kokee valtavan epäreiluna itseensä kohdistuneet syytteet liittyen salaisten asiakirjojen säilyttämiseen ja yrityksiin kumota vuoden 2020 vaalitulokset. Hän pyrkii maalaamaan itsensä samankaltaiseksi uhriksi poliittisessa vainossa kuin Nelson Mandela oli. Tämä on aiheuttanut laajaa närkästystä ja kritiikkiä, koska se nähdään epäasiallisena ja loukkaavana. Mandela koki todellista sortoa ja kamppaili oikeudenmukaisen yhteiskunnan puolesta. Sen sijaan Trumpin syytteet liittyvät rikkomuksiin, joita hän on tehnyt pyrkiessään ajamaan omia etujaan, ei siis kansakunnan etuja.

Kun Trump vertaa itseään Mandelaan, käy samalla tavalla kuin Lincolnin tapauksessa. Mandela on se ankkuri, mihin kuulija vertaa Trumppia. Kuulija miettii onko Trump yhtä hyvä mies kuin rauhan Nobelilla palkittu Mandela. Ovatko ne tekijät, mitkä johtivat Mandelan vankilaan samanlaisia kuin ne, mitkä ehkä johtavat Trumpin vankilaan? Ovatko nämä miehet yhtä lailla taistelleet tai taistelemassa oikeudenmukaisemman maailman puolesta?

Vain sellaiset ihmiset, jotka eivät tunne historiaa, päätyvät siihen, että vertailu saattaisi olla Trumpin kannalta edullinen. Muiden mielestä vertailu näyttää Trumpin selkeästi huonommassa asemassa, kuin mikä tilanne ilman vertailua olisi ollut. Näyttää siis selvältä, että Trump teki taktisen virheen valitsemalla vertailukohteikseen historian suurmiehet, joiden tasolle hän ei yllä. Tällöin hän tuli ainoastaan korostaneeksi omia puutteitaan.

Vertailun psykologia

Edellä olevasta esimerkistä huomataan, että vertailukohteet pitää valita viisaasti. Sama henkilö voi vaikuttaa houkuttelevalta tai vähemmän houkuttelevalta riippuen siitä, kehen häntä verrataan. Esimerkiksi, jos tavoitteena on saada huomiota vastakkaiselta sukupuolelta, ei ole välttämättä viisasta lähteä ulos kaikkein parhaimman näköisten kavereiden seurassa.

Tutkimuksissa on todettu, että silloin kun vertaamme kahta eri vaihtoehtoa toisiinsa, sillä on suuri merkitys, kumpaa verrataan kumpaan. Mainitsin edellä Trumpista puhuttaessa pari kertaa sanan ankkuri. Tämä on vertailunpsykologiassa vakiintunut termi. Yleensä vertailussa toinen vaihtoehto toimii ikään kuin ankkurina, johon sitä toista vertaillaan. Ilmiötä, missä vertailun järjestys vaikuttaa ihmisten valintoihin kutsutaan ankkurointiharhaksi.

ANKKURIHARHATESTI

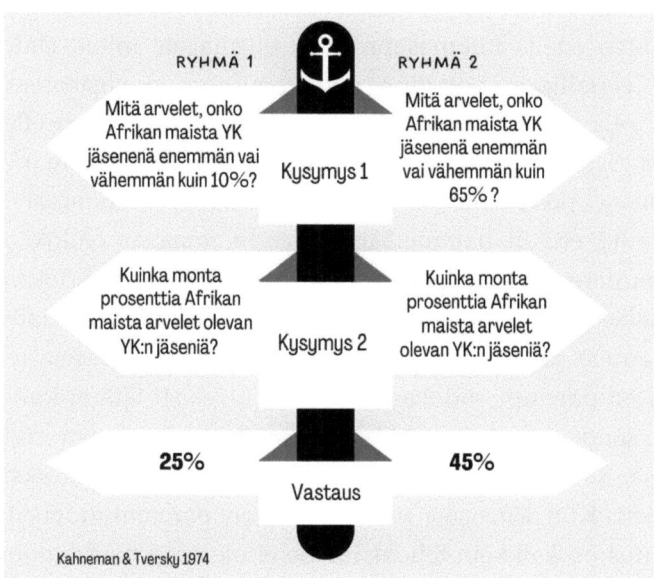

RYHMÄ 1 | RYHMÄ 2

Mitä arvelet, onko Afrikan maista YK jäsenenä enemmän vai vähemmän kuin 10%? **Kysymys 1** Mitä arvelet, onko Afrikan maista YK jäsenenä enemmän vai vähemmän kuin 65%?

Kuinka monta prosenttia Afrikan maista arvelet olevan YK:n jäseniä? **Kysymys 2** Kuinka monta prosenttia Afrikan maista arvelet olevan YK:n jäseniä?

25% **45%**

Vastaus

Kahneman & Tversky 1974

Hämmentävä ilmiö selittyy sillä, että se mitä ensin tarkastellaan, asettaa ikään kuin standardin valinnalle. Ankkurointiharhaa on testattu moneen kertaan. Esimerkiksi kun ihmisiä pyydettiin arvioimaan, kuinka moni Afrikan maa on YK:n jäsen[4], niin vastaus riippui edellisen kysymyksen muotoilun

---

4. Amos Tversky ja taloustieteen nobelisti Daniel Kahneman ovat tutkineet

avulla lasketusta ankkurista:

Ehdokas voi hyötyä ankkurointiharhasta. Hallitsemalla vertailukohteita ja vertailun järjestystä voidaan vaikuttaa äänestäjien mielikuviin. Ankkurin voi luoda vaikkapa sloganin tai muun markkinoinnin avulla. Esimerkiksi, jos korostetaan ehdokkaan ympäristöystävällisyyttä, se ohjaa ihmisiä arvioimaan ehdokasta ympäristöasioiden näkökulmasta. Tämä on tietenkin järkevää vain silloin, jos se todella on ehdokkaan vahvuus.

Positiointi

Kuten edellä huomasimme, on olennaista, miten ehdokkaita vertaillaan. Vertailun rakentamisessa ja ohjaamisessa pitää olla tarkka, ettei tule vahingossa tehneeksi itselleen hallaa. Systemaattista vertailun ohjaamista sanotaan markkinoinnissa positioinniksi.[5] Pohjimmiltaan positionnissa on kyse siitä, että haluamme äänestäjien huomaavan ehdokkaan olevan parempi kuin monet muut. Koska kukaan ehdokas ei ole kaikessa ylivertainen, me pyrimme ohjaamaan vertailua. Haluamme rakentaa sellaisen asetelman mikä julistaa, että Lissu on parempi ehdokas kuin Lari. Ovelasti tätä ei kuitenkaan sanota ääneen, vaan se tulee ilmi ainoastaan rivien välissä, kun ehdokkaita vertaillaan tiettyjen ominaisuuksien suhteen. Kun äänestäjä oivaltaa Lissun paremmuuden itse, vaikutus on kaikkein tehokkain. Se ei ole enää markkinointipuhetta, vaan äänestäjän itsensä toteama fakta.

Positioinnin ydinidea on siinä, että sen avulla määritellään markkina uudestaan sellaisella tavalla, että ehdokas on

---

ankkurointiharhaa. Tällä hetkellä YK:n jäsenenä on Afrikan maista tai alueista vähän mittaustavasta riippuen 93 % - 98 %. En osaa sanoa, mikä luku oli silloin vuonna 1974, kun Tversky ja Kahneman tekivät tuon testin.
5. Termiä positiointi käytettiin ensimmäisen kerran markkinoinnin yhteydessä 1960-luvulla. Tunnetuksi sen tekivät erityisesti Al Ries ja Jack Trout kirjassaan "Positioning: The Battle for Your Mind".

uudella markkinalla ylivoimaisen hyvä.[6] Kun rakennamme vertailuasetelmaa, valitsemme millä kriteereillä haluamme äänestäjien arvioivan ehdokasta. Esimerkiksi, Essi Ehdokas pelkää aluksi kilpailijan tyhjentävän koko potin, koska heillä on samanlaiset argumentit. Sitten hän huomaa, että hänen kielitaitonsa on parempi kuin kilpailijan. Essi Ehdokas alkaa korostaa kielitaidon merkitystä poliittisessa virassa. Tällä tavalla hän osoittaa (rivien välissä), että hänellä on parempi kielitaito kuin toisella ehdokkaalla. Lisäksi hän saa äänestäjät pohtimaan voisiko kielitaito tosiaan olla yksi tärkeä valinta-kriteeri.

Hyvä esimerkki onnistuneesta positioinnista löytyy Barack Obaman vuoden 2008 presidentinvaalikampanjasta. Obama rakensi kampanjansa muutos-teeman ympärille, joka resonoi vahvasti äänestäjien kanssa talouskriisin keskellä ja George W. Bushin hallinnon jälkeen. Amerikkalaiset halusivat muutosta. Obama korosti nuoruuttaan, monikulttuurista taustaansa ja sitä ettei hän kuulu Washingtonin sisäpiiriin. Nämä ominaisuudet erottivat hänet selvästi kilpailijoista ja positioivat hänet muutoksen tuojaksi.

Positiointi voi myös epäonnistua ja kääntyä ehdokasta vastaan. Hyvä esimerkki tästä on Hillary Clintonin vuoden 2016 presidentinvaalikampanja, jossa hänet positioitiin koke-neeksi ja päteväksi johtajaksi, joka jatkaisi Barack Obaman politiikkaa. Clintonin kampanja keskittyi hänen pitkään poliittiseen uraansa ja kokemukseensa, mutta samalla se asetti hänet osaksi poliittista eliittiä ja "status quota". Donald Trump sen sijaan positioi itsensä anti-establishment ehdokkaana, joka edustaa muutosta ja taistelua Washingtonin "korruptiota" vastaan. Trumpin käyttämän strategian takia Clintonin posi-tiointi epäonnistui. Monet näkivät hänen edustavan vanhen-tunutta ja jämähtänyttä poliittista järjestelmää. Tämä

---

6. Esim. Al Riesin ja Jack Trountin kirjassa "Positioning " ja Sirpa Pulkkisen kirjassa "Mielipaikka markkinoilla" määritellään positiointi näin.

esimerkki osoittaa, että myös kilpailijaa voi positioida omalla markkinoinnillaan. Positioinnin avulla me muutamme sekä sitä, miten äänestäjät arvioivat ehdokasta, mutta myös sitä, miten he arvioivat kilpailijoita.

Kun teet omaa positiointistrategiaasi, pohdi aluksi vahvuuksiasi, missä asioissa haluat äänestäjien huomaavan sinun hyvyytesi. Sen jälkeen tarkenna, millä kriteereillä haluat ihmisten tekevän vertailuja. Tee myös valintoja viestintään liittyen, eli miten ohjaat vertailua. Lisäksi on hyvä olla olemassa jokin "todiste" hyvyydestä. Se voi olla vaikka tarina tai jokin tietty saavutus (tarinoiden mahdista puhuttiin tarkemmin luvussa kaksi). Tätä todistetta ei tarvitse markkinoinnissa käyttää, mutta se on hyvä olla olemassa.

Positionti
STRATEGIA

Haluan äänestäjien huomaavan, että olen hyvä tässä:	Haluan, että minua verrataan muihin näillä perusteilla:

Todistan ainutlaatuisuuteni seuraavalla keinolla/tarinalla:	Ohjaan tätä huomaamista, nostamalla esiin seuraavia ajatuksia ja teemoja:

7

VAALISTRATEGIA

Olemme tähän mennessä käyneet läpi sitä, millainen sinä olet ehdokkaana, mitä äänestäjät haluavat, miten he hakevat tietoja ja miten he tekevät päätöksensä. Olemme toisin sanoen tähän mennessä määritelleet tarjonnan, kysynnän, millä markkinoilla toimimme ja poistaneet äänestämisen esteet. Näiden tietojen pohjalta voimme nyt suunnitella vaalistrategian suuret linjat. Strategiaa ei olisi voinut laatia ennen kuin nyt.

Lähtötilanne

Tässä kirjassa strategialla tarkoitetaan suunnitelmaa toimenpiteistä, joiden avulla pyritään saavuttamaan tavoitteet. Oletan, että tavoitteesi on päästä läpi ja mielellään vielä suurella äänimäärällä. Voisimme tehdä paljon kaikenlaisia markkinointitoimenpiteitä, mutta koska aika ja raha ovat rajallisia, keskitymme olennaiseen. Mitään reittisuunnitelmaa ei kuitenkaan voida tehdä, jos ei tiedetä missä nyt ollaan. Aloitetaan siis nykytilanteen kartoittamisesta.

Yksi erittäin tehokas ja hyvästä syystä paljon käytetty metodi nykytilanteen kartoittamiseen on SWOT- analyysi.

SWOT-analyysin (Strengths, Weaknesses, Opportunities, Threats) avulla voidaan hahmotella tämän hetken vahvuuksia ja heikkouksia sekä tulevia mahdollisuuksia ja uhkia. Menetelmän juuret ulottuvat 1960-luvulle, ja sitä on laajasti hyödynnetty yritysten strategisessa suunnittelussa.[1] Se sopii mainiosti myös ehdokkaan tilanteen kartoittamiseen.

Ennen taulukon täyttämistä kannattaa käydä läpi tähänastisia vastauksiasi tämän kirjan kysymyksiin. Niistä löytänet ajatuksia suunnilleen kaikkiin SWOT-analyysin kohtiin. Kävimme läpi luvussa kaksi sitä, miksi haluat ehdolle ja mitä vahvuuksia sinulla on (Vahvuudet ja mahdollisuudet). Olemme myös käyneet läpi luvussa kuusi millaisia riskejä äänestämiseesi saattaa liittyä, äänestämisen esteitä ja miksi mahdollisesti sinut voitaisiin karsia harkintajoukosta (Heikkoudet ja Uhat). Näiden perusteella ei välttämättä synny vielä kovin kattavaa listaa, joten kannattaa pohtia, mitä muuta taulukkoon voit lisätä.

Lähtötilanne
SWOT-ANALYYSI

Vahvuudet	Mahdollisuudet
Heikkoudet	Uhat

---

1. Albert Humphrey, joka työskenteli Stanford Research Instituten projektissa, on usein liitetty tämän työkalun kehittämiseen.

Yllä oleva SWOT-analyysi auttaa hahmottamaan nykytilanteen kokonaisvaltaisesti. Vahvuudet ja mahdollisuudet voit ottaa suoraan mukaan kampanjaan. Heikkoudet ja uhat on hyvä käsitellä riskienhallinta-kohdassa. Ennen kuin alamme muuntamaan yllä listattuja asioita toimenpiteiksi, käännetään katse hetkeksi muihin ehdokkaisiin. Et käy vaalikamppailua tyhjiössä, vaan kilpailet äänistä muiden ehdokkaiden kanssa. Jos äänestäjä ei äänestä sinua, hän äänestää jotakuta muuta. Ketä?

Presidentinvaaleissa kilpailijoiden määrittäminen on helppoa, niitä on kymmenkunta ja ehdokkaan pitää voittaa ne kaikki. Muissa vaaleissa tilanne on epämääräisempi, eikä ole tarpeen saada eniten ääniä, läpimenoon riittää pienempikin määrä. Pahin kilpailijasi voi saada enemmän ääniä kuin sinä, mutta se ei välttämättä haittaa, jos kuitenkin pääset läpi vaaleissa.

Vaikka tässä kisassa ei tarvitse olla paras, pitää silti olla riittävän hyvä suhteessa muihin ja siksi on hyvä pohtia, keitä kilpailijasi ovat. Periaatteessa kai kaikki vaalipiirin ehdokkaat ovat kilpailijoitasi, mutta keskitytään selkeyden vuoksi muutamaan. Lähin kilpailija on se, joka vastaa samaan kysyntään. Ilmastoaktivisti ja ilmastonmuutosskeptikko eivät oikeasti kilpaile samoista äänistä.

Mitä luulet, ketä ehdokasta ne äänestäjät äänestävät, jotka ehkä harkitsevat sinua, mutta viime tipassa päättävät äänestää jotakuta muuta. Kun saat selville kilpailijasi, on hyvä pohtia, millaisia vahvuuksia tai heikkouksia sinulla on heihin verrattuna. Mikä tekisi sinusta erilaisen ja houkuttelevamman vaihtoehdon?

Kilpailija-
ANALYYSI

	Vahvuuteni tässä suhteessa:	Heikkouteni tässä suhteessa:
Poliitikot yleensä:		
Oman puolueen ehdokkaat:		
Kilpailija 1:		
Kilpailija 2:		
Kilpailija 3:		

Jos tässä vaiheessa tuntuu siltä, ettei vertailu ole sinulle edullinen, niin älä masennu. Me löydämme vahvuutesi kyllä.

Vaalistrategian osat

Lähtötilanteen selkiyttämisen ja kilpailijoiden analysoinnin jälkeen olemme valmiita laatimaan vaalistrategian. Aloitetaan **vaaliteeman** valinnalla. Kampanjassa ei voi keskittyä kuin korkeintaan muutamaan vaaliteemaan. Jos yrittää parantaa kaikki maailman ongelmat kerralla, kampanjasta tulee niin sekava, ettei se puhuttele ketään. Hyvä vaaliteema on selkeä, ymmärrettävä ja tunteita herättävä.

David Plouffe, joka johti Barack Obaman vuoden 2008 presidentinvaalikampanjaa, korostaa, että vaaliteemojen pitää olla sekä ehdokkaalle itselleen että äänestäjille tärkeitä.[2] Teeman ei tarvitse olla valtava yhteiskunnallinen missio, kunhan se on jotain, mikä on sinulle itsellesi niin tärkeää, että olet valmis taistelemaan sen puolesta.

En pysty auttamaan sinua löytämään vaaliteemojasi. Ne sinun pitää keksiä itse. Ehkä ne ovat olleet sinulle itsestään selviä jo paljon ennen kuin päätit alkaa ehdokkaaksi. Mutta jos vaaliteemaa on vaikeaa löytää, niin pohdi, miksi lähdet ehdolle vaaleihin. Mitä haluat maailmassa muuttaa ja miksi juuri se on sinulle tärkeää? Voit miettiä myös, mitkä asiat saavat sinut innostumaan ja mitkä teemat puhuttelevat äänestäjiä juuri nyt. Kyllä se teema sieltä löytyy.

Kartoitimme alustavasti **brändiäsi** luvussa kaksi. Tuolloin pohdimme, mitkä ovat ydinominaisuuksiasi ja miten voit tuoda niitä esiin. Nyt pitäisi valita, mitä ominaisuuksia korostetaan tässä vaalikampanjassa. Et voi kertoa itsestäsi kaikkea etkä voi olla kaikkea kaikille. On siis valittava muutama keskeinen piirre, jotka ovat vaalikampanjan kannalta olennaisia. Valittujen ominaisuuksien olisi hyvä näkyä mainonnan lisäksi kaikessa muussakin tekemisessä: siinä miten puhut ihmisille, mitä päivität someen ja niin edelleen. Jokainen kohtaaminen äänestäjien kanssa on mahdollisuus vahvistaa brändiäsi.

Puhuimme vertailun hallinnasta eli **positioinnista** viime luvussa. Kyse on siitä, miten erottaudut muista ehdokkaista ja millä kriteereillä haluat äänestäjien sinua arvioivan. Koska kukaan ei ole kaikessa paras, on tärkeä valita sellaisia vahvuuksia, jotka tekevät sinusta ainutlaatuisen. Näitä tuodaan markkinoinnissa esiin ja ohjataan siten vertailua.

Kun katsot tekemääsi SWOT-taulukkoa, havaitset sieltä heikkouksia ja uhkia. Vaikka niiden miettiminen onkin ikävää, kannattaa silti **riskienhallinnan** näkökulmasta uhrata

---

2. David Plouffe on esittänyt ajatuksiaan kampanjoinnista kirjassaan "The Audacity to Win".

siihen muutamia minuutteja. Suosittelen tekemään erilaisia uhkaskenaarioita. Voit miettiä, miten asiat voisivat mennä pahimmalla mahdollisella tavalla pieleen. Kun olet pohtinut oman kampanjasi mahdollisia riskejä, pohdi vielä näiden riskien todennäköisyyttä ja sitä, minkä verran niihin kannattaa valmistautua.

Koska kyse on kuitenkin vain potentiaalisiin uhkiin valmistautumisesta hyvin lyhyellä aikavälillä, ei tähän kannata laittaa ihan hirveästi paukkuja. Mutta asiaa kannattaa miettiä hieman, sillä jos nämä riskit toteutuvat, valmistautumisesta on ihan valtavan paljon hyötyä. Riskienhallintaan kuuluu myös kriisiviestintäsuunnitelma, palaamme siihen tarkemmin luvussa 12.

Ehdokkaan oma vaalistrategia

Nyt pääset kokoamaan oman vaalistrategiasi. Vaikka strategian tekeminen voi tuntua ajatuksena uuvuttavalta, niin se ehdottomasti kannattaa, sillä se toimii ohjenuorana markkinoinnille. Olemme tässä kirjassa sivunneet jo kaikkia strategian osia, joten kannattaa käydä omat muistiinpanot läpi. Mieti, mitkä ovat ne ydinviestit ja teemat, joille haluat kampanjasi rakentaa, mitkä ovat tärkeimpiä kohderyhmiäsi ja keiden kanssa kilpailet samoista äänistä. Mitkä ovat brändisi ydinominaisuudet ja miten ohjaat vertailua. Pohdi myös, mitkä ovat suurimmat riskit ja miten voit varautua niihin.

Noudattelin tässä luvussa löyhästi Mika Sutisen ja Antti Haapakorvan kirjassa "Pelastetaan strategia" esitettyjä strategian perusajatuksia. Kirjassa strategian kehittämisen vaiheet oli: Ymmärrys, näkemys, valinnat ja toteutus. Tässä luvussa selvitimme ensin missä olemme tekemällä SWOT-analyysin (ymmärrys), sitten pohdimme kilpailijoita (näkemys), teimme valintoja kampanjateeman, vertailunhallinnan ja riskienhallinnan suhteen (valinnat). Tällä tehdyllä vaalistrategialla olemme paaluttaneet vaalikampanjan periaatteet. Nyt meillä on vielä edessä strategian toteutus eli käytännön toimenpiteet.

Vaalistrategia
PERIAATTEET

Vaaliteemat:

Ylivertainen kilpailuetu:

Muut vahvuuteni:

Pahimmat kilpailijat:

Ohjaan äänestäjiä huomaamaan vahvuuteni tällä vertailuasetelmalla (Positiointi):

Riskit ja niihin varautuminen:

Korostan näitä brändini ominaisuuksia:

_____

_____

_____

Olen samaa mieltä kuin Sutinen ja Haapakorva siitä, että suomalaisissa yrityksissä liian usein ajatellaan strategian laatimisen olevan ratkaisu johonkin. Kuvitellaan, että kun strategia on saatu valmiiksi, on saavutettu jotain ja päästy päätepisteeseen. Toki on saatu valmiiksi suunnitelma, mutta: **"Hyvin suunniteltu on vielä kokonaan tekemättä".** Lähdetään siis kohti konkretiaa. Seuraavassa luvussa tarkastelemme maksullisen vaalimainonnan välineitä. Kun tiedämme, millaisia välineitä voimme käyttää, voimme luoda markkinointisuunnitelman. Tämän jälkeen viilaamme vielä yksityiskohtia ja kohta me jo kilistelemmekin uuden tittelisi kunniaksi.

8

MARKKINOINNIN VÄLINEET

O lemme nyt hahmotelleet vaalistrategian suuret linjat. Ennen konkreettisen markkinointisuunnitelman tekemistä tarkastelemme millaisia erilaisia markkinoinnin välineitä on olemassa. Luvussa kolme rakennettiin digisydän ja käytiin läpi sellaisia viestinnän välineitä, mitä ehdokas voi käyttää ilmaiseksi. Näitä olivat: nettisivut, somepäivitykset, blogit, mielipidekirjoitukset yms. Tässä luvussa laajennetaan keinovalikoimaa maksullisilla markkinoinnin välineillä. Keskitymme erityisesti vaalimainonnan tehon psykologiaan kunkin välineen kohdalla.

Vaalitapahtumat

Vähän ennen vaaleja alkaa sesonki, jolloin ehdokkaat ovat tavattavissa, käteltävissä tai halattavissa toreilla, kauppakeskuksissa ja kahviloissa. Tapahtumasta saattaa saada ilmaisen kahvikupposen ja päästä jutustelemaan ystävällisen vaaliehdokkaan kanssa. Vaalitapahtumat ovat tärkeä osa ehdokkaiden kampanjointia.

Barack Obama kertoo kirjassaan "A promised land", millaista on olla vaalikiertueella suuren osan vuodesta.

Tapahtumia saattoi olla useita päivässä. Jokaiseen niistä piti pystyä latautumaan, jotta voi vakuuttaa äänestäjänsä. Kiertue oli rankka. Jaksamista auttoi usko omaan asiaan, avustajien kanssa pelatut koripallo-ottelut ja räp-musiikin kuuntelu. Presidentiksi valitun Obaman panostus näyttää kannattaneen. Se ei ole ihme, sillä tutkimukseni mukaan vaalitapahtumat ovat erittäin tehokkaita. Olen mitannut niiden tehoa useissa eri vaaleissa.[1] Tulokset osoittavat selvästi, että mitä enemmän järkkää vaalitapahtumia, sitä enemmän saa ääniä. Huomattavan määrän vaalitapahtumia puuhaava ehdokas saattaa saada jopa seitsenkertaisen äänisaaliin verrattuna sellaiseen, joka ei järkkää vaalitapahtumia lainkaan.

Pelkkä tapahtumien järjestäminen ei kuitenkaan riitä. Jos ihmiset eivät tiedä tapahtumista, ei niistä ole mitään hyötyä. Vaikka järjestäisi kuinka upean vaalitapahtuman, sen teho on yhtä heikko kuin puheen pitäminen mökin laiturilla, ellei tapahtumassa ole riittävästi ihmisiä. Jos tapahtumista ilmoittaa sanomalehdessä, ne toimivat hyvin.[2] Jos niistä ilmoittaa ainoastaan Facebookissa, ne toimivat heikommin. Tämä johtuu siitä, että sanomalehti-ilmoituksella tavoitetaan muitakin ihmisiä kuin ehdokkaan kavereita tai faneja. Facebook-seuraajat ovat jo valmiiksi taipuvaisia äänestämään kyseistä ehdokasta, eikä heille järkätty tapahtuma tätä juurikaan muuta. Yhteenvetona siis todettakoon, että tehokkaan vaalitapahtuman luominen onnistuu parhaiten sanomalehtimarkkinoinnin tai muun maksetun mainonnan avulla. Mitä enemmän vaalitapahtumia järjestää, sitä enemmän saa ääniä.

Kun katselin vaalitapahtumailmoituksia sanomalehdestä, huomasin, että niissä kutsuttiin ihmisiä paikalle melko tylsästi ja vaatimattomasti. Tyypillisintä oli kehotus tulla tapaamaan ehdokasta ("Ehdokas tavattavissa"). Se, että joku ehdokas on tavattavissa, haiskahtaa arrogantilta, jotenkin siltä, että nyt

---

1. Willman-Iivarinen, 2019f.
2. Willman-Iivarinen, 2019a.

kiireinen ehdokas on tehnyt kalenteriinsa hyvänhyvyyttään tilaa, jotta kansa pääsee häntä tapaamaan. Ei kovin houkuttelevaa. Tavattavissa oleminen on toki tärkeää, mutta ehkä se pitäisi muotoilla toisin. Voisiko esimerkiksi sanoa niin, että ehdokas on tullut torille tavatakseen äänestäjiä? Huomaatko, miten valta-asema ja kutsun sävy muuttuu hyvin pienellä keinolla?

On myös yleistä kutsua äänestäjä juttelemaan ehdokkaan kanssa ("Tule keskustelemaan/ juttelemaan"). Tämä on mielestäni huono tapa kutsua ihmisiä paikalle. Kaikki eivät uskalla tulla juttelemaan ehdokkaan kanssa, vaikka heitä ehdokas kiinnostaisikin. Tästä kategoriasta esimerkkinä on diplomaatti Alpo Rusin mainos vuodelta 2015, jossa kutsuttiin äänestäjiä "keskustelemaan ajankohtaisesta ulkopolitiikasta" Rusin kanssa. Osa äänestäjistä varmaan jutustelee mielellään ehdokkaiden kanssa ja kertoo mielipiteensä, mutta aika harva kokee olevansa pätevä keskustelemaan diplomaattien kanssa ajankohtaisesta ulkopolitiikasta. Luulisin, että suurin osa äänestäjistä kokee olonsa äärimmäisen epämukavaksi, jos kutsutaan keskustelemaan ministerien, kansanedustajien tai sellaiseksi pyrkivien kanssa.

Tapahtumissa, joissa pitää keskustella ja sanoa jotain järkevää, on nolaantumisen riski. Houkuttelevampaa olisi vaan mennä kahville ilman mitään jutteluvaatimusta ("Tule kahville"). Suomalaisille kiinnostavimpia lienevät tapahtumat, joissa voi tarkkailla etäältä asioiden kehittymistä esimerkiksi juuri nämä "Tule vaalikahville"-tyyppiset tapahtumat. Mahdollisesti äänestäjä voi osallistua keskusteluun halutessaan tai keksiessään jotain järkevää sanottavaa, mutta hänen ei ole pakko.

Uskon, että ottamalla äänestäjien osallistumismotiivit paremmin huomioon, saataisiin vaalitapahtumiin paljon enemmän osallistujia. Kun äänestäjä valitsee, osallistuuko hän vaalitapahtumaan vai ei, hän pohtii (ainakin alitajuisesti) osallistumisensa hyötyjä ja haittoja. Hyötypuolella painaa äänestypspäätöksen mahdollinen helpottuminen, kiinnostavien ehdokkaiden tapaaminen, muiden paikallaolijoiden näkeminen, mielenkiintoinen ohjelma ja ilmaiset tarjoilut. Mahdollisia haittoja on tapahtumaan osallistumiseen kuluva aika ja vaiva. Lisäksi haittana saattaa olla se, että osallistumalla tapahtumaan leimautuu sekä ehdokkaaseen että muihin paikallaolijoihin. Vaalitapahtumassa käymisestä tulee vääjäämättä osa äänestäjän tarinaa ja siksi näillä asioilla on merkitystä.

Vaalitapahtuman psykologia

Vaikka vaalitapahtumien markkinointi on latteaa, niin hyvin ne silti näyttävät toimivan. Vaalitapahtumien teho perustuu useisiin psykologisiin ja alitajuisesti vaikuttaviin tekijöihin. Näistä tärkein on ehkä se, että vaalitapahtumissa vähennetään äänestämisen riskejä. Tapahtumassa voi itse havaita, että ehdokas on ihan mukavanoloinen ihminen. Äänestäjät vakuuttuvat siitä, että ehdokas on ihan ok. Tapahtuman järjestäminen itsessään kertoo ehdokkaan tahtotilasta ja halusta päästä valtuustoon/eduskuntaan. Tämäkin on tärkeä signaali äänestäjälle.

Näiden tekijöiden lisäksi äänestäjä saattaa langeta tuttuusharhaan. On paljon helpompi äänestää sellaista ihmistä, jonka " tuntee" kuin sellaista, jota ei "tunne". Tunteminen on toki melko vähäistä, jos on tavannut vain kerran vaalitilaisuudessa, mutta sekin riittää monelle. Me ihmiset pidämme systemaattisesti asioita ja ihmisiä, jotka tunnemme, parempana kuin niitä, joita emme tunne.

Vaalitapahtumissa kannattaa kätellä äänestäjiä tai ottaa vaikka rennosti selfieitä kädet toistenne olkapäillä. Koskettamisella on havaittu olevan suorastaan maaginen vaikutus ihmisiin.[3] Esimerkiksi asiakkaat, joita tarjoilija koskettaa kevyesti ravintolassa, jättävät isomman tipin. Lääkärit, jotka koskettavat potilaitaan, arvioidaan yleensä empaattisemmiksi. Myös feissarit saavat enemmän lahjoituksia tai vastauksia kyselyihinsä, jos he koskettavat vastaajaa kevyesti käsivarteen. Sama ilmiö on huomattu myös urheilussa. Esimerkiksi koripallossa on paljon joukkuetoverien välistä koskettamista. Taputellaan olkapäähän, päähän, käsivarteen, pepulle, annetaan yläfemmoja, fist bumppeja jne. Mitä enemmän joukkueen pelaajat koskettavat toisiaan, sitä paremmin joukkue menestyy.[4]

Kosketus lisää henkilöiden välistä luottamusta ja yhteenkuuluvuudentunnetta. Jos siis koskit äänestäjään, saatoit aktivoida kosketusharhan. Aloitte tuntemaan läheisyyttä, luottamusta ja yhteenkuuluvuutta toistenne kanssa. Toki tässä yhteydessä pitää varoittaa, että kaikki ihmiset eivät pidä koskemisesta ja vääränlaisella koskettelulla pääsee aika nopeasti lööppeihin. Käytä tätä keinoa siis hyvin harkiten.

Vaalitapahtumissa on usein tarjolla kahvia, makkaraa tai keittoa. Tämä on hiukan salakavalaa, sillä kun äänestäjä saa ehdokkaalta kupin kahvia tai jonkin muun ystävällisen eleen, hänelle saattaa tulla (alitajuinen) tarve tehdä vastapalvelus ja äänestää ehdokasta. Monien kuluttajien mielestä kaupanpäälliset ovat kerta kaikkiaan vastustamattomia. Myyjä muuttuu tavallisesta myyjästä reiluksi kaveriksi, kun hän tarjoaa kylkiäisen tai kupin kahvia. Näiden "lahjojen" ei tarvitse olla fyysisiä esineitä, sillä ihmiset kokevat lahjoiksi myös eleet, hymyt ja sanat.

Tyypillisesti lahjan saamiseen liittyy kiitollisuuden taakka. Lahjan saaja kokee olevansa velkaa lahjan antajalle ja hänelle tulee paine vastavuoroisuuteen.[5] Kun siis tarjoat potentiaali-

---

3. David Lindenin kirja *"Touch – The science of the sense that makes us human"* sisältää monia tutkimustuloksia kosketuksen vaikutuksista.
4. Kraus ym., 2010.
5. Mauss, 1997.

äänestäjille kahvia, et ole enää pelkkä ehdokas vaan olet äänestäjän mielessä ehdokas-joka-tarjosi-minulle-kahvia. Lahja luo vääjäämättä suhteen teidän kahden välille. Vaikka monet kuluttajat tiedostavat, että kaupanpäällisiin haksahtaminen on hölmöä, on vastavuoroisuusharhaa silti vaikeaa vastustaa.

Ehdokkaan on hyvä huomata, että äänestäjä muistaa kohtaamisen pitkään, joten hänen kannattaa pyrkiä tekemään tapaamisista unohtumattomia ja merkityksellisiä.[6] Monet äänestäjät ovat esimerkiksi kiinnostuneita ottamaan selfieitä ehdokkaan kanssa. Selfieitä otetaan monista eri syistä. Niiden avulla äänestäjät saattavat haluta pohtia omaa suhdettaan ehdokkaaseen, näyttää hänelle tukensa, todistaa tavanneensa kuuluisuuden tai ihan vaan koska haluavat itse muistaa tapahtuman. Selfien avulla sinä ja vaalitapahtumasi iskostutte pysyväksi osaksi äänestäjän tarinaa. Vaalitapahtumia järjestäessäsi voisit miettiä, miten mahdollistat selfieiden ottamisen kanssasi. Useimmat näistä selfieistä jaetaan lähipiirille tai parhaassa tapauksessa sosiaalisessa mediassa laajallekin joukolle. Hyvää suosittelumainontaa ja täysin ilmaiseksi. Pitäisikö vaalitapahtumapaikalla olla sopivia selfieiden ottamistaustoja?

Somemainonta

Jos ehdokas päivittää ainoastaan omia sosiaalisen median profiilejaan, tavoittaa hän vain ne ihmiset, jotka jo valmiiksi seuraavat häntä. On siis syytä harkita maksullisen mainonnan ostamista, sillä se laajentaa ehdokkaan vaikutuspiiriä merkittävästi. Tällä keinolla voidaan melko edullisesti tavoittaa ja puhutella äänestäjiä, jotka eivät välttämättä ole vielä ehdokkaasta kuulleetkaan.

---

6. Chip ja Dan Heathin kirja "The Power of Moments" tarjoaa kiinnostavia oivalluksia siitä, miten muotoilla pienistä kohtaamisista unohtumattomia.

Sosiaalisessa mediassa mainostettaessa on tärkeää tunnistaa kampanjan kannalta keskeiset **kohderyhmät.** Useimmilla alustoilla mainoksia pystyy kohdentamaan melko helposti. Voit valita, millä maantieteellisellä alueella mainoksia näytät. Se on tietenkin tärkeää, koska kuntavaaleissa ja eduskuntavaaleissa vaalipiirit ovat rajattuja eikä hirveän paljon kauempana kuin vaalipiirin äärirajalla kannata mainostaa. Maantieteellisen alueen lisäksi monilla alustoilla pystyy valitsemaan, minkä ikäisiä ja sukupuolisia ihmisiä haluaa tavoittaa. Lisäksi ainakin Metan mediat, kuten Facebook ja Instagram tarjoavat monipuolisia työkaluja, joiden avulla voi kohdentaa kampanjaa tarkasti yleisön kiinnostuksen kohteiden mukaan. Esimerkiksi, jos kampanjasi tavoitteena on houkutella ympäristöasioista kiinnostuneita äänestäjiä, voit kohdentaa mainoksesi sellaisille ihmisille, jotka seuraavat ympäristöasioita somessa.

Jos et ihan tarkkaan tiedä, minkä tyyppisiä ihmisiä haluat tavoittaa mainoksellasi, selvitä, millaiset ihmiset sinua tällä hetkellä somessa seuraavat. Kun tarkastelet minkä tyyppisiä ihmisiä he ovat ja mistä he ovat kiinnostuneita, niin pystyt luomaan niin sanotun "look-a-like" yleisön. Valitse siis mainoksesi kohderyhmäksi samanlaisia ihmisiä, jotka sinua jo muutenkin seuraavat. Tällä tavalla mainoksesi tavoittaa niitä ihmisiä, jotka todennäköisesti kaikkein helpoimmin kiinnostuvat sinusta ja teemoistasi.

Toki jonkin verran teet kohderyhmän valintaa myös ihan vain valitsemalla, missä mediassa mainostat. Esimerkiksi Instagram ja TikTok tavoittavat hyvin nuoria äänestäjiä, kun taas vanhemmille äänestäjille Facebook voi olla toimivin. Jos taas kohderyhmäsi koostuu liike-elämän ammattilaisista tai muista ammatillisesti verkostoituneista henkilöistä, LinkedIn lienee paras vaihtoehto.

Kun kohderyhmä on määritelty, seuraavana askeleena on valita mainoksen **formaatti.** Eli minkä tyyppinen mainos on. Voit tehdä videoita, vähän tavallisempia kuvamainoksia tai tarinoita (reels). Kaikkein helpointa on tietenkin tehdä kuva ja lisätä sen alle jokin teksti. Tämän tyyppisiä mainoksia onnistuu tekemään ihan muutamissa minuuteissa. Hieman enemmän aikaa menee videon tekemiseen, mutta se saattaa kannattaa, sillä videot ovat erittäin tehokkaita. Niiden avulla on helppo herättää tunteita ja kertoa tarinoita.

Viime aikoina suosiotaan ovat kasvattaneet alle minuutin mittaiset lyhytvideot. Näitä on erityisesti TikTokissa, mutta myös Instagram (Reels), YouTube (Shorts) ja Snapchat (Spotlight) ovat hypänneet trendiin mukaan. Lyhytvideot tavoittavat ja puhuttelevat erityisesti nuoria äänestäjiä. Videot ovat yleensä nopeatempoisia ja sisällöltään viihdyttäviä. Saattaa tosin olla jossain määrin haasteellista laittaa melko vakavaakin vaaliasiaa tällaiseen viihteelliseen ja napakkaan muotoon.[7]

Oikean somekanavan valinta riippuu mainoksen formaatista, kohdentamismahdollisuuksista ja kohderyhmästä. Minkä tahansa kanavan valitsetkin, niin viestintä kannattaa mukauttaa jokaisen **kanavan erityispiirteisiin**. Esimerkiksi X:ssä menestyy usein napakka ja humoristisesti muotoiltu viesti, joka kannustaa keskusteluun. LinkedInissä sen sijaan viestien tulisi olla asiakeskeisiä ja analyyttisiä, sillä siellä kohdeyleisö arvostaa ammattimaista ja informatiivista sisältöä. TikTokissa puolestaan mukaansatempaavat lyhyet videot ovat se juttu.

Mainonta sosiaalisessa mediassa tarjoaa siis mahdollisuuden tavoittaa monenlaisia uusia yleisöjä. Mutta mainos on silti aina mainos ja ihmiset suhtautuvat mainoksiin varauksella. Mainoksen teho kasvaa huomattavasti, jos mainos on niin kiinnostava, että ihmiset **haluavat jakaa** sitä eteenpäin omille tutuilleen. Jos näin käy, niin mainos ei ainoastaan leviä laajalle, vaan myös psykologinen vastustus mainosta kohtaan vähenee. Kun mainos leviää tuttujen ihmisten välityksellä,

---

7. Willman-Iivarinen, 2024.

sitä ei enää pidetä pelkkänä mainoksena, vaan se on ikään kuin tutulta ihmiseltä saatu suositus. Tällaiseen suositukseen pitää suhtautua sen verran vakavasti, että siihen tutustuu huolella. Kannattaisikin pohtia, miten teet mainoksistasi niin kiinnostavia, että ihmiset haluaisivat jakaa niitä.

Mainoksen jakamisesta puheen ollen, netissä on sellaisia ihmisiä, jotka saavat toimeentulonsa erilaisten mainosten jakamisesta. Näitä henkilöitä sanotaan vaikuttajiksi. **Vaikuttajamarkkinointi** onkin yksi tehokas tapa tavoittaa tietynlaisia äänestäjiä. Ilmeisesti se toimii ainakin nuorten keskuudessa hyvin, sillä erään tutkimuksen mukaan nuoret uskovat somessa seuraamiensa vaikuttajien sanomisia melko kritiikittä.[8] Jos harkitset tekeväsi vaikuttajamarkkinointia, selvitä ensin, mitkä vaikuttajat ovat sellaisia, joiden arvot ja tyyli sopivat sinulle. Jos käytät jotain ihan random vaikuttajaa, niin kampanjan tulokset eivät välttämättä ole ihan toivotunlaisia.

Yhteistyötä vaikuttajien kanssa voi tehdä monella eri tavalla. Heitä voi esimerkiksi kutsua vaalitapahtumiin, toivoen vaikuttajan raportoivan mahtavista kokemuksistaan seuraajilleen. Tällainen vaikuttajien omakohtainen sitoutuminen kampanjaan ja sen teemoihin tekee markkinoinnista uskottavaa. Ei liene sattumaa, että vaikuttajia oli kutsuttu sankoin joukoin demokraattien vuoden 2024 puoluekokoukseen Yhdysvalloissa.[9] Arvatenkin tarkoituksena oli, että nämä vaikuttajat innostuisivat kertomaan tapahtumasta ja sen sisällöstä omilla kanavillaan, mikä puolestaan leviäisi laajalle heidän seuraajakuntiensa kautta.

Sanomalehtimainonta

Sanomalehtimainonta on pitkään ollut yksi vaalikampanjoiden peruspilareista. Somen kasvavasta merkityksestä huoli-

---

8. Meriläinen, 2024.
9. Wilhelmus, 2024.

sen rooli on edelleen suuri. Koska sanomalehti tavoittaa muitakin ihmisiä kuin niitä, jotka jo seuraavat ehdokasta somessa, sen avulla on mahdollista tavoittaa laaja (uusi) yleisö.

Mainonnantutkijalle vaali-ilmoitukset sanomalehdessä ovat kiinnostava tutkimuskohde, sillä mainonnan teho pystytään mittaamaan melko aukottomasti saatujen äänten avulla. Toki pientä vaihtelua tulee siitä, kuinka tunnettuja ehdokkaat alun perin ovat ja miten paljon he käyttävät muita medioita mainonnassaan. Olen tehnyt useille mediataloille tutkimuksia niiden julkaisemien vaali-ilmoitusten tehosta. Käytännössä olen analysoinut kaikki kuukautta ennen vaaleja julkaistut ilmoitukset. Vaalipäivän jälkeen analyysiin on lisätty ehdokkaiden saamat äänimäärät ja myös ne ehdokkaat, jotka eivät ole lehdessä mainostaneet. Nämä analyysit olen koonnut tutkimustietopankkiin ja siellä on nyt yhteensä 4896 analysoitua vaali-ilmoitusta.

Tietopankin tietojen pohjalta voidaan todeta, että sanomalehtimainonta on edelleen yksi tehokkaimmista keinoista tavoittaa suuri joukko äänestäjiä. Jo yhdellä ilmoituksella äänisaalis kolminkertaistuu verrattuna ehdokkaisiin, jotka eivät ilmoita lainkaan. Mitä useampia ilmoituksia julkaisee, sitä enemmän saa ääniä. Äänimäärä kasvaa myös ilmoituksen koon kasvaessa. Mitä isompi ilmoitus, sitä enemmän ääniä.[10]

Sanomalehtimainoksen yksi etu on se, että mainos on helppo ottaa talteen. Sen voi leikata irti ja laittaa jääkaapin oveen. Ollessani Turun Sanomissa töissä silloinen päätoimittaja, Ari Valjakka, puhui usein tuosta jääkaapin ovesta tavoitteena kaikille jutuille ja ilmoituksille. Jos siihen päästään, on tehty loistavaa duunia. Sanomalehden toinen vahvuus on sen mainokselle tarjoama ympäristö. Kun muissa medioissa mainonta pääsääntöisesti ärsyttää, on se sanomalehdessä tutkitusti toivottu osa sisältöä ja jopa syy tilata lehti. Toisin

---

10. Willman-Iivarinen, 2017b.

sanoen ehdokkaan ilmoitus on lukijoille kiinnostava ja terve-
tullut osa sisältöä. Se ei häiritse lukukokemusta, vaan
täydentää sitä. Kolmas sanomalehden etu liittyy lehden luke-
misen syihin. Koska lehtiä luetaan enimmäkseen siksi, että
halutaan saada tietoa asioista, myös lehdessä olevat ilmoi-
tukset saavat osakseen "informatiivisen kehyksen". Sanoma-
lehdessä olevia ilmoituksia pidetään lähes yhtä uskottavana
kuin toimituksellista sisältöä. Sekin auttaa, että sanomalehden
lukemiseen liittyy rituaali; se on erottamaton osa lähes
kahden miljoonan suomalaisen aamuhetkeä. Ilmoittamalla
lehdessä ehdokkaat pystyvät ujuttamaan viestinsä osaksi
lukijoiden aamurutiinia.

Huonona puolena sanomalehdessä on se, ettei se tavoita
ihmisiä samalla tavalla kuin ennen. Joku voisi ajatella, että
ratkaisuna olisi laittaa ilmoitus ilmaisjakelulehteen, mikä
jaetaan lähes joka kotiin. Tutkimukseni mukaan ilmoitukset
ilmaisjakelulehdissä eivät kuitenkaan toimi läheskään yhtä
hyvin kuin ilmoitukset maksullisessa sanomalehdessä. Syynä
tähän voi olla tiukempi sitoutuminen maksettuun lehteen tai
se, että ilmaisjakelulehtiä usein selaillaan vain muutamia
minuutteja. Vaikka ilmoitukset ilmaisjakelulehdessä eivät
toimi yhtä hyvin kuin sanomalehdessä, ne kuitenkin toimivat
ihan kelvollisesti. Yksikin ilmoitus ilmaisjakelulehdessä
nostaa äänimäärää merkittävästi. Mitä enemmän ilmoituksia,
sitä parempi. Tehokkainta olisi, jos mainostaisi molemmissa,
koska silloin saavuttaisi mahdollisimman suuren yleisön.

Tehokkaan lehtimainoksen yksityiskohdat

Vaali-ilmoitukset ovat kirjavaa luettavaa ja katsottavaa.
Joku laittaa ilmoitukseen ison kuvan, toinen kissankorkuisen
otsikon ja kolmas uskoo tekstin määrään. Koska olen analy-
soinut huomattavan määrän sanomalehdessä julkaistuja
vaali-ilmoituksia, pystyn kertomaan paljon siitä, millainen

ilmoitus todella toimii.[11] Tarkastellaan tehokkaiden ilmoitusten yksityiskohtia seuraavaksi. Koska sanomalehtimainonta on suhteellisen kallista, niin moni ehdokas miettii **ilmoituksen kokoa.** Isompi parempi. Mutta kannattaako laittaa yksi iso vai useita pieniä ilmoituksia? Kun vertailin näitä keskenään, havaitsin, että yksi iso ilmoitus (eli tässä tapauksessa noin 10 x 10 cm kokoinen) toimii paremmin kuin useita pieniä suunnilleen luottokortinkokoisia ilmoituksia. Tämä johtuu luultavasti siitä, että isompi ilmoitus huomataan helpommin ja se jää paremmin mieleen.

Kun ilmoitustila on ostettu, voi alkaa pohtia **ilmoituksen tekstejä.** Parhaiten näyttäisi toimivan ilmoitukset, joissa on ehdokkaan nimen lisäksi jonkin verran tekstiä.[12] Vaikkapa 3-5 riviä. Siihen mahtuu slogan ja jotain muutakin. Toki on niin, että mitä isompi ilmoitus, niin sitä enemmän siihen voi laittaa tekstiä. Pieneen ilmoitukseen ei paljoa tekstiä mahdu, mutta jotain kuitenkin olisi hyvä laittaa, sillä ne ilmoitukset, joissa on pelkkä ehdokkaan kuva ja numero, toimivat kaikkein huonoimmin.

Yksi havainto tietopankin pohjalta on selkeä. Liian pieni tai **vaikealukuinen fontti** ei toimi. Se ei toimi minkään kokoisessa ilmoituksessa. Mitä isompi ilmoitus, niin sitä suurempaa fonttia voi käyttää. Periaatteessa mitä isompi fontti, niin sitä tehokkaampi ilmoitus. On kuitenkin huomattava, että tämäkään ei päde pieniin ilmoituksiin, joissa tilan rajallisuus asettaa omat rajoituksensa. Mutta niissäkään fontti ei saa olla liian pientä tai vaikealukuisia.

Ideaalinen **kuvan koko** riippuu ilmoituksen koosta. Hyvin pienessä ilmoituksessa kuvan osuus ilmoituksen pinta-alasta on hyvä olla melko pieni, ehkä noin neljäsosa. Mitä isompi

---

11. Tutkimus on tehty laskemalla korrelaatioita. Ne kertovat, mitkä ominaisuudet ilmoituksessa korreloivat äänimäärän kanssa. Koska ilmoituksia on valtava määrä, suurin osa korrelaatiosta on tilastollisesti merkitseviä.
12. Willman-Iivarinen, 2017a.

ilmoitus, niin sitä suuremman osan pinta-alasta kuva voi täyttää, jopa puolet kokonaispinta-alasta.

Vaikka vaalimainokset yleisesti ottaen eivät ole mitään valtavan vaikuttavia visuaalisia elämyksiä, niin silti joukkoon mahtuu muutamia helmiä. Luokittelin sanomalehtien vaaliilmoitukset niiden ulkoasun mukaan viiteen ryhmään eli ankeat, tavalliset, hyvännäköiset, upeat ja todella upeat. Luokittelu on täysin subjektiivinen ja joku toinen voisi luokitella eri tavoin. Tutkimuksen tulosten mukaan **visuaalinen** "**upeus**" korreloi selvästi äänisaaliin kanssa. Toisin sanoen visuaalisesti hyvännäköisten ilmoitusten ehdokkaat saavat melkein kuusi kertaa niin paljon ääniä kuin ehdokkaat keskimäärin. Eli mitä upeampi ilmoitus, sitä enemmän ääniä. Mustavalkoinen tai ankeannäköinen ilmoitus ei toimi lainkaan.[13]

Vaali-ilmoitukset ovat (varsinkin kuntavaaleissa) kirjavannäköisiä. Koska jokainen ehdokas maksaa ilmoituksensa itse, he myös tekevät niitä itse tai käyttävät valintansa mukaista mainostoimistoa. En tiedä minkä verran puolueet ovat ohjeistaneet ehdokkaita näissä asioissa. Jos ohjeita onkin annettu, ei niitä kovinkaan tarkkaan noudateta. Kaikissa puolueissa on niitä, jotka tekevät **puolueen ilmeen mukaista** mainontaa ja niitä, jotka sooloilevat. Jos puolueen ohjeistama visuaalinen ilme näkyy ilmoituksissa esimerkiksi fontin, värityksen tai tekstin ja kuvan sijoittelussa, äänestäjät huomaavat ilmoitukset helpommin ja mainonnan teho paranee. Puoluekaverin samannäköinen mainos nostaa omankin ilmoituksen tehoa, sillä mainonnan toistovaikutukset toimivat ehdokkaan eduksi. Osa ehdokkaista ilmeisesti pelkää hukkuvansa massaan ja he haluavat erottautua niin muista puolueista kuin puoluekavereistakin. Puolueen linjasta irrottautuminen kannattaa kuitenkin ainoastaan, jos ostaa todella ison pinta-

---

13. Willman-Iivarinen, 2021a.

alan lehdestä (A4 tai isompi).[14] Pienten ja keskisuurten ilmoitusten teho kasvaa selvästi, jos ilmoitus on puolueen ilmeen mukainen.

Koska lehtimainonta on kallista, moni ehdokas päätyy tekemään yhteisen ilmoituksen puoluekaveriensa kanssa. Jotkut ovat niinkin radikaaleja, että ilmoittavat yhdessä muiden samanmielisten kanssa yli puoluerajojen. **Yhteisilmoitukset** ovat luonnollisesti edullisempia, mutta ehdokkaan henkilökohtaisesti saama huomio on pienempi kuin omassa ilmoituksessa. Yhteisilmoitukset voivat kuitenkin kiinnittää enemmän huomiota kuin yksittäisen ehdokkaan ilmoitukset. Lisäksi tuntemattomampi ehdokas voi hyötyä tunnetumpien ehdokkaiden seurasta. Tutkimukseni osoittaa, että yhteisilmoitus nostaa äänimäärää verrattuna siihen, ettei ilmoita lainkaan, mutta henkilökohtaiset ilmoitukset ovat kuitenkin tehokkaampia.[15] Sellainen yhteisilmoitus missä on vain kaksi ehdokasta, toimii kohtuullisen hyvin. Mutta jos ilmoituksessa on paljon ehdokkaita, sanotaan vaikka viisi, niin äänimäärä ei juurikaan nouse sellaisiin ehdokkaisiin verrattuna, jotka eivät ilmoita lainkaan.

Mainonnan **ajoitus** on tärkeää. On toki selvää, että ennakkoäänestäjille kannattaa markkinoida ennakkoäänestysaikana, kun taas viime hetken empijöihin voi vaikuttaa parhaiten vaalipäivänä. Jos budjetti sallii vain yhden ilmoituksen, se kannattaa ehdottomasti ajoittaa vaalipäivään.[16] Myös vaaleja edeltävä päivä on hyvä aika ilmoittaa. Jos vaalibudjetti sallii useampia ilmoituksia, niin kannattaa ilmoittaa sekä vaalipäivänä, että joko edellisenä päivänä tai pari päivää aiemmin. Jotkut ovat kokeilleet useampaa ilmoitusta vaalipäivän lehdessä. Tämäkin nostaa äänimäärää verrattuna

14. Willman-Iivarinen, 2021c.
15. Willman-Iivarinen, 2019b.
16. Willman-Iivarinen, 2019d.

keskimääräiseen äänisaaliiseen, mutta ei yhtä paljon kuin jos ilmoitukset olisivat eri päivinä.

VINKKEJÄ SANOMALEHTI-ILMOITUKSIIN:

- Mitä enemmän ja isompia ilmoituksia, sitä enemmän ääniä
- Yksi iso ilmoitus on tehokkaampi kuin useita pieniä.
- Nimen ja numeron lisäksi on hyvä laittaa muutama rivi tekstiä.
- Kuvan optimaalinen koko riippuu ilmoituksen koosta.
- Fontin tulisi olla helposti luettavissa ja riittävän suurta.
- Tyylikäs ja väljä ulkoasu parantaa tehokkuutta.
- Puolueen ilmeen mukaiset ilmoitukset toimivat.
- Puolueen visuaalisesta linjasta voi poiketa vain isolla ilmoituksella.
- Vaalipäivän ilmoitukset ovat kaikkein tehokkaimpia

Ulkomainonta

Vaalien lähestyessä katukuva muuttuu värikkäämmäksi, kun tienvarsille ilmestyvät vaalimainokset tulevat yhä näkyvämmäksi osaksi ympäristöä. Äänestäjän silmiin osuu ensin yksittäinen mainos, ujosti tien varteen asetettu, kuin kokeillen, miltä esilläolo tuntuu. Pian mainosten määrä alkaa kasvaa, niitä ilmestyy yhä useampiin paikkoihin, kunnes yhtäkkiä ne ovat kaikkialla. Tämä mainosten runsaus saattaa herättää ehdokkaissa huolta siitä, miten he pystyvät erottumaan tästä valtavasta mainosviidakosta ja jäämään äänestäjän mieleen. Ei huolta, tähän on keinoja.

Ulkomainosten tehoon vaikuttaa kaksi tekijää: sijainti ja viestin selkeys. Sijainti on kriittinen, sillä syrjäiseen paikkaan piilotettu mainos ei tietenkään toimi. Jotta mainos voisi toimia, sen pitäisi olla sellaisessa paikassa, missä sen ohi kulkee riittävän paljon ihmisiä. Jokaisella paikkakunnalla on suosittuja tienristeyksiä ja kohtia, joissa kaikki ehdokkaat haluavat olla näkyvillä. Kuitenkin näissä paikoissa vieressä olevien kilpailevien ehdokkaiden mainokset varastavat osan huomiosta. Ehdokkaan on mietittävä tarkkaan, mihin mainoksensa asettaa, jotta se saisi mahdollisimman paljon huomiota. Samaan aikaan pitäisi maksimoida ohikulkijoiden määrä ja minimoida kilpailijoiden vaikutus. Mainosten sijoittelu saattaakin olla haastavaa strategista peliä.

Vaikka onnistuisimme valitsemaan sijainnin, missä on paljon ohikulkijoita mutta ei liikaa kilpailua, niin valitettavasti tämäkään ei vielä riitä. Jotta mainos tehoaisi, ihmisten pitäisi olla ideaalisessa mielentilassa mainoksen nähdessään. Amerikkalainen Paco Underhill on tutkinut laajasti kuluttajien ostokäyttäytymistä ja mainoskylttien toimivuutta. Hänen kirjassaan "Why We Buy – The Science of Shopping" hän toteaa, että suurin osa kylteistä epäonnistuu tehtävässään, koska ihmiset eivät yksinkertaisesti huomaa niitä lainkaan.[17]

Kun ihmiset liikkuvat paikasta toiseen, he ovat usein keskittyneitä johonkin ihan muihin asioihin kuin mainosten etsimiseen katujen varsilta. Jos he ajavat autoa, he miettivät kotiinmenoa, työpäivää, ostoslistaa tai he pohtivat muiden autoilijoiden toimintaa. He saattavat myös tarkkailla onko Jussi vieläkään tehnyt lumitöitä tai jos on kesä, vieläkö Ella viljelee voikukkia koko naapuruston "iloksi". Kun Underhill tutki ihmisten käyttäytymistä kaupassa, hän totesi tämän saman ilmiön. Ihmiset tekevät kaupassa jotain ihan muuta kuin katsovat mainoksia ja kylttejä. He etsivät sukkia, lyhyintä kassajonoa, tarjoustuotteita ja niin edelleen. Se, että kaupassa on joku kyltti, ei ole asiakkaan näkökulmasta kovinkaan kiinnostavaa. Jos sen sijaan kyltti sijoitetaan strategisesti oikeaan paikkaan, missä ihmiset viettävät aikaa ja ovat pitkästyneitä, kyltti muuttuu kiinnostavaksi.

Samoin, kun ehdokkaana valitset kyltin paikkaa, on hyvä miettiä, missä äänestäjät viettävät aikaa ja missä he saattavat

---

17. Paco Underhillin kirjassa "Why we buy", luku 5 "How to read a sign", s. 61-76.

pysähtyä. Siirtymäalueet, kuten parkkipaikat, ovat mainosta-miselle huonoja kohtia, koska siellä ihmiset keskittyvät lähinnä löytämään tiensä sinne minne ikinä he ovatkaan menossa. Hyvä sijainti mainokselle on sellainen paikka, jossa ihmiset viipyvät pidempään ja tarkkailevat ympäristöään. Kun valitset sijaintia, pohdi, mitä ihmiset missäkin kohtaa miettivät ja mihin he katsovat.

Toimivan sijainnin valinnassa on usein kyse pienistä asioista. Underhill kiteyttää, että: *"Hyvän ja kammottavan sijainnin ero voi olla vain kymmeniä senttejä tai kymmenen astet-ta."* Hän toteaa myös: *"Jos laitat kyltin, mitä pitää lukea 12 sekun-tia, paikkaan, jossa ihmiset ovat yleensä neljä sekuntia, se on vain hieman tehokkaampi kuin jos laittaisit sen autotalliisi".* On siis tärkeää ymmärtää, miten ihmiset liikkuvat alueella ja mitä he siellä tekevät. On paikkoja, joissa he kävelevät tai ajavat nopeasti, jolloin viestin pitää olla todella lyhyt. On myös paik-koja, missä he pysähtyvät ja silmäilevät ympärilleen, jolloin voi antaa vähän enemmän informaatiota. Kylttejä voisikin varioida sen mukaan, miten nopeasti ihmiset menevät ohi ja miten uppoutuneena ajatuksiinsa he ovat ohi mennessään.

Voisit siis harkita kahdenlaisia ulkomainoksia: sellaisia, mitkä näkee autosta ohi ajaessaan, ja sellaisia, jotka ehtii luke-maan seisoessaan liikennevaloissa tai kävellessään. Jo hyvissä ajoin ennen vaaleja kannattaa havainnoida omia kotikulmiaan ja miettiä hyviä vaalimainosten paikkoja.

Sijainnin lisäksi mainoksen selkeys on kriittisen tärkeää. Mainoksessa voi olla vaikka kuinka hauska idea, mutta jos ideaa ei hiffaa muutamassa sekunnissa, se ei ulkomainon-nassa toimi. Underhillin tutkimusporukka on mitannut sekuntikellolla, kuinka kauan ihmiset katsovat mainoskylt-tejä, jos heidän katseensa nyt edes osuu niihin. Jos mainosta vain vilkaisee, eikä lue, ei sillä ole mitään vaikutusta. Vilkaisun ja lukemisen ero on kyltin pituudesta riippuen 2-3 sekuntia. Underhill totesi, että kyltin huomanneista asiak-kaista vain joka kymmenes luki sen. Keskimääräinen lukuaika oli 2,9 sekuntia. Siihen ei kovin pitkää viestiä mahdu. Under-hillin mukaan vain muutama sana.

Keskeistä on siis viestin ytimekkyys, sillä ihmiset käyt-tävät myös vaalimainoksen lukemiseen aikaa enintään muutamia sekunteja. Underhillin mukaan monet kyltit epäon-nistuvat jo suunnitteluvaiheessa. Kun arvioidaan uusia kylt-tejä neuvotteluhuoneen pöydällä, tilanne on aivan erilainen kuin se, missä kylttejä oikeasti luetaan. Neukkarissa mainok-sesta kiinnostuneilla ihmisillä on aikaa katsoa sitä useita kertoja ja niin pitkään kuin he haluavat. He voivat miettiä mainoksen sanomaa ihan kaikessa rauhassa. Todellisuudessa tilanne on paljon karumpi, mainos ei kiinnosta, sitä ei huomata ja jos huomataan, niin siihen ei jakseta keskittyä.

Ennen kuin tilaat ulkomainokset painotalosta, kannattaa testata niitä lähipiirilläsi. Tarkkaile, kuinka kauan heillä menee aikaa viestin sisäistämiseen. Jos siihen menee useita sekunteja, se ei todennäköisesti toimi silloin kun äänestäjä huristelee autollaan kahdeksaakymppiä kyltin ohi.

Suoramainonta

Vaalien alla monen äänestäjän postiluukusta tipahtaa iso nippu ehdokkaiden lähettämiä suoramainoksia. Suoramai-nonta on mainio väline luoda henkilökohtaiselta vaikuttava yhteys äänestäjiin, sillä vaaleihin liittyvät suoramainokset on usein kirjoitettu kirjeen muotoon. Kirje antaa henkilökoh-taisen vaikutelman ja siksi se on viestintämuotona tehokas. Kun olen tutkinut[18] kuluttajille suunnattuja suoramainoksia, olen huomannut, että todella pienillä asioilla voi olla paljon merkitystä. Jaan tässä sinulle joitain hyväksi havaitsemiani vinkkejä, jotka tehostavat mainoksesi vaikutusta.

Suunnitellessasi suoramainontaa, on hyvä miettiä, miten

18. Minulla on tietopankissa yhteensä 232 analysoitua suoramainos-kampanjaa.

voit erottua muiden ehdokkaiden mainoksista. Ensimmäiset asiat, joihin vastaanottaja kiinnittää huomiota, ovat suoramainoksen muoto ja materiaali. Useimmat vaalimainokset ovat perinteisiä A5- tai A6-kokoisia kortteja, joten erikoisemmilla muodoilla ja materiaaleilla erottuisit massasta.[19] Ihmiset kiinnittävät myös paljon huomiota mainoksen kuviin ja ulkonäköön. Tee siis mainoksestasi visuaalisesti miellyttävä. Näiden ulkoisten seikkojen jälkeen tärkeintä suoramainoksessa on koukuttava otsikko. Hyvin laadittu otsikko herättää uteliaisuutta ja tarjoaa lukijalle syyn lukea kirje. Olisi hyvä, että otsikko olisi lyhyt ja ytimekäs, mutta samalla sen pitäisi viestiä selkeästi, miksi kirje on tärkeä. Kun lukija on saatu koukkuun otsikon avulla, alkaa varsinainen tekstiosio.

Kannattaa kirjoittaa lyhyesti ja selkeästi. Vältä monimutkaisia tai vaikeasti ymmärrettäviä sanoja ja käsitteitä. Tavoitteena on, että viesti välittyy mahdollisimman mutkattomasti ja ihmiset ymmärtävät sen ilman ponnisteluja. Liian monimutkaiset ilmaisut karkottavat lukijoita. Vältä myös kliseitä ja itsestäänselvyyksiä, jotka tekevät viestistäsi kammottavan tylsän.

Suoramainoskirje kannattaa aina kirjoittaa yhtä vastaanottajaa ajatellen. Erään neuvon mukaan se kannattaisi kirjoittaa ikään kuin kirjoittaisi sen omalle mummilleen. Tällä lähestymistavalla pystyy varmistamaan sen, että kirjeen sävy on lämmin ja ystävällinen. Mummille kirjoittaessa ei myöskään tarvitse kikkailla millään kummallisilla sanoilla tai kirjoittaa mitään tylsää jargonia.

Kun suunnittelet suoramainontaa, pohdi, miten tekisit sen lukemisesta palkitsevan kokemuksen. Ehkä voit tarjota lukijoille jotain arvokasta tietoa tai hyödyllisiä vinkkejä, jotain mikä herättää tunteen, että he ovat hyötyneet mainoksesi lukemisesta. Esimerkiksi, jos kampanjasi keskittyy ympäris-

19. Willman-Iivarinen, 2014.

voit tarjota lukijoille jotain konkreettisia ympäristönsuojeluvinkkejä, mitä he voivat näppärästi soveltaa omassa arjessaan.

Toinen tapa tehdä mainoksen lukemisesta palkitseva kokemus on varmistaa, että viesti jättää lukijalle positiivisen ja inspiroituneen olon. Voit saada tämän aikaan esimerkiksi kertomalla innostavan tarinan. Tai ehkä onnistut vahvistamaan lukijan uskoa tulevaisuuteen. Kun äänestäjälle jää hyvä mieli mainoksesi lukemisesta, hän muistaa sinut pitkään. On aina hyvä palkita lukija jotenkin siitä, että hän antaa aikaansa ja lukee mainoksesi. Vähintään voit kiittää lukijaa hänen sinulle suomastaan ajasta.

Kun olet saanut tekstin kirjoitettua, lisää siihen visuaalisia elementtejä. Saksalainen professori Siegfried Vögele on tutkinut suoramainontaa vuosikymmeniä. Hänen havaintonsa ovat mielenkiintoisia: suuret otsikot luetaan ennen pieniä väliotsikoita, käsin kirjoitetut elementit ja numerot kiinnittävät huomiota, alleviivatut kohdat luetaan ennen alleviivaamattomia, kehystetyt tekstit luetaan ennen kehystämättömiä jne. Tiivistäen voisi sanoa, että tekstiin kannattaa laittaa visuaalisia elementtejä. Suuret otsikot ohjaavat lukijan katsetta ja antavat tekstille selkeän rakenteen. Väliotsikot jakavat tekstin osiin, jolloin se on helpommin lähestyttävä ja ymmärrettävä. Käsinkirjoitetuilla elementeillä, kuten allekirjoituksella tai reunamerkinnöillä, voi luoda tekstille kivan sävyn.

Visuaalisten elementtien käyttö on erityisen tärkeää siksi, että monet lukijat eivät lue suoramainoksia alusta loppuun, vaan ainoastaan silmäilevät niitä. Tämän vuoksi on oleellista, että varmistat ydinviestisi perillemenon korostamalla tärkeitä asioita visuaalisilla efekteillä. Esimerkiksi tärkeiden kohtien alleviivaaminen tai tekstinpätkien kehystäminen voi auttaa lukijaa poimimaan tärkeimmät viestit, vaikka hän vain selailisi mainosta.

Jokaisessa suoramainoksessa olisi hyvä olla selkeä toimintakehote, joka ohjaa lukijaa seuraavaan askeleeseen. Toimintakehote on sinunkin kannaltasi tärkeä elementti, koska se antaa mainokselle jonkin konkreettisen päämäärän. Voit esimerkiksi kehottaa lukijaa vierailemaan verkkosivuillasi saadakseen lisätietoa vaaliteemoista tai tulevista vaalitapahtumista. Hyvä toimintakehote on lyhyt, selkeä ja motivoiva. Sen tulee olla helposti havaittavissa ja sen tulisi ohjata lukijaa toimimaan välittömästi. "Vieraile verkkosivullamme nyt" tai "Osallistu vaalitapahtumaan lähelläsi" ovat esimerkkejä tehokkaista ja selkeistä toimintakehotteista. Toimintakehotteen voi laittaa viestin loppuun tai vaikka kehystettynä visuaalisena elementtinä johonkin pallukkaan.

Useiden tutkimusten[20] mukaan suoramainoskirjeeseen kannattaa aina laittaa PS. PS:llä on yllättävän suuri vaikutus, eikä sen tehokkuutta kannata aliarvioida. On jopa väitetty, että 90 % ihmisistä lukee PS:n ihan ensin, ja joskus se on ainoa asia, mitä kirjeestä luetaan. Toisin sanoen PS on yksi tärkeimmistä elementeistä kirjeessä. PS voi toimia yhteenvetona ja se tarjoaa siksi loistavan mahdollisuuden tiivistää kirjeen tärkeimmät pointit. Käytä siis tilaisuutta hyväksesi! Yksinkertainen, mutta vahva viesti, kuten "PS. Sinun äänesi ratkaisee – tule mukaan rakentamaan parempaa maailmaa," voi tehdä kivan vaikutuksen ja jättää lukijalle positiivisen fiiliksen.

Videomarkkinointi

Videoiden katselu on kasvanut räjähdysmäisesti sosiaalisen median alustoilla, eikä trendi osoita hiipumisen merkkejä. Erityisesti lyhyet videot, kuten Reelsit ja TikTokit, kiinnostavat ihmisiä. Videomarkkinointi on tänä päivänä yksi tehokkaimmista tavoista vaikuttaa äänestäjiin. Sen lisäksi, että videoita katsotaan paljon, niiden avulla voidaan myös vedota tehokkaasti katsojan tunteisiin.

Videomarkkinoinnin suunnittelu alkaa videon tavoitteen

---

20. Esim. Stone 1996; Vriens ym. 1998.

131

asettamisesta. Jos ei tiedetä, mitä videolla halutaan saada aikaan, ei sillä luultavasti saavuteta yhtään mitään. Videomarkkinointiguru Jon Mowat[21] toteaa, että yksi yleisimmistä virheistä videomarkkinoinnissa on, että halutaan yhdeltä videolta liikaa. Hän kertoo saavansa usein toimeksiantoja, joissa halutaan videon tekevän liian monia eri asioita. Niinpä videosta sitten tulee kolme minuuttia pitkä sekava tekele, mikä ei kiinnosta ketään. Mowat korostaa, että on tärkeää keskittyä yhteen selkeään viestiin ja tavoitteeseen per video. Jos haluat kertoa useista eri asioista, tee useita videoita.

Vaaliehdokas voi käyttää mainostoimistoa apuna videoiden tekemisessä tai sitten hän voi tehdä niitä itse. Jos käyttää mainostoimistoa vain yhteen videoon, niin se kannattaisi olla sellainen esittelyvideo, jossa esittelee itsensä ja keskeiset tavoitteensa. Esittelyvideon lisäksi ehdokkaalla voisi olla esimerkiksi videoita vaalitapahtumista, esiintymisistä, kulissien takaisista tapahtumista jne. Lisäksi voi tehdä sellaisia videoita, missä tukijasi kertovat miksi he ovat ehdokkaan kannalla ja videoita missä kutsutaan ihmisiä vaalitapahtumiin tai vaikkapa lahjoittamaan kampanjalle rahaa. Näissä videoissa ei tarvitse hirveän paljon satsata niiden laatuun, riittää, että ne tuovat aidosti esiin olennaisen asian.

Tarkastellaan seuraavaksi tehokkaiden videoiden yksityiskohtia. Näistä on sinulle erityisesti hyötyä, jos päädyt tekemään videoita itse, mutta toki myös videomainonnan ostajana sinun on hyvä tietää millainen video toimii.

Tehokkaan vaalivideon yksityiskohdat

Videon **alku** on kaikkein tärkein. Jokaisen videon pitäisi vangita katsojan huomio heti alussa. Ensimmäiset sekunnit ovat todella kriittisiä, sillä ihmiset tekevät päätöksen videon katsomisesta tai ohittamisesta niiden aikana. Videomainoksia

---

21. Jon Mowat piti presentaation Videolle-seminaarissa 2023.

työkseen tekevä Tapio Haaja sanoo, että alle 10 % somen käyttäjistä katsoo videota yli kolme sekuntia. [22] Pitäisi siis onnistua pysäyttämään selaileva peukalo jollain keinolla. Videomainonnan alalla puhutaan "thump-stopping"-tekniikoista.

Lyhyissä videoissa ei tarvita **johdantoa**, mutta vähän pidemmissä videoissa, esimerkiksi YouTubessa, johdannolla on suuri merkitys. Kun videon alussa kerrotaan katsojalle selkeästi mitä videolla tullaan käsittelemään ja miksi se on tärkeää, niin katsoja pysyy mukana koko videon ajan. Jos johdanto puuttuu tai se on tylsä, katsoja saattaa ohittaa videon ihan kokonaan. Kun katsojan huomio on saatu, **videon rakenteen** pitää olla selkeä ja johdonmukainen. Jokainen videokohtaus tulisi rakentaa siten, että se vie katsojaa eteenpäin loogisesti ja säilyttää kiinnostuksen.

Jos olemme saaneet katsojan katsomaan videon **loppuun** asti, hänet pitäisi jollain tavalla palkita. Vähintään voit kiittää katsojaa hänen ajastaan. Videon lopun pitäisi muutenkin olla selkeä, että kaikki tietävät mikä oli videon pointti ja mitä siitä pitäisi ajatella.

Usein sanotaan, että videon pitää toimia ilman **ääntä,** sillä monet katsojat selaavat sosiaalista mediaa siten, että heillä ei ole äänet päällä. Siksi tekstitykset ovat välttämättömiä, koska video ei muuten kerta kaikkiaan toimi. Mutta tämä pätee myös toisinpäin. Videon pitää toimia myös ilman kuvaa, sillä monet pelkästään kuuntelevat niitä. Äänellä on ihan valtava merkitys. Se ei ole vain taustaelementti, vaan se luo tunnelmaa ja herättää tunteita. Tapio Haaja[23] kertoo, että käyttämällä mitä tahansa ääntä, vaikka vain musiikkia, moninkertaistaa videon tehon verrattuna siihen, että videossa ei ole lainkaan ääntä.

---

22. Tapio Haaja ja Tuomo Sinkkonen pitivät presentaation Videolle -seminaarissa 2023.
23. Haaja & Sinkkonen, 2023.

Videoiden **optimointi eri alustoille** on myös tärkeää. Valitettavasti jokainen sosiaalisen median alusta suosii erilaisia videomuotoja ja -kokoja. Esimerkiksi Instagram ja TikTok suosivat pystysuuntaisia videoita, kun taas YouTube ja Facebook hyödyntävät paremmin laajakuvamuotoja. Lisäksi eri alustoilla on omat tyylinsä, eikä sama video välttämättä toimi tehokkaasti kaikilla alustoilla. Esimerkiksi YouTuben katsojat odottavat hyvin tuotettua ja huolellisesti käsikirjoitettua sisältöä. Instagramissa ja TikTokissa taas sisällön pitää olla mahdollisimman aitoa ja viihdyttävää. Näillä alustoilla sisältö voi olla vähän kotikutoistakin, kunhan se on autenttista.

Vaikka jokaisella alustalla on oma "äänensävynsä" ja kulttuurinsa, niin sama video voi silti toimia eri alustoilla pienin muokkauksin. TikTokin luovalla strategilla Matthew Hearlellä[24] oli luultavasti oma lehmä ojassa, kun hän neuvoi luomaan ensin sisältöä TikTokkiin ja sitten muokkaamaan sitä muille kanaville sopivaksi. "Think TikTok first, but not TikTok ONLY." Ei kai sillä oikeasti kuitenkaan ole väliä, minkä version tekee ensimmäisenä.

Tekoäly voi auttaa videon luomisessa ja helpottaa monia perinteisesti paljon aikaa vieviä tehtäviä. Se voi esimerkiksi suunnitella videolle käsikirjoituksen. Riittää, että ehdokas antaa muutamia avainsanoja tai ideoita ja tekoäly luo niistä hetkessä useita vaihtoehtoisia käsikirjoituksia. Kun video on kuvattu, niin tekoäly voi auttaa sen editoinnissa. Se pystyy helposti luomaan hyvän kuuloisen ja näköisen videon pelkistä videoleikkeistä, kuvista ja äänitallenteista. Osa sovelluksista tarjoaa myös valmiita videopohjia, missä on ennakkoon suunniteltu rakenne, visuaaliset tehosteet ja äänimaailma. Niiden avulla videon tekeminen on erittäin helppoa. Tekoäly voi myös lisätä automaattisesti tekstityksiä,

---

24. Tiktokin luova strategi Matthew Hearle oli puhumassa Videolle-seminaarissa 2023.

valita visuaalisia tehosteita ja tehdä tarvittavia värin ja äänen säätöjä.

Videoiden tekeminen voi aluksi tuntua haastavalta. Kannattaa kuitenkin rohkeasti aloittaa ja lähteä liikkeelle sillä materiaalilla mitä nyt jo on. Monet onnistuneet videot ovat syntyneet pienillä resursseilla ja kotikutoisella otteella. Et siis välttämättä tarvitse täydellistä kalustoa tai ammattitason editointitaitoja.

Lisätty todellisuus (Augmented Reality)

Uudet teknologiat luovat uusia kiinnostavia mahdollisuuksia kampanjointiin. Jotkut ehdokkaat ovat jo hyödyntäneet lisättyä todellisuutta eli AR:ää (augmented reality). Se on teknologia, joka yhdistää digitaalista sisältöä fyysiseen maailmaan. Käytännössä tämä tarkoittaa sitä, että älypuhelimen tai muun laitteen kautta katsellaan ympäröivää maailmaa siten, että sinne on lisätty digitaalisia elementtejä. Nämä elementit voivat olla esimerkiksi kuvia, videoita tai animoituja hahmoja. AR ei vie käyttäjää kokonaan virtuaaliseen maailmaan, vaan ainoastaan lisää reaalimaailmaan digitaalisia elementtejä.

Vaikka lisätty todellisuus kuulostaa ehkä vielä osin scifielokuvien jutulta, se on jo ehtinyt vakiintumaan osaksi monen yrityksen markkinointia. Esimerkiksi vaatteita ja kosmetiikkatuotteita voi sovittaa virtuaalisesti AR:n avulla ennen ostopäätöksen tekemistä. Vaaleissakin sitä on jo ehditty käyttää.

Vuonna 2019 Ranskan presidentti Emmanuel Macron käytti AR-teknologiaa kampanjassaan siten, että äänestäjät pystyivät skannaamaan kampanjaesitteitä tai julisteita älypuhelimillaan. Skannauksen jälkeen esitteet "heräsivät eloon" ja Macron singahti puhelimen näyttöön videona tai animoituna hahmona. Hän puhui suoraan äänestäjille ja esitteli keskeisiä kampanjateemojaan. Tämä teki vaalikampanjasta henkilökohtaisemman tuntuisen, tavalla, joka ei ollut aiemmin mahdollista. Yksi AR:n suurimmista eduista onkin sen kyky luoda täysin uudenlaisia elämyksiä, joiden avulla ehdokkaat voivat todella erottua massasta. AR tarjoaa muitakin kiinnostavia mahdollisuuksia. Ehdokkaat voisivat sen avulla järjestää kiinnostavia virtuaalisia kävelykierroksia. Tällöin he voisivat näyttää äänestäjille vaikkapa tulevaisuusvisioitaan jostain tietystä alueesta. Käyttäjä voisi kyseisessä paikassa lampsiessaan katsoa kännykän avulla ympärilleen ja nähdä digitaalisesti luodut uudet maisemat tai rakennukset.

Koska AR:n avulla voidaan lisäillä reaalimaailmaan rakennuksia, voidaan sillä tietenkin lisätä sinne myös ihmisiä. Tämä avaa mielenkiintoisia uusia mahdollisuuksia. Miltä tuntuisi vaikkapa jutustella Kamala Harrisin kanssa omalla kotisohvalla tai juoda kahvia keittiön pöydän ääressä Emmanuel Macronin kanssa? AR:n avulla voidaan saada tällainen kokemus tuntumaan lähes siltä, kuin ehdokas olisi paikalla fyysisesti.

Tuon tyyppistä markkinointia saattaa joutua hetken odottelemaan, mutta jo nyt monet ehdokkaat käyttävät AR-filttereitä sosiaalisessa mediassa. Macronin lisäksi myös Yhdysvalloissa useat ehdokkaat ovat käyttäneet Snapchat ja Instagram filttereitä kampanjoidessaan. Äänestäjät voivat lisätä näitä filttereitä omiin julkaisuihinsa ja osoittaa siten tukeaan ehdokkaalle. Tämä tekee kampanjasta helposti jaettavan ja potentiaalisesti viraalisen.

Hologrammit

Hologrammiteknologia on viime vuosina herättänyt huomiota erityisesti viihdemaailmassa. Yksi tunnetuimmista esimerkeistä on Michael Jacksonin hologrammiesitys Billboard Music Awards -tilaisuudessa vuonna 2014, jossa Jacksonin hahmo "herätettiin henkiin" ja hän esiintyi postuumisti yleisölle.

Samalla tavalla hologrammeja voitaisiin käyttää myös vaalimainontaan. Ehdokas voisi ilmestyä hologrammina vaikkapa torille tai johonkin kadunkulmaan kertomaan vaaliteemoistaan. Tällaisen vision toteuttaminen ei ole enää pelkkää scifiä. Hologrammiteknologia on kehittynyt huomattavasti ja sitä on käytetty onnistuneesti markkinointikampanjoissa julkisilla paikoilla. Esimerkiksi Mercedes-Benz käytti hologrammia Berliinissä osana liikenneturvallisuuskampanjaansa ja Pepsi Max käytti Lontoossa hologrammeja bussipysäkillä luomaan vaikuttavia kohtauksia[25].

Hologrammien mahdollisuudet eivät tietenkään rajoitu vain toreille ja kadunkulmiin. Vaalitilaisuuksissa hologrammit voisivat mahdollistaa ehdokkaiden "läsnäolon" monissa eri paikoissa samanaikaisesti. Tämän tyyppistä markkinointia on jo kokeiltu Intiassa kymmenen vuotta sitten. Intian pääministeri Narendra Modi hyödynsi hologrammeja tavoittaakseen yleisön samanaikaisesti useissa eri paikoissa.[26] Hologrammien avulla Modi "esiintyi" satojen ihmisten edessä eri kaupungeissa yhtä aikaa, mikä loi illuusion siitä, että hän oli fyysisesti läsnä eri puolilla maata samanaikaisesti. Tämän tempun avulla pystyttiin säästämään aikaa ja resursseja, sillä fyysinen matkustaminen moniin eri tapahtumiin on aikaa vievää ja kallista.

Hologrammien käyttöön liittyy kuitenkin haasteita, sillä teknologia on yhä kallista. Kuvien projisointi edellyttää kehittynyttä teknologiaa, kuten korkealaatuisia projektoreita, jotka pystyvät tuottamaan selkeitä ja näkyviä kuvia myös päivänvalossa. Toinen haaste on äänentoisto, sillä ulkona äänet voivat hajota ja kuuluvuus kärsiä, ellei käytetä tehokasta

25. Mercedes Benzin kampanjasta kerrottiin täällä: https://blog.kitcast.tv/hologram-marketing-examples/
Pepsin kampanjasta kerrottiin täällä: https://luminafans.com/blogs/hologram-blog/holographic-advertising-business
26. Narenda Modin kampanjasta kerrottiin täällä: https://www.theverge.com/2014/5/7/5691714/indian-politician-uses-holograms-to-reach-voters

äänentoistojärjestelmää. Hologrammiteknologian käyttö vaalikampanjoissa on vielä aluillaan, mutta sen potentiaali on valtava. Tulevaisuudessa hologrammit voivat olla luonteva osa poliittista viestintää.

Metaverse

Muutama vuosi sitten puhuttiin paljon metaversumista. Arveltiin, että se mullistaa tapamme kommunikoida, työskennellä ja viettää vapaa-aikaa.[27] Kuitenkin viime aikoina keskustelevaan tekoälyyn liittyvä hypetys on syrjäyttänyt kaiken metaverse-pohdiskelun. Se ei tarkoita, että metaversesuunnitelmat olisi hylätty. Monet digitaalisen median toimijat, kuten esimerkiksi Facebookin emoyhtiö, joka muutama vuosi sitten muutti nimekseen Meta, pitävät metaversea edelleen tärkeänä kehityssuuntana. Yleistyessään metaverse saattaa uudistaa vaalikampanjointia radikaalisti.

Metaversumi avaa eteemme täysin uuden maailman, jossa puettava teknologia mahdollistaa kaikkien aistien yhdistämisen osaksi kokonaisvaltaista elämystä. Kommunikaatio ei siis enää rajoitu ainoastaan visuaaliseen tai ääneen perustuvaan vuorovaikutukseen, sillä yksi metaversen kiehtovimmista piirteistä on tuntoaistin integroiminen mukaan elämykseen (eli haptinen aistiminen). Tämä teknologia mahdollistaa sen, että käyttäjät pystyvät tunnustelemaan virtuaalisia materiaaleja ja kokemaan digitaaliset kosketukset fyysisesti. Metaversessa voi siis kätellä toista henkilöä ja tuntea todellisen puristuksen kämmenessään.

Metaverse ei kuitenkaan ainoastaan siirrä käyttäjiä jännään uuteen digitaaliseen ympäristöön, vaan vaikuttaa

---

27. Olen lukenut viime aikoina kolme kiinnostavaa kirjaa metaversesta. Nämä kaikki olivat ihan erilaisia ja kirjoitettu eri näkökulmista. Kaikki kiinnostavia! Tässä lista: Auvinen: Metaversumi!; Ball: The Metaverse: And how it will revolutionize everything; Graylin: Our Next Reality: How the AI-Powered Metaverse Will Reshape the World".

myös siihen, miten intensiivisinä elämykset koetaan. Astuessamme metaverseen koemme kaiken niin todellisena, että tuntuu kuin olisimme oikeasti siellä. Tämä fyysisen läsnäolon tunne muuttaa elämystä perustavanlaatuisella tavalla; emme enää ole pelkkiä sivustakatsojia, kuten vaikkapa elokuvaa katsellessa, vaan aktiivisia osallistujia. Kokemus ei ole enää irrallista todellisuudesta, vaan osa sitä.

Tutkimuksissa on havaittu, että fyysisen läsnäolon illuusion takia kokemukset metaversumissa koetaan neurologisesti aivan samalla tavalla kuin todellisen elämän kokemukset. Tämä tarkoittaa sitä, että ne myös integroituvat syvällisesti käyttäjien omaelämäkerralliseen muistiin. Toisin sanoen metaversekokemuksista tulee osa käyttäjän todellista elämän historiaa. Kun siis ihmiset kokevat jotakin virtuaalisessa todellisuudessa, siitä jää samanlainen muisto, kuin jos he olisivat kokeneet sen oikeassa maailmassa.[28] Tämä tekee metaversumin kokemuksista ainutlaatuisen vaikuttavia ja unohtumattomia.

Vaalitapahtumat metaversumissa

Vaaliehdokkaille metaverse tarjoaa innovatiivisen ja vaihtoehtoisen tavan kampanjoida. Tähän asti perinteiset vaalitapahtumat telttoineen ja kahvikupposineen ovat olleet ehdottomasti kaikkein tehokkain vaalimainonnan keino. Harmi vaan, että ne ovat myös työläitä, aikaa vieviä ja taloudellisesti raskaita järjestää. Jos ehdokas järjestäisi vaalikahvit metaversessa räntäsateisen torin sijaan, hän säästäisi paljon rahaa matkakuluissa, tilavuokrissa ja tarjoilukustannuksissa.

Rahan ja ajan säästäminen eivät kuitenkaan ole ainoat hyödyt. Virtuaalinen läsnäolo mahdollistaa ehdokkaan esiintymisen ilman fyysisen maailman rajoitteita: ehdokas voisi esimerkiksi näyttää energiseltä ja keskittyneeltä, riippumatta

---

28. Schöne ym. 2019 ja Kisker ym. 2021.

todellisesta väsymyksen tai stressin tasosta. Ehkä hän näyttäisi hoikemmalta ja esiintyisi ilman roikkuvia silmäpusseja.

Hän voisi myös luoda kiinnostavia uusia maailmoja ja tarjota äänestäjille sellaisia elämyksiä, joita fyysisen maailman lait eivät rajoita. Nämä uudenlaiset virtuaalimaailman kokemukset saattaisivat vaikuttaa äänestäjiin paljon voimakkaammin kuin perinteinen kampanjointi. Vaikka äänestäjä ja ehdokas eivät kohtaakaan fyysisesti, teknologian ansiosta kokemus voi tuntua äänestäjästä yhtä merkittävältä kuin kohtaaminen kasvotusten. Suurin osa metaversevaalikahvien eduista onkin psykologisia.

Metaversumi mahdollistaa äänestäjien osallistumisen omasta mukavasta ympäristöstään, mikä vähentää sosiaalista painetta ja alentaa osallistumiskynnystä. Metaversumi tarjoaa anonyymin ja turvallisen tilan, missä ei tarvitse paljastaa tutuille poliittisia mieltymyksiään. Torikahveilla kun on aina se riski, että joku tuttu näkee ja juoruaa. Tämäntyyppinen osallistuminen voi myös olla erityisen tärkeää henkilöille, jotka jännittävät julkisissa kokoontumisissa. Onkin mahdollista, että "Metaversekahvit" voivat houkutella sellaisia osallistujia, jotka eivät ehkä muuten pääsisi tai haluaisi tulla perinteisiin vaalitapahtumiin.

Metaverse on todellisuutta muokkaava teknologia. Sen avulla puolueet ja poliittiset liikkeet voivat luoda kokonaisvaltaisia kokemuksia, jotka vahvistavat heidän sanomaansa ja vaikuttavat äänestäjiin syvästi. Samalla kuitenkin herää kysymyksiä virtuaalisen vaikuttamisen eettisistä rajoista. Teknologian avulla voidaan manipuloida äänestäjien käsityksiä ja saada heidät uskomaan disinformaatiota. Olisikin hyvä luoda pelisäännöt, ennen kuin loikataan tähän ulottuvuuteen.

Virtuaaliset torikahvit ovat vain yksi esimerkki siitä, miten digitaalinen vuorovaikutus voi tuoda vaalikampanjoihin aivan uusia ulottuvuuksia. Odottelen mielenkiinnolla mitä tuleman pitää.

Pelit ja muu innovatiivinen markkinointi

Perinteisen mediamarkkinoinnin lisäksi ehdokas voi harkita jotain ihan uutta jännää tapaa herättää äänestäjien huomio. Innovatiivisilla markkinointitempauksilla voi saada paljon näkyvyyttä pienellä budjetilla. Pitää vain olla todella hyvä idea ja rohkeutta toteuttaa se. Tekemällä jotain todella poikkeuksellista, saadaan ihmiset ihmettelemään, jakamaan ihmetyksensä somessa, media kiinnostumaan ja lopulta temppu menemään viraaliksi.

Ehdokkaat ovat jo pitkään myyneet erilaisia tavaroita rahoittaakseen vaalikampanjaansa. Muistanet vielä Paavo Väyrysen mukit ja Trumpin raamatut? Molemmat nousivat lehtiotsikoihin. Monet muutkin ehdokkaat myyvät T-paitoja, lippiksiä ja mukeja. Barack Obama vei nämä tuotteet kuitenkin ihan uudelle tasolle palkatessaan muotibrändien huippunimet suunnittelemaan tyylikkäitä T-paitoja kampanjalleen. Tämä temppu antoi kampanjalle trendikkään ja nuorekkaan ilmeen. Lisäksi se auttoi myymään paljon t-paitoja ja tuomaan siten näkyvyyttä kampanjalle.

Myymisen sijaan tavaroita voidaan myös jakaa. Ehdokkaat ympäri maailmaa ovat jakaneet vaalitilaisuuksissa monenlaisia erikoisia tavaroita. Me täällä Suomessa olemme tottuneet lähinnä kahviin ja ilmapalloihin, mutta muualla ollaan innovatiivisempia. Japanin paikallisvaaleissa on nähty ehdokkaita, jotka jakavat pieniä pakkauksia riisiä tai muita paikallisia elintarvikkeita, siten, että ehdokkaan mainos on painettuna pakkaukseen. Koska ruoka ja paikalliset tuotteet ovat kulttuurisesti tärkeitä, niillä puhutellaan äänestäjiä tehokkaasti. Hieman erikoisempaa tavaraa jakoi australialainen Midnight Oil -yhtyeen laulaja, Peter Garret. Hän viittasi poliittisiin vastustajiinsa ja jakoi vaalikampanjansa aikana kondomeja, joihin oli painettu teksti "Prevent Dickheads".

Sen lisäksi, että kampanjassa voidaan jakaa erikoisia tavaroita, voi myös kampanjan painettuun materiaaliin ottaa mukaan uudenlaisia elementtejä. Esimerkiksi Viron entinen presidentti Toomas Hendrik Ilves käytti vaalikampanjassaan itse piirtämiään sarjakuvia ja humoristisia videoita. Hän kuvasi näissä itsensä rentona ja helposti lähestyttävänä hahmona.

Hillary Clinton sen sijaan ei piirtänyt sarjakuvia vuoden 2016 presidentinvaalikampanjassaan, mutta hän valjasti koiranpennut avukseen. Clinton lanseerasi "Puppy Twitter" - tilin, jolla jaettiin suloisia kuvia koiranpennuista kampanjaviestien yhteydessä. Clintonin kampanjan tavoitteena oli pehmentää hänen imagoaan.

Ihan oma alalajinsa innovatiivisessa kampanjoinnissa on erilaisten pelien kehittäminen. Esimerkiksi Emmanuel Macron julkaisi vuoden 2017 presidentinvaalikampanjaansa liittyen yksinkertaisen videopelin, joka muistutti klassista "Super Mario" -peliä. Pelissä pelaajat ohjasivat Macronin hahmoa keräten "euroja" ja väistellen poliittisia vastustajia, kuten Marine Le Peniä.

Britanniassa Jeremy Corbynin tukijat loivat vuonna 2017 "CorbynRun" -pelin, joka toimi samankaltaisella idealla. Tässä pelissä pelaajat ohjasivat Corbyn hahmoa keräten ääniä ja väistellen esteitä, kuten konservatiivisia poliitikkoja. Intiassa Narendra Modi julkaisi jo vuonna 2014 "Modi Run" - nimisen mobiilipelin. Tässä pelissä Modi-hahmo juoksi läpi Intian, voittaen esteitä ja ratkaisten ongelmia. Juoksu symboloi hänen poliittista nousuaan ja lupauksiaan tuoda kehitystä koko Intiaan. [29]

Yhdysvalloissa Joe Bidenin presidentinvaalikampanjassa ei juoksenneltu, sen sijaan kampanjatiimi julkaisi suosittuun "Animal Crossing: New Horizons" -peliin kampanjakylttejä ja muita esineitä, joita pelaajat pystyivät sijoittamaan omille

---

29. https://modi-run.en.uptodown.com/android#google_vignette

saarilleen. Kampanja auttoi Bidenia tavoittamaan nuoria äänestäjiä epätyypillisessä ympäristössä.[30]

Pelien kautta välitetään poliittisia viestejä viihdyttävällä tavalla. Hyvin toteutetut pelit voivat levitä nopeasti sosiaalisessa mediassa ja saada aikaan viraalia näkyvyyttä kampanjalle. Pelien käyttö poliittisessa kampanjoinnissa on edelleen suhteellisen uusi ilmiö, mutta sen potentiaali on suuri. Kun teknologia kehittyy ja pelikulttuuri laajenee, on mahdollista, että näemme yhä enemmän pelejä ja pelillistettyjä elementtejä osana poliittisia kampanjoita. Toistaiseksi tällaisten pelien kehittäminen on suhteellisen kallista.

---

30. https://edition.cnn.com/2020/10/18/business/biden-animal-crossing-island-trnd/index.html

9

MARKKINOINTISUUNNITELMA

Nyt on aika vetää yhteen tässä kirjassa tähän mennessä keskustellut asiat ja tehdä niiden perusteella markkinointisuunnitelma. Ensimmäinen askel on määrittää markkinoinnin tavoitteet. Päätavoitteena on tietenkin riittävä äänisaalis, mutta se saavutetaan välitavoitteiden avulla. Alla on listattuna joitakin mahdollisia välitavoitteita.[1] Ne eivät ole kaikki sinulle olennaisia, joten suosittelen, että valitset joukosta muutaman tavoitteen.

- Tunnettuuden lisääminen
- Äänestäjien kiinnostuksen herättäminen
- Arvojen ja tavoitteiden esittely
- Brändinrakennus ja äänestäjien vakuuttaminen
- Vaaliteeman omistajuuden vahvistaminen
- Äänestämisen esteiden poistaminen
- Suhteen rakentaminen äänestäjiin
- Erottautuminen muista ehdokkaista ja positiointi

---

1. Tämä luettelo noudattaa löyhästi markkinoinnin klassikkoa eli AIDA-rakennetta. Attention, Interest, Desire, Action. Markkinointijargonissa on paljon muitakin erilaisia metodeja ja kirjainyhdistelmiä. Tämä asioiden nimeäminen erikoisella tavalla on hyvin tyypillistä markkinointi-ihmisille.

Markkinointikampanjan osat

Tyypillisesti markkinointia tehdään kampanjoissa. Jotkut ehdokkaat ajattelevat jokaisen median muodostavan oman kampanjansa, jollekin jokainen somepostaus on oma minikampanjansa. Jotkut ehdokkaat tekevät 1-3 mainoskampanjaa eri teemoilla. Sillä ei ole väliä, miten markkinointia lähestyt ja miten kampanjasi nimeät. Olen koonnut tähän lukuun asioita, mitä olisi hyvä pohtia jokaisen kampanjan yhteydessä.

Ensimmäinen askel on **kohderyhmän määrittely.** Kaikki äänet ovat tietenkin tervetulleita, mutta joidenkin ryhmien äänten saaminen on helpompaa kuin toisten. Mieti, ketkä todennäköisimmin äänestävät sinua. Näitä kohderyhmiä sinulla voi olla muutamia ja heille kaikille voisi ajatella erityyppisiä viestejä. Kun kohderyhmä on selkeästi määritelty, voit suunnitella viestisi niin, että se puhuttelee juuri näitä ihmisiä.

Kun olet määritellyt kohderyhmäsi, on hyvä kuvitella sille jotain ominaisuuksia. Omasta mielestäni mainontaa on helpompi suunnitella, jos rakennan mielessäni muutaman kohderyhmään kuuluvan henkilön prototyypin. Annan heille nimet, ammatit, harrastukset ja mielenkiinnon kohteet. Mietin myös mitä medioita he luultavasti seuraavat. Tämän jälkeen suunnittelen markkinoinnin juuri näille ihmisille.

Seuraavaksi on aika suunnitella **markkinoinnin sisältö.** Voit tehdä informatiivista mainontaa, jolloin kerrot äänestäjille että "tällainen olen ja tällaiset ovat tavoitteeni". Suurin osa vaalimainonnasta on tämän tyyppistä. Jos kuitenkin haluat tehdä hieman tehokkaampaa mainontaa, olisi olennaista informoinnin lisäksi vakuuttaa äänestäjät pätevyydestäsi ja saada heidät pitämään sinusta (tykättävyys). Näistä puhuttiin luvussa neljä, kun pohdimme mitä äänestäjät haluavat. Olemme valinneet joukon teemoja jo luvussa seitsemän. Seuraavaksi suunnittelemme muutaman mainoskampanjan ja pohdimme, mikä on minkäkin kampanjan teema eli kärki.

On tärkeää **aikatauluttaa** markkinointitoimenpiteet. Pohdi myös mitä teet itse, mitä ulkoistat tiimillesi ja mitä palveluita ostat? Vaalitapahtumiin kuluu eniten aikaa. Kuinka moneen vaalitapahtumaan ehdit osallistumaan? Aikataulun lisäksi on syytä **laatia budjetti.** Kuinka paljon rahaa laitat mihinkin markkinointikampanjaan? Rahaa kuluu toki muuhunkin kuin markkinointiin, kuten matkoihin, materiaaleihin ja kampanja-väen hyvinvointiin.

Seuraavaksi **valitsemme mediapaletin.** Olemme edelli-sessä luvussa käyneet seikkaperäisesti läpi erilaisia medioita ja mainonnan välineitä. Halusinkin laittaa tämän markkinointi-suunnitelmatekstin vasta tähän kohtaan, kun olemme nuo käsitelleet. Tässä vielä kertauksena tässä kirjassa käsitellyt mediat:

MEDIAVALINNAT:

MAKSULLINEN MAINONTA:

hologrammi-mainonta

radio ja televisio

sanoma-lehti

ulkomainonta

augmented reality

suora-mainonta

muut lehdet

metaverse

video-markkinointi

some-mainonta

vaali-tapahtumat

DIGISYDÄN YM. MAKSUTON MAINONTA:

nettisivut

poliittiset puheet

some-kanavat

mielipide-kirjoitukset

blogit

digisydän

vaalikoneet

MUUT MARKKINOINNIN VÄLINEET:

poliittiset meemit

hashtagit

vaali-argumentit

vaalislogan

hakukone-optimointi

vaalilupaus

vaaliväittelyt

valokuvat

selfiet

paneelit

tavarat

lehdistö-tiedotteet

Kuvassa ylimpänä on maksullisen markkinoinnin keinot, mitkä käsiteltiin luvussa kahdeksan. Sen jälkeen on luvussa kolme käsiteltyjä asioita, eli nämä liittyvät digisydämeen ja sen ympärillä olevaan tekemiseen. Vaikka nämä ovat maksuttomia, ovat ne yhtä kaikki markkinointia. Tätä kutsutaan yleensä orgaaniseksi medianäkyvyydeksi eli se on jollain tapaa ansaittua näkyvyyttä, ei rahalla ostettua. Kuviossa alimpana on sitten erilaisia markkinoinnin välineitä, mitkä eivät ehkä sinänsä ole mediaa, mutta ovat kuitenkin olennainen osa tätä meidän markkinointipalettiamme. Niitä käsitellään luvuissa 10-11.

Kun olet saanut mainoksesi valmiiksi, niin sitä **kannattaa testata.** Käytännössä siitä luodaan pikkasen erilaistettu versio. Tällä en tarkoita sitä, että mainos olisi totaalisen erilainen, vaan ainoastaan sitä, että jokin pieni yksityiskohta on erilainen eri versioissa. Näitä yksityiskohtia voivat olla vaikkapa väri, otsikon sanamuoto, kuva tai toimintakehote. Teet siis version A ja B. Kun lähetät mainoksen, voit tarkkailla kumpi toimii paremmin. Tätä lähestymistapaa sanotaan A/B-testaukseksi. Älä testaa montaa asiaa kerralla, koska silloin et enää voi tietää, mistä erot johtuvat. Yhdessä testissä pitäisi testata vain yhtä asiaa. Useat digitaaliset markkinointialustat, kuten Google Ads ja Facebook Ads, tarjoavat sisäänrakennettuja A/B-testausmahdollisuuksia, joiden käyttäminen on helppoa. Testaamalla saat selville mikä versio toimii kaikkein parhaiten ja voit jatkossa optimoida mainosbudjetin käytön.

Koska vaalikampanjassa on usein erilaisia alakampanjoita, missä on eri mediatuotteita ja mahdollisesti hieman erilaisia viestejä, jokaiselle kampanjalle kannattaa luoda oma suunnitelma:

Markkinointi-
SUUNNITELMA

KAMPANJA 1: _____

Tavoite

Kohderyhmä

Ydinviesti

Miten mitataan
kampanjan menestystä:

Toimenpiteet ja vastuut
(kuka hoitaa ja mitä,
mihin mennessä):

_____

_____

Aikataulu ja budjetti:

DL materiaalille:

DL julkaisulle:

Budjetti:

Mediat

A/B testausversiot

Markkinointikampanjan tehon mittaaminen

Kun teet erilaisia markkinointitoimenpiteitä, olisi järkevää mitata niiden tehoa. Tällöin voit arvioida onko kampanja ollut siihen laitetun rahan ja vaivan arvoinen. Käytetystä mediasta riippuen mainonnan tehon mittaaminen voi olla hyvin vaikeaa tai todella helppoa. Maksullisen mainonnan tehoa televisiossa, radiossa, lehdessä tai vaikka ulkomainonnassa on aika vaikeaa mitata, ellei sitten tee ennen ja jälkeen kyselyitä. Sen sijaan digitaalisen markkinoinnin tehon mittaaminen on hyvin helppoa. Digitaalisessa ympäristössä on käytettävissä lukuisia erilaisia työkaluja ja mittareita, joiden avulla mainonnan tehoa pystyy seuraamaan lähes reaaliajassa.

Maksetun mainonnan tehoa digitaalisessa mediassa voidaan mitata useilla tavoilla. Näyttökertojen seuraaminen antaa selkeän kuvan siitä, kuinka moni on nähnyt mainoksesi. Jos mainoksessa on joku linkki, vaikka digisydämeen, klikkausten määrä kertoo kuinka moni on ollut kiinnostunut siitä. Nämä mittarit kertovat kuitenkin lähinnä vain mainonnan volyymistä ja siksi on hyvä suhteuttaa mittarit kampanjaan käytettyihin euroihin. Tyypillisesti tarkastellaan hintaa per klikkaus (CPC) tai hintaa per tuhat näyttökertaa (CPM) - lukuja. Voit myös seurata sitä, kuinka moni mainoksen nähnyt henkilö tekee jonkun toivotun toiminnon, kuten klikkaa lisätietoja, rekisteröityy uutiskirjeen tilaajaksi tai lataa kampanjamateriaalia. Tätä mittaria sanotaan konversioksi. Videoiden kohdalla on tietenkin kiinnostavaa tarkkailla niiden katseluaikaa ja erityisesti sitä, kuinka moni katsoo videon loppuun asti.

Näiden yksinkertaisten mittareiden avulla voit seurata mainontasi kustannustehokkuutta ja tehdä tarvittavia muutoksia. Nämä mittarit mittaavat kampanjan suoria vaikutuksia. On kuitenkin olennaista seurata myös epäsuoria vaikutuksia, eli mitä vipinää mainonnasta seuraa digisydämessäsi ja somessasi.

Koska mittaamisessa ilman tavoitteita ei oikeastaan ole mitään mieltä, on hyvä asettaa jokaiselle kampanjalle jokin tavoite. Lopullinen tavoite on tietenkin saada valtava äänisaalis. Siihen päästään todennäköisemmin, jos saadaan nostettua seuraajamäärää, kävijämäärää nettisivuilla, tykkäyksiä, jakoja ja kommenttien lukumäärää. Näiden välitavoitteiden mittaaminen on yksinkertaista.

Markkinoinnin
TEHON MITTAAMINEN

KAMPANJA 1: _____

KÄVIJÄMÄÄRÄT NETTISIVUILLA:

Ennen: Jälkeen:

SOMESEURAAJAT:

Ennen: Jälkeen:

MUUT MITTARIT:

Tykkäysten määrä:

Jakojen määrä:

Kommenttien määrä:

Oma mittari:

Nettisivujen kävijämäärän vaihteluita on helppoa seurata Google Analyticsin tai muiden verkkosivuanalytiikkaohjelmien avulla. Nämä työkalut auttavat seuraamaan kuinka paljon liikennettä eri markkinointitoimenpiteet ohjaavat sivustollesi. Voit esimerkiksi nähdä, mitkä kampanjat tai yksittäiset toimenpiteet, kuten sosiaalisen median postaukset, ovat tuoneet eniten kävijöitä sivustollesi. Voit myös seurata miltä sivustolta kävijäsi tulevat.

Somessa seuraajamäärien kasvu kampanjan aikana on hyvä merkki siitä, että viestisi tavoittaa uusia ihmisiä. Sitoutuminen sosiaalisen median postauksiin, kuten tykkäykset, kommentit, jaot ja klikkaukset, kertovat puolestaan siitä, kuinka kiinnostavaa ja vaikuttavaa sisältösi on.

Yksinkertaisimmillaan seuraat kampanjasta vaikutuksia kävijämäärän ja seuraajien kasvuna. Lisäksi voit seurata somessa tykkäysten, jakojen ja kommenttien määrää.

Vaikka markkinointikampanjan tehon mittaaminen voi vaikuttaa monimutkaiselta, muutamien perusmittareiden seuraaminen kannattaa ainakin tehdä. Niistä näet miten hyvin markkinointitoimenpiteesi vaikuttavat ja mitkä niistä ovat tehokkaimpia. Parasta on se, että voit muuttaa tulosten perusteella kampanjaasi ja parantaa sen tehoa jo sen käynnissä oloaikana.

10

MYYNTIARGUMENTIT

Nyt kun olemme saaneet markkinointisuunnitelman suuret linjat vedettyä, etenemme kohti yksityiskohtia. Tässä luvussa käsittelemme "myyntiargumenttien" rakentamista. Liike-elämän terminologiasta ei kannata hämääntyä, sillä kyse on vain siitä, miten ehdokas onnistuu kiteyttämään arvonsa, tavoitteensa ja vahvuutensa äänestäjiä puhuttelevalla tavalla. Myyntiargumenttien idea on yksinkertainen: ne ovat kuin pieniä tarinoita, jotka kertovat, kuka olet ja miksi sinua kannattaisi äänestää. Tarkastelemme ensin myyntiargumenttien helmeä, eli vaalilupausta. Sen jälkeen rakennamme muita argumentteja ja viilaamme niiden yksityiskohtia. Ihan lopuksi rakennamme vielä todella tehokkaan vaalisloganin, mikä kiteyttää koko kampanjan ytimen.

Vaalilupaus on tärkein myyntiargumentti

Suuri osa ehdokkaista lupailee yhtä sun toista vaalien alla. He lupaavat vaikuttaa moneen asiaan, tehdä suuria tekoja ja muuttaa maailmaa. **Vaalilupaukset ovatkin keskeinen osa ehdokkaiden kampanjointia.** Silti osa ehdokkaista ilmoittaa, ettei aio luvata yhtään mitään. Sellainen varovaisuus on ihan turhaa, sillä äänestäjillä näyttää olevan kohtuullisen hyvä "vaalilupausten lukutaito". Hyvin harva äänestäjä ajattelee vaalilupausten olevan kirjaimellisesti lupausten kaltaisia.

SUHTAUTUMINEN VAALILUPAUKSIIN

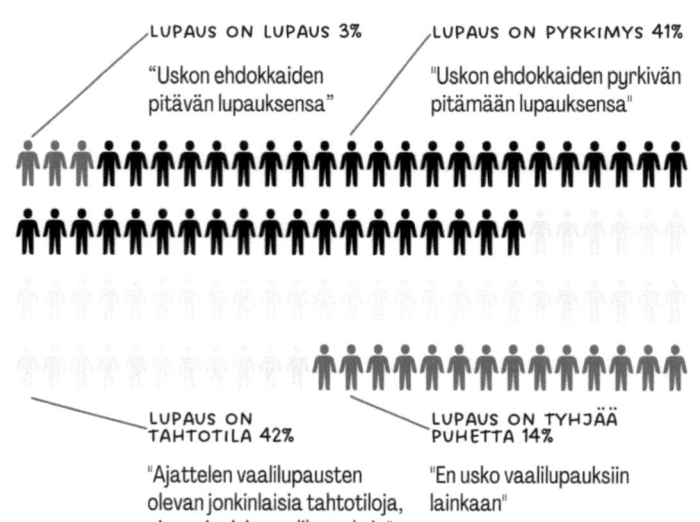

LUPAUS ON LUPAUS 3%
"Uskon ehdokkaiden pitävän lupauksensa"

LUPAUS ON PYRKIMYS 41%
"Uskon ehdokkaiden pyrkivän pitämään lupauksensa"

LUPAUS ON TAHTOTILA 42%
"Ajattelen vaalilupausten olevan jonkinlaisia tahtotiloja, ei varsinaisia vaalilupauksia"

LUPAUS ON TYHJÄÄ PUHETTA 14%
"En usko vaalilupauksiin lainkaan"

Lähde. Vaalimuusa

Monet äänestäjät ymmärtävät, etteivät ehdokkaat aina pysty pitämään lupauksiaan. Täsmällisten lupausten pitäminen on politiikassa aina vaikeaa, koska politiikanteko on pitkälti monimutkaisia kompromisseja. Edes enemmistöpuolueen edustaja ei yksinään päätä mitään. Eikä päätä puoluekaan. Kompromisseja pitää tehdä ensin puolueen sisällä ja sitten poliittisten liittolaisten kesken. Oppositiopuolueen on hyvin vaikeaa pitää minkäänlaisia lupauksia, koska heillä ei ole valtaa päättää oikein mistään. Vaikka vaalimainoksissa lupaillaan monenlaisia mahdottomia asioita, harva äänestäjä näyttää pitävän vaalilupauksia pötypuheena. He pitävät niitä lähinnä vain tavoitteina, joita ei ole tarkoituskaan ottaa kirjaimellisesti.

Media kirjoittaa vaalilupauksista ennen vaaleja aika toteavaan sävyyn, eikä niitä juurikaan epäillä ennakkoon. Melko harvoin media vaatii jälkikäteenkään ketään tilille lupauksistaan, muutamia harvoja poikkeuksia lukuun ottamatta. Kun George H. W. Bush pyrki Yhdysvaltojen presidentiksi 1988 hän lupasi vaalikampanjassaan *"Read my lips: No more taxes"*. On arvioitu, että moni republikaani äänesti häntä juuri tuon lupauksen takia. Niin kuin politiikassa usein käy, Bush ei pystynyt pitämään lupaustaan. Demokraatit hallitsivat kongressia ja Bush joutui taipumaan kompromissiin, minkä seurauksena verot nousivat. Media ja vastaehdokkaat eivät tätä nimenomaista lupauksen rikkomista unohtaneet. Tämän on arveltu olevan osasyy siihen, että Bush hävisi seuraavat presidentinvaalit Bill Clintonille[1].

Nykypäivänä Yhdysvalloissa on ihan eri meininki, sillä suuri osa kansasta ja media tuntuvat suhtautuvan presidentti Donald Trumpin lupausten pitämättömyyteen hyvin suurpiirteisesti. On useita tapoja laskea, kuinka monta kertaa Trump rikkoi lupauksensa ensimmäisellä kaudella presidenttinä ollessaan. Poynter-instituutin listan mukaan Trump on pitänyt 24 vaalilupaustaan, kompromissin hän teki 23 lupauksen kohdalla ja 55 lupausta on rikottu. Eräs toinen sivusto on listannut 40 pahinta rikottua lupausta[2] ja eräs sivusto (trumpsbrokenpromises.org) keskittyy pelkästään Trumpin rikottuihin lupauksiin.

On kahdesta syystä tärkeää, että ihmiset pitävät lupauksensa. Ensinnäkin ihmiset, joille jokin asia luvataan, olettavat, että se tulee tehdyksi. Jos asiaa ei tehdä, niin noille ihmisille saattaa tulla siitä harmia. Toisin sanoen tärkeintä on lopputulos: hoituuko asia vai ei. Toiseksi lupausten pitäminen on sosiaalinen normi. Halutaan, että ihmiset noudattavat

1. Nämä tiedot on poimittu Wikipedian sivulta https://en.wikipedia.org/wiki/Read_my_lips:_no_new_taxes
2. https://prospect.org/politics/trumps-40-biggest-broken-promises/

lupauksiaan, vaikka varsinaisella lopputuloksella ei olisikaan väliä. Sillä on väliä, että ihmisiin voidaan luottaa. Kyse on ennustettavuudesta. Luottamus lupausten pitämiseen helpottaa yhteiskunnassa monien asioiden organisoimista. Sen takia onkin tärkeää, että kaikki noudattavat tätä sosiaalista normia eli pitävät sen mitä lupaavat.

Lupauksiin liittyvät sosiaaliset normit voivat aiheuttaa päänvaivaa politiikoille. Ehkä tästä syystä vaalilupaukset ovat usein melko epämääräisiä: "Teen parhaani" tai "Olen jonkin asian puolella". On hyvä luvata tarpeeksi, että ihmisiä kiinnostaa, mutta ei liikaa, jotta ei aiheudu pettymyksiä. Filosofi Timothy Williamsson[3] on ollut kovin kiinnostunut epämääräisyyden käsitteestä ja siitä liukumasta, missä kohtaa esimerkiksi lämmin muuttuu kuumaksi. Missä menee raja? Punainen on hyvä esimerkki. Milloin se on punainen ja milloin se muuttuu oranssiksi tai liilaksi? Samalla tavalla epämääräisiä ovat siis myös oman parhaansa tekeminen tai jonkin asian puolella oleminen.

Teet sitten epämääräisen tai tarkan vaalilupauksen, sen pitää olla uskottava. Markkinoijat ovat huomanneet, että jos tarjous on liian hyvä ollakseen totta, ihmiset eivät usko siihen. Mark Joyner kertoo[4] epäuskottavien tarjousten voimasta kuvaavan esimerkin. Eräs markkinointimies laittoi sanomalehteen ilmoituksen, missä sanottiin: "Tarjoan sinulle tuhat dollaria jokaista dollaria kohden, jonka annat minulle". Eikö kuulostakin huijaukselta? Markkinointimies, joka laittoi tällaisen tarjouksen lehteen, ei saanut yhtäkään vastausta, ja juuri se oli hänen pointtinsa. Tarjous ei kuulostanut riittävän uskottavalta.

Tosin epäuskottavilla vaalilupauksilla on kyllä paljon viihdearvoa. Googlailin näitä ja löysin muutamia aika hauskoja.

---

3. Williamsson, 2007.
4. Mark Joynerin kirjan "The irresistible offer- How to Sell Your Product or Service in 3 Seconds or Less" mukaan tämän tällaisen tarjouksen laittoi lehteen amerikkalainen markkinointimies Mike Enlow.

Esimerkiksi yhdysvaltalainen poliitikko, Vermin Supreme, lupasi ponin kaikille äänestäjille. Tämä outo lupaus oli keskeinen teema hänen vaalikampanjassaan. Ilmeisesti lupaus oli satiiria ja sen tarkoitus oli kiinnittää huomiota poliitikkojen usein liioiteltuihin ja tyhjiin vaalilupauksiin. Joskus vaalilupaus on niin vaatimaton, että se on sen takia melko huvittava. Vuonna 1980 moni äänestäjä epäili, että tuolloin 69-vuotias Ronald Reagan olisi liian vanha presidentiksi. Reagan vastasi näihin huoliin huumorilla ja hän lupasi pysyä hereillä, eli valppaana ja tietoisena, koko presidenttikautensa ajan. Tämä osoittautuikin tehokkaaksi strategiaksi ja Reagan voitti vaalit.

Olisipa kiva, jos meillä Suomessakin olisi Alan Caruban tapainen poliitikko. Yhdysvaltalainen Alan Caruba (1937-2015) lupasi nimittäin lopettaa tylsyyden. Hän ehdotti, että työpaikoille tulisi pakolliset tanssitauot piristämään työpäivää. Lisäksi hän lupasi, että jatkossa valtion rahoittamat huvipuistot joka kaupungissa tekisivät yhdysvaltalaisten arjesta jännittävämpää. Caruban kampanja korosti elämänilon lisäämistä, ja hänen erikoinen lähestymistapansa keräsi kannattajia, jotka olivat kyllästyneet tavalliseen poliittiseen retoriikkaan. Vielä Carubaa laajemmin ihmisten arkea aikoi mullistaa intialainen poliitikko, Sheik Dawood, joka lupasi äänestäjille 10 litraa brandya "lääkinnälliseen käyttöön" joka kuukausi, jos hänet valitaan kansanedustajaksi.[5] Toteutuessaan tällainen lupaus voisi aiheuttaa aikamoista säpinää yhteiskunnassa.

Kaikista vaalilupauksiin liittyvistä haasteista huolimatta

5. Supremen, Reaganin ja Caruban lupauksista kerrotaan täällä:
   https://listverse.com/2023/10/29/10-strangest-political-campaign-promi ses-made-by-candidates/
   AM Sheik Davoodista kerrotaan täällä;
   https://economictimes.indiatimes.com/news/international/world-news/bizarre-and-weird-poll-promises-made-by-candidates-across-the-world/weird-poll-promises/slideshow/68761887.cms

toivon, että ehdokkaat tekevät vaalilupauksia. Lupaus viestii optimismista sen suhteen, että asioita voidaan muuttaa ja parantaa. Olen tässä samoilla linjoilla filosofi Susan Neimanin kanssa. Hänen mielestään[6] pessimismi on henkistä laiskuutta. Optimismi voi vaikuttaa naiivilta ja päällisin puolin pessimismi vaikuttaa urhealta tosiasioiden tunnustamiselta, vähän macholtakin. Mutta todellisuudessa pessimismi on pelkuruutta. Jos ajattelee, että asiat voivat mennä vain huonompaan suuntaan eikä mitään ole tehtävissä, niin itse asiassa samalla toteaa, ettei tarvitse tehdä mitään. Pessimisti vapauttaa itsensä vastuusta toimia. Jos taas ajattelee, että asiat voivat muuttua parempaan ja jotain on vielä tehtävissä, on saman tien vastuussa siitä, että tekee jotain asian eteen.

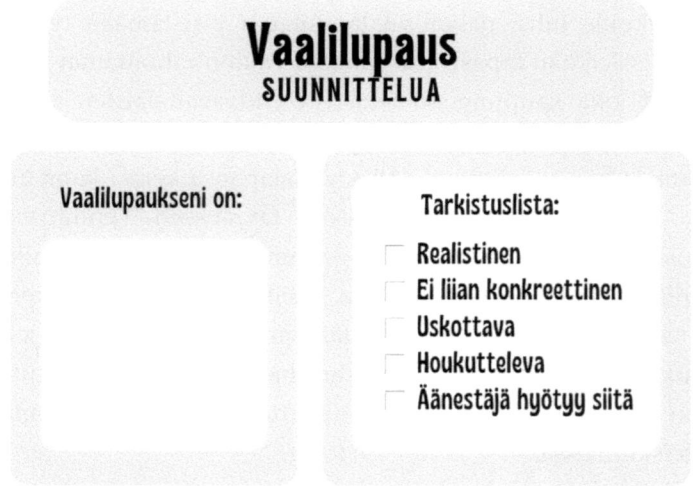

Muiden myyntiargumenttien rakentaminen

Vaalilupaus on jo sinänsä vahva myyntiargumentti, mutta ehdokas tarvitsee myös muita argumentteja. Myyntiargumen-

6. Neiman, 2010.

on sekä strategisia että mainonnallisia tehtäviä. Strategisiin kuuluu se, että myyntiargumenttien avulla brändätään, positioidaan ja erotellaan ehdokkaita. Mainonnallisiin tavoitteisiin kuuluu ehdokkaan ja hänen vahvuuksiensa esittely, kiinnostuksen herättäminen ja pyrkimys saada ihmiset tykkäämään ehdokkaasta.

Ihan aluksi on hyvä pohtia, mitä me "myymme", kun haluamme äänestäjien äänestävän sinua. No, oikeastaan me myymme ajatusta siitä, että sinä olisit oikea henkilö edustamaan äänestäjien arvoja ja tavoitteita, sekä ratkaisemaan tiettyjä yhteiskunnallisia ongelmia. Tätä ajatusta on helpompi myydä, kun tuomme esiin vahvuutesi. Olemme niitä kartoittaneet jo luvusta yksi alkaen, joten se alkaa meillä olemaan hallussa. Olemme myös miettineet mikä erottaa sinut muista ehdokkaista ja miten haluaisimme äänestäjien tekevän vertailuja. "Myynti" sinänsä on siis aika selkeää!

Entä mitä äänestäjä "ostaa", kun hän äänestää? Voidaan sanoa, että hän ostaa vaikuttamista, osallistumista, pyrkimystä parantaa omaa tai muiden asemaa, vallankäyttöä tai sosiaalista statusta. Kun äänestäjä äänestää, hän samalla myös rakentaa ja vaalii omaa identiteettiään ja liittyy tietyn puolueen ja tietyn ehdokkaan äänestäjäkuntaan. Hän ostaa myös mielenrauhaa ja erityisesti tunnetta siitä, että hän on tehnyt oman osuutensa.

Vahva myyntiargumentti huomioi nämä näkökulmat kertomalla mitä ehdokas aikoo tehdä, miksi se on tärkeää ja miten se vaikuttaa äänestäjiin. Hyvällä ehdokkaalla on useiden käyttökelpoisten myyntiargumenttien työkalupakki. Sieltä voi poimia kulloiseenkin tilanteeseen sopivimmat. Markkinoinnissa käytetään kuitenkin vain yhtä tai kahta argumenttia, mutta niitä muita saatat tarvita keskustellessasi äänestäjien tai median kanssa. Myös vaaliväittelyssä on hyvä olla useita vara-argumentteja taskussa.

Kun liiketaloutta käsittelevissä kirjoissa puhutaan myyntiargumenteista, yleensä jossain vaiheessa puhe kääntyy

siihen, miten luodaan **ainutlaatuinen myyntiargumentti.**
Englanniksi puhutaan tästä termillä USP eli Unique selling
proposition. Tämä on vähän sukua sinisen meren strategialle,
josta puhuimme edellä. USP:n löytäminen olisi ideaalitilanne,
mutta aina siihen ei päästä. Olen pitänyt useita myyntiargu-
menttikoulutuksia eri yrityksille ja huomannut, että myyn-
tiargumenttien   kehitteleminen   on   ammattimyyjillekin
hankalaa.

Onneksi on olemassa muutamia ajattelua helpottavia
sapluunoita, joiden avulla myyntiargumentteja pukkaa kohta
kuin sieniä sateella. Poimin tähän mielestäni parhaimmat
sapluunat ja sovitin ne vaalien kontekstiin:

MYYNTIARGUMENTTIEN LUOMISEN TYÖKALUJA

1 SELLAISEN ÄÄNESTÄJÄN KANNATTAA ÄÄNESTÄÄ MINUA, JOKA
HALUAA_____ (MITÄ), SILLÄ _____ (MIKSI).

2 JOS ÄÄNESTÄT MINUA, NIIN_____ (MIKÄ)
MUUTTUU _____(MITEN).

3 SINUN KANNATTAA ÄÄNESTÄÄ MINUA, KOSKA MINÄ
_____ (TEET MITÄ).

4 LUPAAN_____ (TEHDÄ MITÄ), JOTTA VOIMME
_____ (MITÄ HYÖTYÄ SIITÄ ON).

5 VAIN MINÄ _____ (TEEN MITÄ) _____
(KENELLE) , KOSKA _____ (MIKSI).

6 MINUN POLITIIKKANI AUTTAA SINUA _____ (MISSÄ
ASIASSA), JOTTA SINÄ VOIT _____(TEHDÄ MITÄ).

Viime   aikoina   pitkäaikainen   presidenttimme   Urho
Kekkonen on herätetty digitaalisesti henkiin monilla viih-
dyttävillä   deep   fake   -videoilla.   Jos   tuo   digitaalinen

Kekkonen kävisi presidentinvaalikampanjaa nykyaikana, hän voisi argumentoida yllä olevien sapluunoiden avulla seuraavasti:

1. Sellaisen äänestäjän kannattaa äänestää minua, joka haluaa kokeneen Venäjän tuntijan johtavan maata, sillä minä olen sellainen.
2. Jos äänestät minua, niin venäjäsuhteemme muuttuu paremmaksi.
3. Sinun kannattaa äänestää minua, koska minä pidän aina Suomen puolta.
4. Lupaan tehdä kaikkeni, jotta voimme saada rauhan Eurooppaan.
5. Vain minä pystyn tuomaan rauhan Eurooppaan, koska minä tunnen Venäjän niksit.
6. Minun politiikkani auttaa sinua elämään turvassa, jotta sinä voit olla onnellinen.

Myönnän, että nämä ovat vähän kökköjä, mutta sanamuotoja muokkaamalla niistä saataisiin ihan kelvollisia.

Kun muodostat argumentteja, niin muista korostaa vaaliteemasi ja ydinviestisi lisäksi myös pätevyyttäsi. Alustavia argumentteja voi olla vaikka kuinka paljon. On hyvä rakentaa näitä valmiiksi, jotta ne tulevat mieleesi tarvittaessa. Suosittelen, että käytät hetken aikaa ja tehtailet kasan argumentteja. Sitten kun ne on luotu, voimme ryhtyä muotoilemaan niitä. Tässä vaiheessa ei pidä olla kriittinen, kirjoitat vaan kaikki niin kuin ne mieleesi tulevat.

Myyntiargumenttien sisältö

Monet äänestäjät kokevat vahvaa tarvetta perustella äänestyspäätöksensä. Joskus päätöksiä joutuu perustelemaan itsensä lisäksi myös perheelleen tai lähipiirilleen. Puoliso saattaa tivata: *"Miksi ihmeessä äänestät sitä, sehän on ihan höntti".*

Tällöin olisi hyvä pystyä kertomaan edes yksi järkevältä kuulostava syy valinnalleen.

Tarjoa perustelut äänestämiselle

Päätösten perustelemisen psykologiassa on kaksi kiinnostavaa löydöstä. Ensiksikin perustelemisen tarve muuttaa päätöstä.[7] Valitsemme eri vaihtoehtoja silloin, kun meidän ei tarvitse perustella päätöksiä kenellekään, kuin silloin jos tarvitsee. Ilmiö näkyy yksinkertaisimmillaan tilanteessa, jossa valitsemme kahvilassa syötävää. Yksin ollessamme saatamme valita paljon kaloreita sisältävän herkullisen leivoksen. Terveysintoilevan työkaverin seurassa valitsemme vihersmoothien. Yksin ollessaan ei päätöstä tarvitse selittää, mutta työkaverille saatamme kokea vahvaa tarvetta selittää leivosvalintaamme. Sama ilmiö pätee myös äänestettäessä, jos päätöstä ei tarvitse perustella (edes itselleen), voi ihan rauhassa valita näteimmän/komeimman ehdokkaan, jolla on söpö kissa. Jos päätöstä tarvitsee perustella, valinta voi muuttua tai ainakin valinnalle tarvitaan lisäksi joku rationaalinen syy.

Tästä päästäänkin toiseen kiinnostavaan perustelemisen psykologian havaintoon, nimittäin siihen, ettei syyn tarvitse olla mitenkään kovin hyvä, kunhan se on olemassa. Ihmiset ajattelevat, että kaikkiin hyväksyttäviin tekoihin pitää olla jokin syy. Kaikki johtuu jostakin. Tästä seuraa se, että ihmiset hyväksyvät paremman puutteessa huonotkin syyt selityksiksi. Syy kuitenkin tarvitaan aina. Esimerkiksi, jos joku pyytää päästä kassajonossa edelle, harva päästää. Mutta, jos ihminen perustelee pyyntöään kertomalla, että hänellä on kiire, lähes kaikki päästävät. Kiire itsessään on kuitenkin melko heppoinen syy. Syyn mielekkyydellä ei siis välttämättä ole paljoakaan merkitystä. Jos esimerkiksi ilmoitetaan lento-

---

7. Ashton 1990, 1992; Simonson 1989.

olevan myöhässä kolme tuntia, ihmiset ärtyvät. Kuitenkin, jos kerrotaan, että lento on myöhässä kolme tuntia liikenteestä johtuvista syistä, ihmiset rauhoittuvat. Vaikka "liikenteestä johtuvat syyt" ovat aika lailla hämäriä.[8] Myyntiargumentit ovat juuri niitä välineitä, joiden avulla tarjoamme äänestäjille perustelut eli syyn äänestää juuri sinua. Kuten edellä todettiin, näiden perusteluiden ei välttämättä tarvitse olla niitä syvällisimpiä tai oikeita syitä, mutta niiden pitää kuulostaa riittävän hyvältä.[9] Mieti millaisia järkeviä syitä ihmisillä on äänestää juuri sinua. Myyntiargumentteja muotoillessa on hyvä pohtia sitä tarjoavatko ne hyvän syyn tai ainakin hyvältä kuulostavan syyn äänestää juuri sinua.

Mainonnan jästipäisyysteoria

Yleisesti ottaen ihmiset pitävät mainonnassa siitä, että heille kerrotaan eri vaihtoehdoista ja niiden ominaisuuksista. Ärsyttäväksi mainonta muuttuu, kun ihmiset huomaavat, että heitä yritetään manipuloida. Vaikka kaikki ymmärtävät, että vaalimainonnan tarkoituksena on vaikuttaa äänestäjiin ja saada heidät äänestämään tiettyä ehdokasta, niin liian aggressiiviseksi koettu mainonta kääntyy itseään vastaan.

Kun ihmiset huomaavat, että heihin yritetään vaikuttaa jollain voimakkaalla tavalla, heidän puolustusmekanisminsa aktivoituvat. Liian tyrkyttävä mainonta aiheuttaa vastareaktion. Esimerkiksi "osta nyt" - kehotus voi laukaista jästipäisen "enkä osta"- reaktion. Ihmiset ärsyyntyvät siitä, että joku yrittää kaventaa heidän valinnanvapauttaan. Me emme kerta kaikkiaan pidä siitä, että meitä määräillään - haluamme itse valita. Vastareaktio johtuu siis halusta ylläpitää omaa valin-

8. Nämä esimerkit on poimittu Rolf Dobellin kirjasta "Viisaan toiminnan tieto".
9. Huomasin tämän analysoidessani dataa väitöskirjaani varten: Mitä tärkeämpi päätös, sitä tärkeämpää ihmisille on löytää sille hyvät perustelut.

ja vastustaa päätösten pakkosyöttöä. Kun ihminen loukkaantuneena puolustaa omaa vapauttaan valita, ei hän ole millään tavalla vastaanottavainen mainostajan sanomalle.

On siis tärkeää kunnioittaa äänestäjien valinnanvapautta ja olla tyrkyttämättä itseään liian aggressiivisesti. Toisin sanoen jossain menee raja, jolloin markkinoinnin vaikutus keikahtaa negatiiviseksi. Vaaliehdokkaan olisi hyvä huomioida mainonnan jästipäisyysteoria erityisesti myyntiargumentteja muotoillessaan. Vältä painostamasta liikaa. Älä rajoita äänestäjien valinnanvapautta tai pyri manipuloimaan heitä. Yksinkertaistaen (todella paljon): koskaan ei kannata sanoa äänestäjille, että heidän on pakko äänestää sinua.

Epäolennaisten argumenttien vaarat

Jästipäisyysreaktion lisäksi myös epäolennaiset myyntiargumentit voivat johtaa siihen, että äänestäjä alkaa suhtautua ehdokkaaseen negatiivisesti. Usein ajatellaan, että mitä enemmän myyntiargumentteja keksitään, sitä paremmin myynti käy. Asia ei ole ihan niin. Nimittäin osa myyntiargumenteista voi kääntyä itseään vastaan, jos ihmiset kokevat ne liian epäolennaisiksi. Vaikka epäolennaisten argumenttien luulisi olevan, no, epäolennaisia, niin tutkimuksen mukaan näin ei ole. Epäolennaisten argumenttien vaikutus on selkeästi negatiivinen.

Israelilainen ekonomisti Itamar Simonson[10] on nimittäin tutkimusryhmänsä kanssa osoittanut selvästi, että lisäämällä epäolennaisia myyntiargumentteja, pienennetään myyntiä. Esimerkiksi lisäämällä kakkutaikinan kaupanpäälliseksi alennuskupongin keräilylautaseen, myynti pieneni. Samoin kävi, jos ostamalla filmin sai golf-sateenvarjon edullisempaan hintaan. Nuo kaupanpäälliset eli myyntiargumentit eivät puhutelleet kuluttajia.

---

10. Simonson,1989.

Mieti, miten itse reagoisit, jos ystäväsi suosittelisi sinulle kahvilaa sillä perusteella, että se on Kosher-ruokavalioon sopiva. Jos et noudata kyseistä ruokavaliota, saattaisit jättää kahvion väliin tämän suosituksen takia. Omasta kulutuskäyttäytymisestäni löytyy vaikka millä mitalla esimerkkejä siitä, miten epäolennaiset myyntiargumentit ovat estäneet minua ostamasta tuotetta. Esimerkiksi aikakauslehtiä markkinoidaan usein lähinnä kylkiäisten avulla. Ne eivät aina kolahda. En halua mitään tätimäistä käsilaukkua tai jotain beigeä shaalia. Enkä siis voi ostaa lehteäkään, koska ostaisin sen vääristä syistä.

Siihen, miksi epäolennaiset myyntiargumentit toimivat myynnin esteenä on hyvä psykologinen selitys: Jos tuotteen ostamiseen on tarjolla ainoastaan epäolennaisia (eli huonoja) argumentteja, ihmiset päättelevät tämän johtuvan siitä, että olennaisia (ja hyviä) argumentteja ei ole. Tästä voi edelleenkin päätellä, että tuote on kehnonpuoleinen. Eli argumenttien epäolennaisuutta pidetään signaalina tuotteen huonoudesta. Tässä tulee väkisinkin mieleen eräs kokoomuslainen ehdokas, joka markkinoi itseään kauniiden ja pitkien sääriensä avulla. En enää muista sanamuotoa enkä ehdokkaan nimeä. Mutta vaikka kauniit sääret ovat toki ihana juttu, veikkaan silti sloganin karkottaneen monta potentiaalista äänestäjää.

Myyntiargumenttien sanamuotojen viilailua

Nyt kun sinulla on alustavat argumentit, voimme alkaa muotoilemaan niitä selkeiksi ja vaikuttaviksi. Käy ne ensin läpi siitä näkökulmasta ovatko ne liian tyrkyttäviä tai manipuloivia. Jos ovat, niin muokkaa. Pohdi sitten kenelle ne ovat relevantteja ja kenelle epärelevantteja. Ovatko ne relevantteja kohderyhmällesi?

On olemassa tiettyjä retoriikan keinoja, mitä käyttämällä muokataan argumenteista tehokkaampia. Esimerkiksi maagiset mainonnan sanat, kuten "nyt", "sinä" ja "miten", ovat yksi hyvä keino tehostaa viestiäsi.[11] Jos ehdokas sanoo: "*Nyt on aika muuttaa Sastamala suureksi!*", kuulostaa siltä, että hän on jo käärimässä hihoja ja alkamassa hommiin. Jos joku sanoo: "*Haluatko tietää, miten voimme ratkaista ongelman x?*", niin hän viestii, että tämän ongelman ratkaisu on ihan vain tekemistä vailla. "Sinä" on tietenkin kaikkein kiinnostavin ja personoivin sana, sehän osoittaa, että viestillä tarkoitetaan juuri sinua eikä ketä tahansa.

Argumenteissa voi myös käyttää erilaisia superlatiiveja tai niitä tarkoittavia tehostesanoja kuten: aina, mikään ja ainoa. Esimerkiksi: "*Mikään ei ole tärkeämpää...*" tai "*Puolueemme on ainoa joka...*" Nämä lauseet herättävät uteliaisuutta ja kiinnostaisi tietää miten ne jatkuvat. Uteliaisuutta voi myös herättää puhumalla salaisuuksista. "Salaisuus" on aina jotain jännittävää, se on kuin kutsu sisäpiiriin. Harmillisesti mediassa nämä salaisuudet ovat usein vain jotain "*Pekka paljastaa salaisen päärynäpiirakka reseptinsä*"-tyyppisiä. Olisi paljon jännempää lukea ihan oikeista salaisuuksista.

"Uusi" on aina kiinnostavaa. Mitä uutta nyt on tarjolla? Onko siitä minulle hyötyä? Vähän samaa viestittää sanat: "Ensimmäinen " tai "Vihdoinkin". Nämä kaikki kertovat äänestäjälle, että ehdokkaalla on nyt jokin uusi ajatus tai perspektiivi. "*Vihdoinkin pääsen kertomaan teille, että...*"

On myös ongelmallisia sanoja, minkä kanssa pitää olla varovainen. Voit kyllä käyttää niitä, mutta tarkkaan harkiten. Esimerkiksi "reilu" on ongelmallinen sana, koska se merkitsee eri asioita eri ihmisille. Jonkun mielestä sakot on reilu rangaistus roskaamisesta, kun taas joku toinen saattaa mennä hieman pidemmälle ja toivoa vähintään vankeusrangaistusta. Lisäksi kampanjointi sanalla "reilu" saa sinut kuulostamaan

---

11. Suomeksi ei taida olla tästä aiheesta kirjaa, mutta näitä kahta englanninkielistä voin suositella: Edward Werdin ja Sally Germainin kirja "Phrases that sell" ja Richard Bayanin kirja "Words that sell".

siltä, että valitat äidillesi aikaisesta nukkumaanmenoajasta: *"Se ei ole reilua."*

Osa ehdokkaista kosiskelee äänestäjiä ajatuksella siitä, että tehdään yhdessä asioita. Esimerkiksi eräissä vaaleissa Arto Luukkanen (PS) toivoi, että *"Oikaistaan syöksykierre yhdessä"*, lääkäri Mia Laiho (KOK) halusi, että *"Parannetaan yhdessä"*, ja Päivi Meros (VIHR) totesi, että *"Yhdessä voimme vaikuttaa"*. Minua häiritsevät nämä lupailut yhdessä tekemisestä. Mitenköhän ehdokkaat olivat ajatellet organisoida sen? Kun poliitikko sanoo äänestäjälle *"Yhdessä voimme ratkaista tämän ongelman"*, niin keitä hän tarkkaan ottaen tarkoittaa sanalla *"me"*? Tarkoittaako hän itseään ja henkilökuntaansa, itseään ja puoluettaan vai kaikkia ihmisiä? Jos hän tarkoittaa henkilökuntaansa, me muut voimme huokaista helpotuksesta - he hoitavat. Jos hän taas tarkoittaa itsensä lisäksi sinua ja minua, niin meidänkin pitäisi jotain tehdä. Kieli ei erottele sitä sisältääkö *"me"*-sana sinut ja minut, vai minut ja minun ihmiseni.

Maagisten mainonnan sanojen lisäämisen ja ongelmallisten sanojen poistamisen jälkeen kannattaa vielä yksinkertaistaa viestiä. Pohdi, mistä asioista voi syntyä eniten epäselvyyksiä vastaanottajien mielessä. Kun olet tehnyt viestistä mahdollisimman yksinkertaisen, yksinkertaista sitä vielä lisää.

Olen käyttänyt myyntiargumenttikoulutuksissani hyväksi havaitsemaani prosessia timanttisten argumenttien löytämiseksi. Tässä se on kertauksen vuoksi sovitettuna vaaliehdokkaan tilanteeseen:

1. Tehtaile ensin runsaasti myyntiargumentteja ilman kriittistä tarkastelua.
2. Tarkista, tarjoavatko ne perustelut äänestämiselle.
3. Viilaa niitä jästipäisyysreaktion ja epärelevanttiuden näkökulmasta.
4. Viilaa niitä lisää retoriikan keinoin. Lisää maagisia sanoja. Poista ongelmallisia sanoja.

5. Yksinkertaista viestiä.
6. Testaa.

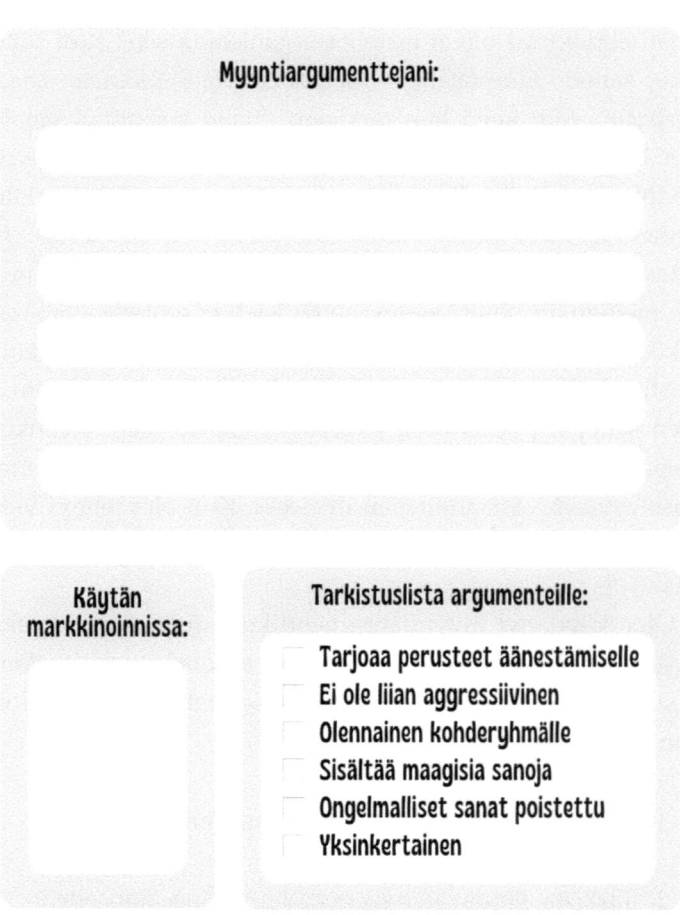

Myyntiargumenttien
SUUNNITTELUA

Myyntiargumenttejani:

Käytän
markkinoinnissa:

Tarkistuslista argumenteille:

Tarjoaa perusteet äänestämiselle
Ei ole liian aggressiivinen
Olennainen kohderyhmälle
Sisältää maagisia sanoja
Ongelmalliset sanat poistettu
Yksinkertainen

Testaa lopuksi myyntiargumenttejasi. Pyydä niistä palautetta ystäviltäsi ja perheeltäsi. Miten he reagoivat? Ymmärtävätkö he viestisi ydinajatuksen? Palaute auttaa hiomaan argumenttejasi ja tekemään niistä vieläkin tehokkaampia. Seuraavaksi valitsemme yhden myyntiargumentin kampanjan johtotähdeksi ja muokkaamme sen kivaksi vaalisloganiksi.

Tehokkaan vaalisloganin psykologia

Vaalisloganit voivat äkkisilmäyksellä tuntua ihan turhalta markkinointikikkailulta, joltain mitä mainostoimistogurut pohtivat lattekuppiensa äärellä. Ei pidä paikkaansa! Vaalislogan on yksi tärkeimmistä elementeistä vaalikampanjassa. Koska sloganien teho on enimmäkseen alitajuinen, emme aina huomaa niiden koko mahtia. Markkinoinnissa sloganeilla on sekä strategisia että mainonnallisia tehtäviä. Strategisiin tehtäviin kuuluu brändin rakentaminen, positiointi ja priming.[12] Mainonnallisia tehtäviä on kertoa ehdokkaan ominaisuuksista, saada ihmiset pitämään ehdokkaasta ja muistamaan hänet. Sloganilla voidaan kertoa millä asialla ehdokas on, millaiset ovat hänen arvonsa, millainen hän on ihmisenä ja miten hän erottuu muista ehdokkaista. Tärkeintä kuitenkin on, että kivat sloganit saavat äänestäjät pitämään ehdokkaista. Slogan voi joskus olla ainoa erotteleva tekijä joidenkin hyvin samantyyppisten ehdokkaiden välillä.

Lähes kaikilla ehdokkailla, jotka tosissaan haluavat tulla valituiksi, on vaalislogan. Hyvän sloganin avulla ehdokas erottuu muista ja jää mieleen. Ideaalisesti slogan kertoo jonkin vaalilupauksen tai tahtotilan. Harmillisesti todellisuudessa vaalisloganit ovat usein kohtalaisen latteita ja mitäänsanomattomia. Seuraavista sloganeista[13] on esimerkiksi melko mahdo-

---

12. Priming tarkoittaa toimintatapaa, missä johdatellaan ihminen huomaamaan tai oivaltamaan jotain antamalla hänelle sellaista ennakkotietoa mikä ohjaa hänen ajatteluaan haluttuun suuntaan.
13. Vuoden 2015 eduskuntavaalit:
    "Uudistuksia ihmisen ehdoilla", Marjut Frantsi-Lankila, keskusta

päätellä puoluetta, arvoja, tavoitteita tai oikein mitään: "Uudistuksia ihmisen ehdoilla", "Kokemusta, näkemystä, rohkeutta".

Vaalislogan ei voi olla mikään päälle liimattu feikki lause, sillä jos ihmisten mielestä se ei sovi ehdokkaan persoonaan, sen vaikutus on pelkästään negatiivinen. Kuluttajia tutkittaessa[14] on huomattu, että jos markkinointiviesti on yhteensopimaton tuotteen kanssa, kuluttajat eivät usko sitä ja alkavat kehittää omia vasta-argumenttejaan. Sloganin pitää siis olla uskottava. Tarkastelin Uudenmaan kansanedustajaehdokkaiden sloganeita vuoden 2015 eduskuntavaaleissa. Iiro Silvander (PS) halusi kertoa äänestäjilleen olevansa asiantuntija: "Äänestä eduskuntaryhmän asiantuntijaa". Myös Timo Juurikkalan (Vihreät) "Kun pätevyys ratkaisee" on samoilla linjoilla. Jos äänestäjät ovat näiden väitteiden kanssa samaa mieltä, ne voivat toimia ihan hyvin. Tosin nuo eivät vielä kerro mitään arvoista tai tavoitteista. Hieman lähemmäksi kansanedustajalta vaadittavia ominaisuuksia pääsee Petri Graeffe (KOK) kertomalla olevansa "Rohkea päätöksentekijä". Hyvä niin, sillä ei kai me mitään arkaa jahkailijaa haluttaisikaan päättämään asioistamme.

Osa sloganeista on mielestäni epäonnistuneita. Maarit Feldt-Ranta (SDP) kertoo olevansa "Ihminen ja poliitikko". En ymmärrä mitä muutakaan hän voisi olla, tai kukaan muukaan ehdokkaista sen puoleen. Ei varsinaisesti erottele. Myöskään Tiina Tuomelan (KD) julistus "Arjen asiantuntija eduskuntaan" ei oikein vakuuta. Luulen, että meillä kaikilla on elämässä arkea niin paljon, että voimme kertoa olevamme ihan asiantuntijoita sen suhteen. Vielä pahemmin ontuu Sanna Lauslahden (KOK) brändäys "Talouden arkienkeli". Huoh. Melko jännittävä brändäämistapa on Taito Miettisellä (PS), joka mainostaa itseään "Eukonkantaja vastuunkantajaksi

---

"Kokemusta, näkemystä, rohkeutta", Pirkko Ruohonen-Lerner, PS
14. Slater & Rouner 2002.

eduskuntaan". En ole ihan varma, korreloiko eukonkanto ja vastuunkanto keskenään. On se tietty huono homma, jos eukko putoaa, eli kyllä kai se sitten vastuullisuudesta viestittää.

On ensiarvoisen tärkeää, että ihmiset ymmärtävät sloganin. Jos slogania ei ymmärretä, ei sen avulla voi markkinoida yhtään mitään. Nyrkkisääntönä voidaan sanoa, että jos slogania joutuu selittämään, se on huono. Esimerkiksi mielestäni käsittämätön oli Antti Rinteen (SDP) slogan "Reilusti". Mitäköhän silläkin on tarkoitettu. Epäselväksi jää se, mitä tehdään reilusti. Äänestetään vai tehdään politiikkaa? Mahdollisesti tässä tarkoitettiin sitä, että Antti Rinne on reilu kaveri, mutta senkin olisi voinut sanoa selvemmin. Tai ehkäpä kyseessä olikin vaalilupaus. Tai vain yleinen toive siitä, että olisi joviaalimpaa, jos kaikki toimisivat reilusti. Mene ja tiedä.

Toinen esimerkki täysin käsittämättömästä sloganista on Tarja Edryn (KESK) "Opetusvoimaa eduskuntaan". Olen hämmentynyt. Haluaako rehtori Edry kouluttaa eduskuntaa vai haluaisiko hän muuttaa eduskunnan koulutuslaitokseksi, joka opettaa kansalaisia? Oikeasti hän ehkä tarkoitti, että eduskuntaan pitäisi saada enemmän opettajia. En silti ymmärrä miten opetusvoimiin kuuluminen olisi kansanedustajalle jokin sen erityisempi meriitti kuin mikään muukaan ammatti.

Sloganin pitää siis olla suhteellisen yksinkertainen, jotta ihmiset ymmärtävät sen. Jos ihmiset eivät ymmärrä mitä sloganit tarkoittavat, ne eivät toimi. Mutta slogan ei kuitenkaan saa olla liian simppeli, koska oivallusta vaativa nokkela slogan toimii tutkimusten[15] mukaan huomattavasti paremmin kuin liian yksinkertainen. Jos sloganissa on joku tahallaan luotu ristiriita tai arvoitus, niin ihmiset pitävät sloganista enemmän. Sloganissa pitäisi siis olla jokin koukku,

---

15. Lagerwerf, 2002 ja Dass ym., 2002.

pieni ristiriita, yllättävä asia tai jokin älyllinen elementti, mikä haastaa äänestäjää ajattelemaan ja oivaltamaan. Ehdokkaan pitäisi siis osata tasapainoilla ymmärrettävän ja älyllisesti haastavan välillä. Jos slogania ei tajua, se on turha tai jopa ärsyttävä ja karkottaa äänestäjiä. Kukaan ei halua tuntea itseään tyhmäksi.

Äänestäjille on huomattavasti kiinnostavampia ehdokkaat, jotka kertovat mitä hyötyä heidän äänestämisestään on, sen sijaan, että vaan kerrotaan, millainen ihminen ehdokas on (vaikka sekin on tyhjää parempi). En ole löytänyt kuin pari sloganissa olevaa vaalilupausta (tai sellaisiksi tulkittavia). Valitettavasti nämä eivät olleet kovinkaan onnistuneita. Veera Ruoho (PS) lupaa, että hän on "Varmasti asiallasi". Vaikka olenkin ilahtunut reippaasta lupauksesta, ei sisältö kuitenkaan vakuuta minua. Ruohon olisi ollut aivan mahdotonta pitää lupaustaan, koska ensinnäkään hänellä ei ole tietoa minun toiveistani ja toiseksi toiveeni ovat todennäköisesti ristiriidassa jonkun muun Ruohon potentiaalisen äänestäjän kanssa. Olisi varmaan ollut parempi muotoilla hieman toisin. Eeva Lahtinen (VIHR) lupailee, että "Äänelläsi parannetaan perheiden arkea". En pysty kuvittelemaan, että minkäänlainen poliitikko voisi vaikuttaa perheeni arkeen huonontavasti tai parantavasti. Kun vielä huomioi, miten vähän yksittäinen ehdokas pystyy vaikuttamaan mihinkään, lupaus tuntuu aikamoiselta. Olisihan se tosin aika mukavaa.

Vaalilupauksia paljon latteampaa on esitellä tavoitteita, mutta ei tämäkään ole huono asia. Esimerkiksi Jussi Niiniistön (PS) "Turvallisen Suomen puolesta" ja Paula Hyttisen (VAS) "Turvattu vanhuus ja toimeentulo" kuulostavat ihan hyviltä tavoitteilta. Kenelläkään ei varmaan voi olla mitään näitä vastaan. Tuskin kukaan voi olla myöskään erimieltä Jussi Kukkolan (SDP) sloganista "Työntekijän jaksaminen on kaikkien etu". Tosin lauseet, joista kaikki ovat samaa mieltä, eivät varsinaisesti erottele ehdokkaita. Osa tavoitteista tuntuu vaikeasti saavutettavilta. Esimerkiksi Jussi Saramon (VAS) tavoite "Rahat veroparatiiseista hyvinvointivaltiolle" ei sinänsä toiveajatteluna ole huono. Olisihan se kiva, jos rahaa sataisi tänne kotimaahan jostain, missä se vain lojuu. En silti käsitä, miten eduskunta tämän voisi saada aikaan. Sekin on huomattu, että svengaavat sloganit muistetaan paremmin kuin sloganit, joissa ei ole riimiä tai rytmiä. Svengillä en tarkoita tässä laulettuja musikaalisia sloganeita vaan kielellistä rytmiä. Rytmin sloganiin voi luoda monella tapaa. Voidaan esimerkiksi toistaa samoja alkukirjaimia, kuten Eurajoen kunta sloganillaan "Eurajoki – Energistä elämää" tai loppusointuja kuten Antti Kaikkosen (KESK) "Ajankohtainen Kaikkonen ". Kaikkosen slogan on muutenkin briljantti. Siinä on oivallus (viittaus tv-ohjelmaan)[16], loppusointu, sen ymmärtävät kaikki, siinä on rytmi ja se viestittää, että Kaikkonen on iskussa ja valmiina hommiin.

Alku- ja loppusoinnun lisäksi sloganiin saadaan rimmaavuutta ja rytmiä vastakohtaisuuksilla, toistolla ja yllättävillä rinnastuksilla. Melko harva ehdokas oli pyrkinyt riimittelemään, mutta muutamia poikkeuksiakin oli. SDP:n Jukka Mölsältä löysin eri ilmoituksista jopa kolme svengiä tavoittelevaa slogania: "Hyvä koulu, parempi mieli" (hyvä – parempi), "Huono sisäilma, huono juttu" (huono-sana toistuu), "Terveys maksaa, sairaus maksaa vielä enemmän". (Maksaa-sana toistuu ja terveys–sairaus -vastakkainasettelu). Vaikka Mölsän sloganit ovat vähän kömpelöitä, on niissä yritystä. Myös jo aiemmin mainitsemani "Eukonkantaja vastuunkantajaksi eduskuntaan" on svengaavasti laadittu (kantaminen-sana toistuu). Svengaavat sloganit muistetaan sitä paremmin, mitä enemmän niistä pidetään, ja niitä jopa pidetään uskottavampina kuin rytmittömiä sloganeita.[17] Ihmiset ajattelevat

---

16. Nuorimmille lukijoille tiedoksi, että "Ajankohtainen kakkonen" oli Ylen ajankohtaisohjelmien lippulaiva 1960-luvulta vuoteen 2015.
17. McGlone ja Tofighbakhsh ovat tutkineet miten hyvin ihmiset uskoivat kahdenlaisia keksittyjä sloganeita. Toisessa ryhmässä olivat sloganit, joissa oli rytmi tai loppusointu (esim. Woes mean foes) ja toisessa ryhmässä samaa

alitajuisesti, että koska slogan kuulostaa niin hyvältä, sen on pakko olla totta. Äänestäjille vaalisloganeista on se hyöty, että ne auttavat äänestäjiä erottelemaan ja muistamaan ehdokkaita. Nimet tai numerot eivät välttämättä painu aina mieleen, mutta osuvan sloganin luoma mielikuva kyllä jää muistiin. Sloganin muistaminen itsessään ei ole tarpeen, koska sloganin idea siirtyy osaksi mielikuvaa ehdokkaasta; jos ehdokkaan slogan on hauska, äänestäjät ajattelevat ehdokkaan olevan hauska.[18] On huomattu, että jos kuluttajat pitävät jonkun yrityksen sloganista, he pitävät myös yrityksestä. Toisin sanoen kivat vaalisloganit saavat äänestäjät pitämään ehdokkaista. Tämä vaikutus on alitajuinen. Äänestäjä ei välttämättä osaa eritellä, miksi hän on yhtäkkiä alkanut pitää jostain ehdokkaasta, eikä hän todellakaan huomaa muutoksen johtuneen kivasta svengaavasta sloganista. Tietoisella tasolla vaalisloganit toimivat, koska ne välittävät tietoa ja auttavat muistamaan sitä. Tiedostamattomalla tasolla ne toimivat, koska ne saattavat saada meidät pitämään ehdokkaasta.

---

tarkoittavat mutta soinnuttomat (esim. Woes unite enemies). Tutkimuksessa selvisi, että ihmiset uskovat loppusoinnullisten tai toistoa sisältävien lauseiden pitävän paremmin paikkansa kuin sellaisten, joissa ei ole loppusointua.
18. Boush osoitti tutkimuksissaan, että sloganien väitteet siirtyvät ihmisten mielissä osaksi brändien ominaisuuksia. Vakratsas & Ambler ovat todenneet yhteyden sloganista ja tuotteesta pitämisen välillä.

Vaalislogan
KEHITTELYÄ

Haluan, että sloganini viestittää tämän asian:

Tarkistuslista sloganille:

- ☐ Ymmärrettävä
- ☐ Nokkela
- ☐ Aito (Totta)
- ☐ Lupaus tai tavoite
- ☐ Svengaava

Versiota:

_____

_____

_____

Lopullinen vaalislogan:

Tehokkaan sloganin rakentaminen ei siis ole ihan helppoa. Sen pitäisi olla totta, sisältää vaalilupaus tai tavoite, sen pitää olla nokkela, mutta ymmärrettävä ja vielä lisäksi svengaava. Ei se mitään, kyllä me osataan.

Jos runosuoni ei syki, suosittelen käyttämään tekoälyä apuna vaalisloganin kehittelyssä. Mitä enemmän kerrot sille ajatuksistasi, sitä paremman sloganin saat.

11

VAALIKAMPANJAN KUVAT

K uvat ovat hyvin kiinnostava mainonnan väline, sillä ihmiset uskovat niiden kertomaan tarinaan lähes kritiikittä. Harva tulee ajatelleeksi valokuvien vaikutusten psykologiaa. Jos äänestäjä näkee kuvan väsyneennäköisestä ehdokkaasta istumassa yksinään vaaliteltan edessä, hän päättelee kuvan perusteella monia asioita: kampanja ei ole menestys, vaalitilaisuuteen ei tullut ketään, ehdokas alkaa kohta purkaa telttaansa yksin, huomenna hän kertoo luopuvansa ehdokkuudestaan jne. Todellisuudessa kuva on otettu varhain aamulla, kampanjatiimi häärää ympärillä ja ehdokas rentoutuu odotellessaan ensimmäisiä äänestäjiä. Vaalitilaisuuteen tulee paljon väkeä ja illalla ehdokas on innoissaan ja toiveikas. Kuva kertoo yhden tarinan, mutta se ei ole koko totuus. Kuva on aina rajattu ja siten sen kertoma tarina on asetettu johonkin kehykseen. Kuvaajalla on valta ohjata sitä, miten katsoja suhtautuu kuvaan ja siinä oleviin ihmisiin.

Kuvat kertovat tarinoita ja luovat mielikuvia

Mainoksissa ja somepostauksissa ehdokkaan kuvalla on monta eri roolia. Kuva kertoo tarinaa, kiinnittää huomiota, vaikuttaa ihmisten tunteisiin ja herättää uteliaisuutta. Ehdokas tarvitsee monenlaisia kuvia vaalikampanjaansa varten. Virallinen vaalikuva on vain jäävuoren huippu. Se on toki tärkein. Viralliseen kuvaan kannattaa todella panostaa, sillä vaalikuvat vaikuttavat äänestäjien valintoihin hämmästyttävän paljon. Virallisen vaalikuvan lisäksi mainoksiin ja someen tarvitaan paljon muitakin kuvia. Monet näistä tarvittavista kuvista ehdokas voi ottaa itse, mutta joissain on hyvä käyttää apuna kampanjatiimiä tai ammattikuvaajaa. Yleisluontoisia kuvia monista eri tilanteista kannattaa ottaa ennakkoon, jotta ne ovat käyttövalmiina hektisen kampanjoinnin käynnistyessä.

Kuvilla pystytään vaikuttamaan äänestäjien mielikuviin. Esimerkiksi katsojan mielikuvaa kuvassa olevasta ihmisestä voidaan säädellä monella tapaa. Jos kuva otetaan ylhäältäpäin lintuperspektiivistä, kuvan ihminen näyttää pienemmältä ja mitättömämmältä. Jos taas kuvataan alhaaltapäin sammakkoperspektiivistä, sama ihminen näyttää mahtavammalta. Mahtavuus on toki joissain tilanteissa hyvä juttu, mutta sen tavoittelussa voi myös mennä liian pitkälle ja tuolloin kuvan henkilö muuttuu mahtavasta uhkaavaksi. Erikoiset kuvakulmat kiinnittävät katsojan huomiota, mutta niitä kannattaa silti käyttää säästeliäästi, sillä ne myös vieraannuttavat katsojan.[1] Kuvassa oleva ihminen vaikuttaa oudolta, koska kuvakulmakin on niin kummallinen.

Jos haluamme, että kuvassa oleva ihminen tuntuu mukavalta ja ystävälliseltä, kannattaa kuvakulma pitää normaalina ja kuvata henkilöä siten, että hän katsoo kameraan. Katsekontakti viestii avoimuutta, rehellisyyttä ja luotettavuutta. Jos kuvan henkilö katsoo kamerasta poispäin, hän ei vaikuta kiinnostuneelta tai edes tietoiselta kuvan katsojasta. Näillekin kuville on kyllä kampanjassa käyttöä, kunhan niiden lisäksi on myös kuvia, joissa on suora katsekontakti. Nämä etäi-

---

1. Kraft, 1987.

kuvat näyttävät ehdokkaan tekemässä asioita, elämässä elämäänsä jne. Näiden kuvien avulla katsojalle kerrotaan asioita, mutta häntä ei kutsuta osallistumaan sen kummemmin. Sellaisia kuvia, joissa kuvan henkilöllä on pälyilevä tai välttelevä katse, ei kannata käyttää. Välttelevä katse yhdistetään yleisesti epäsosiaalisuuteen. Se antaa vaikutelman, että jotain on pielessä.

Sen lisäksi, että kuvat luovat mielikuvia ja kertovat tarinoita, ne myös rakentavat suhdetta kuvan katsojan ja kuvassa olevan henkilön välille. Jos kuvan henkilö katsoo suoraan kameraan, eli kuvan katsojaan, hän ikään kuin kutsuu katsojan osallistumaan kuvan tapahtumaan ja hetkeen. Tämä luo läheisempää suhdetta kuvassa olevan ehdokkaan ja kuvaa katsovan äänestäjän välille. Katsekontakti ei kuitenkaan ole ainoa keino, millä katsoja saadaan tuntemaan, että hän on mukana kuvan tilanteessa.

Tarkastellaan ilmiötä niin sanottujen Rückenfigur-kuvien avulla.[2] Näissä kuvissa henkilö kuvataan takaapäin, selkäpuolelta. Kuvia on kahdenlaisia. Ensimmäinen kuvatyyppi on sellainen, jossa henkilö katsoo jotain, mutta kuvan katsoja ei näe mitä. Katsoja pohtii, mitä kuvan henkilö oikein näkee. Koska hän ei saa sitä selville, hän jää etäiseksi tarkkailijaksi. Syntyy hieman erikoinen ja mystinen vaikutelma. Tämä kuvatyyppi muistuttaa tirkistelyä, koska katsoja todistaa yksityistä hetkeä, mutta ei ole siinä läsnä.[3]

Toinen Rückenfigur-kuvatyyppi on sellainen, jossa katsoja näkee henkilön takaapäin ja sen mitä hän katsoo. Näemme esimerkiksi saman maiseman kuin kuvan ihminen. Tässä kuvassa suhde on läheisempi, sillä katsoja ja kuvan henkilö näkevät samat asiat. Syntyy tunne yhteisestä kokemuksesta. Kuvan katsoja ei ole enää pelkästään tarkkailija, vaan hän on

---

2. Tämä erikoinen nimitys juontaa juurensa saksalaisesta taiteesta. Näissä kuvissa henkilö on kuvattu aina selkäpuolelta, usein katselemassa maisemaa tai jotain muuta kohdetta.
3. Hanhinen, 2023.

samassa maailmassa kuin kuvan henkilö. Vaikka kuvan henkilö on selin, yhteinen näkymä luo yhteyden kuvan katsojan ja kuvassa olevan henkilön välille.

Voimme toki säädellä katsojan ja kuvassa olevan henkilön suhdetta myös muulla tavalla kuin kuvaamalla ihmistä takaapäin. Valitsin tämän esimerkin, koska se mielestäni selventää hyvin erilaisia kuvaamistavan vaikutuksia. Vaaliehdokkaalla on tilanteita, joissa äänestäjä kannattaa kutsua mukaan kuvaan ja luoda siten erityisen läheinen ja lämmin tunnelma. On myös tilanteita, joissa on luontevaa asettaa katsoja tarkkailijan rooliin. Esimerkiksi silloin kun ehdokas on virallisissa tilaisuuksissa, osoittaa asiantuntemusta tai on suosion keskipisteenä.

Kuvaamistavan valinta on siis strateginen päätös, joka vaikuttaa siihen, miten ehdokas koetaan. Joskus ehdokas haluaa kertoa jostain tilanteesta selfien muodossa. Selfiet ovat visuaalisen viestinnän erikoistyyppi ja psykologisten mekanismiensa takia niin kiinnostavia, että ne ansaitsevat ihan oman lukunsa.

Selfien psykologia

Äkkiseltään voisi ajatella, että tavallisella kuvalla ja selfiellä ei ole kovinkaan merkittävää eroa. Mutta selfien psykologisten mekanismien takia erot ovat oikeasti todella suuria. Selfieiden avulla viestitään monia sellaisia asioita, mihin tavalliset valokuvat eivät pysty. Tämä selfien ainutlaatuinen kyky kommunikoida, johtuu sen sisältämistä piiloviesteistä. Tavallisessa kuvassa on kuvan ulkopuolella näkymättömissä oleva kuvaaja ja kuvassa näkyy vain kuvattava kohde. Kuvaajalla on valta päättää siitä, millainen kuvasta tulee. Hän rajaa kuvan ja päättää kuvaamistavan ja -hetken. Kuvaaja on subjekti ja kuvassa oleva henkilö on objekti.

Selfiessä asetelma muuttuu. Kuvassa on sekä kuvaaja että kuvan kohde. Selfien ottajalla on kaikki valta päättää siitä, millainen kuvasta tulee. Tämän takia selfie sisältää piiloviestinä kaikki kuvan ottamiseen ja jakamiseen liittyvät päätökset. Eli sen miksi kuva on otettu, miksi se on otettu juuri tuossa tilanteessa ja tuolla hetkellä, miksi se on rajattu tietyllä tavalla ja mitä siihen valituilla henkilöillä tai taustalla halutaan kertoa. Selfiet eivät siis todellakaan ole pelkästään kuvia itsestä, vaan niihin sisältyy olennaisesti se, että on itse ottanut kuvan tietystä tilanteesta ja tietystä syystä. Jos tavallinen kuva dokumentoi, niin selfie julistaa.

Selfien ideaan kuuluu kuvan jakaminen. Emme ole tässä kohtaa kiinnostuneita sellaisista yksityisistä selfieistä, mitkä on tarkoitettu vain itselle, koska emme niitä poliittisessa viestinnässä näe. Poliittiset selfiet ovat siksi aina kuvana tyyppiä: "Minä ottamassa itsestäni kuvaa sinulle tässä tilanteessa". Kuvan jakaminen tuo siihen aivan uuden ulottuvuuden. Sen lisäksi, että katsoja pohtii, miksi kuva on otettu juuri tuossa tilanteessa, hän pohtii myös, miksi henkilö on halunnut jakaa sen. Mitä hän haluaa sillä sanoa?

Totesimme edellä, että kuvaamistavalla voidaan säädellä sitä, minkä verran katsoja tuntee olevansa mukana kuvassa. Selfien ideaan on sen sijaan katsojalle käsikirjoitettu selkeä rooli: Hänet imaistaan mukaan kuvaan. Tarkastellaan esimerkin vuoksi kolmea mahdollista kuvaa europarlamentaarikko Li Anderssonista:[4]

1. Joku on ottanut kuvan Li Anderssonista, kun hän syö aamupalaa. Kuvassa Andersson on hyväntuulisen näköinen. Hän ei katso kameraan, sillä hän on keskittynyt lukemaan lehteä samaan aikaan kun hörppää kahvia. Katsojan ja

---

4. Tämä on kuvitteellinen tilanne. En ole nähnyt kyseisiä kuvia, enkä tiedä onko niitä edes olemassa. Mutta nämä ovat mahdollisia, koska Li Andersson jakaa Instagramissa jonkun verran selfieitä ja siksi valitsin hänet esimerkiksi.

Anderssonin suhde on etäinen, kuva on lähinnä vain toteava.

2. Joku on ottanut kuvan Li Anderssonista, kun hän syö aamupalaa. Kuvassa hyväntuulinen Andersson katsoo kameraan ja pitää kahvimukia kädessään. Hän hymyilee katsojalle ja taustalla näkyy päivänlehti avattuna pöydällä. Katsojan ja Anderssonin suhde on melko läheinen. Andersson ikään kuin kutsuu kuvalla katsojan osallistumaan aamupalahetkeensä.

3. Li Andersson on ottanut selfien aamupalalla. Kuvassa hän hymyilee ja näyttää hyväntuuliselta. Kädessään hänellä on kahvimuki ja taustalla olevalla pöydällä näkyy avattu lehti. Katsojan ja Anderssonin suhde on hyvin läheinen. Katsojasta tuntuu, että Andersson on ottanut kuvan itsestään aamupalalla juuri hänelle ja haluaa kertoa hänelle kuvan avulla jotakin. Kuvasta välittyy lämmin tunnelma ja katsoja huomaa pitävänsä Anderssonin inhimillisyydestä sekä siitä, että hän on ihan samanlainen kuin kaikki muutkin. Kaikki syövät aamupalaa. Lisäksi hän tykkää siitä, että Andersson on halunnut kertoa hänelle tämän.

Kun selfieitä tarkastelee tästä näkökulmasta, on helppo ymmärtää miksi ne ovat poliittisen viestinnän välineinä niin tehokkaita.

Monet poliitikot julkaisevat selfieitä sosiaalisessa mediassa. Esimerkiksi Emmanuel Macron on tunnettu siitä, että hän ottaa selfieitä julkisissa tapahtumissa yhdessä äänestäjiensä kanssa. Tämä luo kuvan poliitikosta, joka on aito ja haluaa keskustella kansalaisten kanssa ja olla osa heidän arkeaan.

Selfien avulla ehdokas voi myös osoittaa konkreettisesti kuuluvansa johonkin ryhmään. Ottamalla selfien siten, että on itse osana ryhmää, hän ei aseta itseään sen yläpuolelle, vaan osaksi sitä. Katsojakin otetaan mukaan. Kuvalla poliitikko sanoo: "Hei. Haluan kertoa sinulle, että kuulun tällaiseen porukkaan." Joku toinen voisi ottaa samasta tilaisuudesta kuvan, missä poliitikko on puhumassa ihmisille. Tällaisessa kuvassa olisi selkeä valta-asetelma. Poliitikko ei ole osa ryhmää, vaan sen yläpuolella ja siksi kuva ei puhuttele ihmisiä läheskään yhtä tehokkaasti kuin tilanteesta otettu selfie.

Sen lisäksi, että ehdokas ottaa selfieitä, hän voi myös houkutella äänestäjät ottamaan selfieitä yhdessä hänen kanssaan. Äänestäjien ottamat selfiet ovat ehdokkaalle tehokas markkinoinnin väline. Tätä ei kuitenkaan hyödynnetä kovinkaan tehokkaasti. Turistikohteet sen sijaan osaavat hyödyntää selfieitä hyvin. Kävin hiljattain maailman korkeimmassa rakennuksessa Burj Khalifassa Dubaissa. Siellä ulkoterassilla oli varattu oikein erityinen paikka selfiekuvien ottamiseen. Dubaissa kiinnitin myös huomiota japanilaiseen turistiryhmään, joka napsi selfieitä vesihuvipuistossa laskiessaan vesiliukumäkiä. Tätä ihmetellessäni ja kännyköitä sääliessäni huomasin kioskin, joka myi vesiliukumäkiselfieiden ottamista varten vesitiiviitä pusseja. Asiakkaiden ottamien selfieiden avulla voidaan markkinoida näitä paikkoja. Mitä useampi ihminen jakaa somessa kuvan itsestään jossain tietyssä paikassa, sitä useampi ihminen saa tietää paikan olemassaolosta, kiinnostuu siitä ja matkustaa sinne levittelemään rahojaan.

Samalla konseptilla ehdokas voisi markkinoida itseään vaalitilaisuuksissaan. Ottamalla selfieitä yhdessä äänestäjien kanssa hän markkinoi itseään. Mitä useampi ihminen jakaa somessa kuvan itsestään ehdokkaan kanssa, sitä useampi huomaa ehdokkaan ja kiinnostuu hänestä. Vaalitilaisuuksissa kannattaisikin kiinnittää huomiota selfieiden mahdollistamiseen, varata niille aikaa ja myös joku kiva selfienottamistausta. Jotta nämä selfiet leviäisivät mahdollisimman laajalle, kannattaa kannustaa äänestäjiä jakamaan niitä. Tässä auttaa, jos ehdokas lanseeraa jonkun kivan hashtagin, kuten #maikinkanssatorilla tai #hetkikunpäätinäänestääoskua.

Suunnitelma vaalikampanjan kuvista

Kuvat ovat keskeinen osa tehokasta vaalikampanjaa ja siksi niitä on hyvä suunnitella etukäteen. Mieti millaiset kuvat kertoisivat sinun arvoistasi ja tavoitteistasi. Mitkä tekisivät sloganistasi, vaalilupauksista tai ydinteemastasi todentuntuisen? Millaisilla kuvilla luot läheisyyttä ja millaisilla osoitat pätevyytesi? Mistä tilanteista voisit ottaa selfien? Suunnittelemalla kuvia etukäteen varmistut siitä, että sinulla on oikeanlaiset kuvat oikeisiin hetkiin ja viestit niiden avulla tehokkaasti.

Kuvat

VAALIKAMPANJASSA

Otan läheisyyttä viestiviä kuvia
seuraavista tilanteista:

Näistä tilanteista voisin
ottaa selfien:

Otan pätevyyttä osoittavia
kuvia seuraavista tilanteista:

Mahdollistan äänestäjien
selfiet kanssani näin:

Kuvia, mitkä sopivat sloganiini,
vaalilupaukseeni tai ydinteemaani:

Houkuttelen äänestäjät
ottamaan ja jakamaan
selfietä näin:

12

MEDIAPELIÄ

Monet toimittajat ovat kiinnostuneita ehdokkaista ja heidän mielipiteistään. On hienoa, jos toimittaja haluaa haastatella sinua, sillä mediajulkisuus auttaa kampanjaasi. Median kohtaamiseen on kuitenkin syytä valmistautua huolella. Et voi mennä sinne höpisemään mitä sattuu. Kannattaa etukäteen selvittää mikä on haastattelun aihe ja mihin mediaan haastattelu tulee. Ehkä olisi hyvä myös googlailla hieman toimittajaa, joka haastattelun tekee. On hyödyllistä tietää, millaisia juttuja hän yleensä kirjoittaa ja minkä tyyppisiä kysymyksiä hänellä on tapana esittää.

Haastattelun lisäksi saatat saada kutsun vaaliväittelyyn tai paneelikeskusteluun. Niissä pääset esittelemään näkemyksiäsi toimittajan lisäksi suoraan suurelle yleisölle. Myös vaaliväittelyihin on syytä valmistautua huolella. Voit käyttää valmistautumisessa apuna kampanjatiimiäsi tai keskustelevaa tekoälyä. Pohdi mahdollisia kysymyksiä ja harjoittele niihin vastaamista. Mitä tarkemmin kerrot tiimillesi tai tekoälylle omasta tilanteestasi ja huolistasi, sitä tarkemmat neuvot saat. Pohdi myös mitä erityisen pahoja kysymyksiä toimittaja tai vaalikeskustelussa olevat muut ehdokkaat saattaisivat tehdä.

Onnistuessasi vaaliväittelyssä selkeytät omia kantojasi ja

erotut positiivisesti muista ehdokkaista. Aina ehdokkaat eivät kuitenkaan vaaliväittelyssä onnistu. Yksi tunnetuimmista epäonnistumisista liittyy Ranskan presidentinvaalien vaaliväittelyyn vuonna 2017. Tuolloin Emmanuel Macron ja Marine Le Pen kohtasivat toisensa. Le Pen hyökkäsi vaaliväittelyssä aggressiivisesti Macronin kimppuun. Hän ei kuitenkaan ollut riittävän hyvin valmistautunut ja siksi hän esitti useita virheellisiä väitteitä. Eksyessään yksityiskohtiin, joita hän ei selkeästi lainkaan hallinnut, hän alkoi vaikuttamaan aika huonolta valinnalta maan johtajaksi. Jos ei keskustelussa hallitse aiheita, niin tuskin niitä presidenttinäkään hallitsee. Macron sen sijaan oli hyvin valmistautunut ja täysin tilanteen tasalla. Loppu onkin sitten historiaa.

Valmistautuminen haastatteluun tai väittelyyn

Median kohtaamisessa yksi suurimmista haasteista on saada oma viesti esiin toimittajan ohjaamassa keskustelussa. Joku voisi luulla, että poliitikko menee haastatteluun vastatakseen toimittajan kysymyksiin. Tai että vaaliväittelyyn mennään voittamaan vastaehdokkaat huikeilla väittelytaidon näytteillä. Väärin. Ei sinne päinkään. Tavoite haastattelussa ja vaaliväittelyssä on vakuuttaa äänestäjät. Sen takia on hyvin tärkeää kertoa oma viesti ja tärkeimmät vaaliteemat täysin riippumatta siitä millaisia kysymyksiä tai väitteitä siellä esitetään.

Tavoitteen asettaminen

Tässä saattaa haksahtaa kokenutkin poliitikko. Barack Obama kertoo[1] avustajansa antaneen hänelle palautetta haastattelun jälkeen: *"Sinun ongelmasi on se, että sinä vastaat kysymyksiin"*. Obama ihmetteli kommenttia, sillä hän oli kuvitellut, että se on koko jutun tarkoitus. Avustaja väitti

---

1. *Barack Obaman kirjassa "A promised land", luku 5.*

vastaan ja totesi, ettei se todellakaan ole haastattelun tavoite. Tavoite on saada poliitikon oma viesti esiin. Toimittajat usein pyrkivät saamaan poliitikot ansaan kysymyksillään ja siksi niihin pitää suhtautua epäilevästi. Kysymyksiin kannattaa vastata niin, että ensimmäinen lause vastaa kysymykseen ja sen jälkeen siirrytään omaan agendaan. Tämä antaa vaikutelman, että vastaa kysymykseen, vaikka oikeasti puhuu vain omasta vaaliteemastaan. Obama puuskahti tähän neuvoon: "That is bullshit". Mihin avustaja vastasi: "Exactly".

Myös kokenut brittiläinen poliittinen avustaja Matt Forde antaa kirjassaan *"Politically Homeless"* poliitikoille saman neuvon. Hän kehottaa vastaamaan siihen kysymykseen, mihin haluaa vastata, eikä siihen mitä kysytään. Hän toteaa, että median haastattelussa poliitikko saa usein aikaa vain muutamia minuutteja. Ne kannattaa käyttää tehokkaasti hyväkseen ja puhua aiheista, mitkä ovat kampanjan kannalta olennaisia. Jos vain vastaa kysymyksiin, on reaktiivinen, eikä tilanne ole omassa hallinnassa. Esimerkiksi, jos toimittaja esittää jonkun ikävän syytöksen ja poliitikko käyttää koko haastattelun vastatakseen siihen, ei hän ole edistänyt vaalikampanjaansa lainkaan. Vaikka on houkuttavaa alkaa puolustautumaan, niin siihen ei silti kannata paljoa media-aikaa tuhlata. Et sinä luonteesi heikkouksista halua puhua, vaan vaaliteemoistasi.

Toisin sanoen toimittajien kysymyksiin ja kilpailijoiden argumentteihin vastaaminen on vain osa onnistunutta vaaliväittelyä tai haastattelua. On todella tärkeää, että saat tuotua omat pointtisi esiin. Sen takia vaaliväittelyihin kannattaa aina laatia jokin strategia, minkä avulla onnistut tuomaan pääargumenttisi esiin riippumatta siitä, millaisia kysymyksiä tai vastaväitteitä esitetään. Sinun tavoitteesi väittelyssä ei ole voittaa kilpailijat, vaan vakuuttaa äänestäjät.

Lehtihaastatteluun voit ottaa omia muistiinpanojasi mukaan. Itselläni on yleensä aina muistilista kaikista niistä asioista, mitkä haluan ehdottomasti sanoa. Kun toimittaja on esittänyt kaikki kysymyksensä, totean, että: *"Minulla on vielä pari asiaa, mitkä haluan kertoa."* Yleensä toimittaja kuuntelee ne ihan kiltisti. Hän saattaa käyttää niitä jutussa, tai olla käyttämättä. Mutta ainakin olen yrittänyt.

Valitse sanasi huolella

Haastattelun aikana on tärkeää muotoilla vastaukset niin huolellisesti, ettei niitä voida irrottaa asiayhteydestään ja käyttää väärin. Vältä liian monimutkaisia tai monipolvisia lauserakenteita, koska ne saatetaan helposti tulkita väärin. Pidä siis lauseet lyhyinä ja selkeinä. Aina sekään ei auta, kuten seuraavasta esimerkistä käy ilmi:

Barack Obama kertoi pitämästään lehdistötilaisuudesta[2], minkä lopuksi eräs toimittaja kysyi tilaisuuden aiheeseen liittymättömän kysymyksen. Toimittaja halusi tietää, mitä mieltä Obama oli professori Henry Louis Gates Jr:n pidätyksestä. Gates oli hiljattain pidätetty, kun hän oli murtautunut omaan kotiinsa oven jumiuduttua. Naapuri luuli Gatesia murtovarkaaksi ja soitti poliisit. Paikalle saapunut valkoinen poliisi, James Crowley ja tummaihoinen Gates ajautuivat sanaharkkaan. Vaikka Gates näytti henkilöllisyystodistuksensa, mikä osoitti hänen asuvan kyseisessä talossa, hänet silti pidätettiin jupakan seurauksena.

Obama kommentoi tapausta toteamalla, että *"Poliisi toimi typerästi pidättäessään jonkun, joka oli jo todistanut olevansa omassa kodissaan."* Hän viittasi myös laajempaan ongelmaan, jossa poliisi pysäyttää afroamerikkalaisia suhteettoman helposti. Tämä lausunto synnytti valtavan mediahälyn, jossa Obamaa syytettiin poliisin haukkumisesta typeräksi. Itsekseen Obama ajatteli, että hän sanoi poliisin toimineen typerästi, eikä että poliisi oli typerä. Siinä on ero. Niin tai näin,

---

2. *Barack Obaman kirjassa "A promised land", luku 16.*

Obaman kannatus erityisesti valkoisten amerikkalaisten keskuudessa laski merkittävästi. Tilanteen rauhoittamiseksi Obama soitti Crowleylle ja pahoitteli sanavalintaansa. Hän kutsui sekä Crowleyn että Gatesin Valkoiseen taloon keskustelemaan ja juomaan oluet. Vaikka tilanne saatiin lopulta hallintaan, se osoittaa miten helposti sanomiset saattavat vääristyä mediassa.

Lehtihaastatteluissa on hyvä huomata, että toimittaja käyttää vain osan vastauksistasi. Itse valmistaudun haastatteluun yleensä niin, että pohdin etukäteen hyviä sitaatteja, mitä voin haastattelussa antaa. Yleensä annan myös toimittajalle selvän vihjeen sanomalla jotain tämän tyyppistä: "*Minulla on tähän hyvä vastaus ja voit siteerata minua. Olen sitä mieltä, että....*".

Suomessa yleensä aina saa tarkistaa omat sitaattinsa ennen lehtijutun julkaisemista. Et pysty vaikuttamaan jutun muuhun sisältöön tai siihen, millaisia tulkintoja toimittaja on tehnyt. Voit ainoastaan tarkistaa, että sinua siteerataan oikein. Jos mielestäsi toimittaja on tulkinnut sinut täysin väärin, niin totta kai se kannattaa hänelle kertoa. Se saattaa vaikuttaa juttuun tai sitten olla vaikuttamatta.

Vaikeat kysymykset

Joskus toimittajat ja toiset vaaliehdokkaat voivat kysyä hyvin vaikeita kysymyksiä. He saattavat olla todella ilkeitä. Näitä tilanteita varten on hyvä käydä läpi muutamia vinkkejä, mitkä helpottavat vaikeista tilanteista selviämistä. (Nämäkään vinkit eivät tosin auta, jos toimittaja tai vastaehdokas on lukenut tämän kirjan.)

Yksi tekniikka vaikeisiin kysymyksiin vastaamisessa on sellainen, että tunnustat kysymyksen merkityksen, mutta siirryt nopeasti puhumaan ihan toisesta aiheesta. Yleisesti ottaen on hyvä pyrkiä osoittamaan ymmärrystä vastaväittäjän tunteille ja sille miksi tämä aihe on hänen mielestään tärkeä.

Ei kannata lähteä mitätöimään toisten huolenaiheita, koska silloin vaikuttaa sydämettömältä. Toinen nerokas taktiikka epämiellyttävien kysymysten väistelyyn on sellainen, missä tahallasi ymmärrät kysymyksen väärin. Käytännössä tämä toimii niin, että esität toimittajan kysymyksen uudelleenmuotoiltuna. Eli tavallaan toistat kysymyksen, mutta käytät sen verran eri sanamuotoja, että muutat kysymyksen merkitystä. Vastaat sitten itse muotoilemaasi kysymykseen. Tämä voisi mennä vaikkapa näin. Toimittaja kysyy: "Luuletko, että yleisö luottaa sinuun talouden hoidossa?". Ehdokas vastaa: "Jos kysyt minulta virkamiesten taloudenhoidosta, niin olen kyllä huolissani..." Temppu tapahtuu niin nopeasti, että kukaan ei ehdi sitä tajuta.[3]

Joskus saatat kohdata ihan absurdeja väitteitä tai syytöksiä. Matt Forde neuvoo, ettei koskaan pidä toistaa kysymyksessä olevaa syytöstä vastatessaan siihen. Jos sinulta kysytään, oletko luonut sängynkastelijoiden kansakunnan, älä anna noiden sanojen tulla suustasi. Kuulostaa todella pahalta, jos aloitat vastauksesi sanomalla: "En ole luonut sängynkastelijakansakuntaa". Se kuulostaa siltä, kuin hyväksyisit kysymyksen premissejä. Autat vain vahvistamaan ideaa, että politiikkasi vuoksi ihmiset kastelevat sänkyjään.

On myös hyvä huomioida sekin ikävä median käytäntö, että kun haastattelu leikataan tulevaa käyttöä varten, haastattelijan kysymys jätetään pois. Vastauksesi alku kuulostaa itse valitsemaltasi kehykseltä, vihjaten, että ajattelet asiaa näillä termeillä. Tämän jälkeen narratiivin muuttaminen voi olla vaikeaa.[4]

Jos et jotain asiaa tiedä, niin älä lähde arvaamaan mitään. Jos teet yhdenkin pienen pilkkuvirheen niin päädyt lööppei-

---

3. Tämä taktiikka ja esimerkki on alunperin Matt Forden kirjasta "Politically homeless". Olen hieman muuntanut sitä.
4. Esimerkki on Matt Fordelta.

Ja sitten sitä joutuukin seuraavana päivänä olemaan kamalan "sori siitä". Ja jos päätyy presidentiksi, niin ihmiset eivät unohda sitä ikinä. Älä siis arvaile, jos et tiedä jotain asiaa ja sinun on pakko vastata kysymykseen, niin ole mahdollisimman epämääräinen.

Säilytä malttisi ja käyttäydy kunnolla

Vaaliväittelyissä et ainoastaan vastaile toimittajien kysymyksiin, vaan joudut myös reagoimaan muiden ehdokkaiden väitteisiin ja heidän virittämiinsä ansoihin. He saattavat esittää villejä kuvitelmia saadakseen sinut provosoitumaan. Näissä tilanteissa on tärkeää muistaa, että tavoitteesi on välittää oma viestisi, eikä (pelkästään) puolustautua muiden esittämän kritiikin edessä.

On inhimillistä, että vaaliväittelyssä tunteet nousevat pintaan. Toimittajat saattavat esittää sinulle inhottavia kysymyksiä tai kohtuuttomia väitteitä. On kuitenkin todella tärkeää, että et anna suuttumuksellesi valtaa. Jos saat raivokohtauksen, niin olet pian suosittujen meemien kohde. Eikä julkisesti raivokohtauksen saanutta poliitikkoa pystytä enää koskaan kunnioittamaan. Todennäköisesti toimittajat ja vastaehdokkaat pyrkivät silloin jatkossakin hyökkäämään sinun kimppuusi, jotta menettäisit malttisi. Mitäpä emme tekisi hyvän viihteen eteen.

Vaikka vastaehdokas olisi loukkaava ja keskustelu saisi hullunkurisia piirteitä, on silti tärkeää kohdella vastapuolta ystävällisesti ja kunnioittavasti. Ihmiset arvioivat sinua aina persoonana. Heitä kiinnostaa miten kohtelet muita ihmisiä. On arvioitu, että demokraattien presidenttiehdokas Al Goren matka presidentiksi katkesi vaaliväittelyssä, jossa hän kohtasi republikaanien George W. Bushin vuonna 2000. Vaikka Gore pärjäsi hyvin argumentoinnissa, hänen käyttäytymisensä kiinnitti huomiota. Gore huokaili äänekkäästi ja pyöritteli silmiään Bushin vastatessa kysymyksiin. Tämä epäkunnioittava käytös poliittista vastustajaa kohtaan, herätti ärtymystä ja vähensi hänen suosiotaan.[5]

En nyt silti väitä, että silmien pyörittely olisi aina virhe. Joskus se on ihan paikallaan, jos esimerkiksi vastaehdokas esittää jotain ihan kahelia. On kuitenkin hyvä muistaa, että tavoite vaaliväittelyssä ei ole nujertaa vastustajat ja tehdä heidät naurunalaiseksi. Tavoite on vakuuttaa äänestäjät ja saada heidät pitämään sinusta. Kukaan ei halua äänestää vaalikiusaajaa, vaikka hän argumentoisi kuinka näppärästi.

Kehonkieli ja ulkoinen olemus

Televisiohaastattelussa ja vaaliväittelyssä kehonkieli on vähintään yhtä tärkeää kuin se mitä sanoo. On hyvä pysyä rauhallisena ja huolehtia siitä, että oma kehonkieli viestii itsevarmuudesta ja tilanteen hallinnasta. Yritä siis vaikuttaa mahdollisimman rennolta ja hyväntuuliselta. Muista "Happy High Status "-asenne.

Yhdysvaltojen ensimmäinen televisioitu vaaliväittely käytiin Richard Nixonin ja John F. Kennedyn välillä vuonna 1960. Nixon oli toipilaana ja jonkin verran huonovointinen saapuessaan haastatteluun. Hän näytti televisiossa väsyneeltä ja kalpealta rennon ja itsevarmanoloisen John F. Kennedyn rinnalla. Nixon pyyhki myös jatkuvasti hikeä otsaltaan, mikä sai hänet näyttämään hermostuneelta ja epävarmalta. Monet arvioivat, että Nixon hävisi väittelyn puhtaasti ulkoiseen olemukseensa ja kehonkieleensä liittyvistä syistä, vaikka hän onnistui hyvin argumentoinnissa.[6]

Toinen esimerkki kehonkielen takia huonosti menneestä vaaliväittelystä löytyy Britanniasta. Brexit-kansanäänestyksen aikoihin vuonna 2016 Boris Johnson ja David Cameron kohtasivat toisensa. Johnson esiintyi vakuuttavasti ja karismaatti-

---

5. Popli, 2024.
6. Popli, 2024.

EU-jäsenyyttä puolustava Cameron, vaikutti jännittyneeltä ja turhautuneelta Johnsonin hyökkäävän tyylin edessä. Cameronin ilmeinen huolestuneisuus loi kuvan siitä, että hän on menettänyt hallinnan keskustelusta. Valitse myös vaatetus huolella. Joskus vääränlaiset vaatteet saattavat johtaa siihen, että poliitikosta tuleekin meemien kohde. Australian liittovaltion vaaleissa eräs ehdokasparka[7] istui televisiohaastattelussa niin, että hänen liian lyhyet housunsa paljastivat sääret ja makkaralla olevat sukat. Haastattelun jälkeen yleinen keskustelu pyöri ehdokkaan pukeutumisen ympärillä, eikä siinä mitä haastattelussa sanottiin. Tapaus jäi myös elämään meemien muodossa.

Jos sinua haastatellaan radioon television sijaan, niin keskity äänenkäyttöön ja sanavalintoihin. Kuuntelijat eivät näe sinua ja siksi kannattaa puhua selkeästi ja rauhallisesti. Omien kokemusteni mukaan radiohaastattelussa on usein melko rento tyyli, mikä on kivaa. Mutta toisaalta toimittajat saattavat kysyä spontaanisti kysymyksiä täysin käsikirjoituksen ulkopuolelta, joten varaudu ylläreihin. Podcastit ja online-haastattelut voivat olla vielä rennompia kuin radiohaastattelut, joten voit niissä puhua hieman vapaammin.

Paneelikeskustelut

Paneelikeskustelut muistuttavat paljon vaaliväittelyitä. Niissä kuitenkin pelin henki on yleensä vähemmän aggressiivinen ja tarkoitus on oikeasti keskustella. Paneeleita on monenlaisia ja siksi kannattaa etukäteen selvittää millaiseen paneeliin on osallistumassa. Onko esimerkiksi kyseessä asiantuntijakeskustelu, jossa syvennytään yhteen aiheeseen vai joku laajempi keskustelu, missä käsitellään monia eri vaaliteemoja. Selvitä ennakkoon myös paneelin osallistujat. Kun

---

7. Australian liittovaltion vaaliväittelyssä 2010 konservatiivipuolueen Tony Abbott oli valinnut epäonnistuneet asun, mistä puhuttiin pitkään.

tiedät keitä he ovat, voit luultavasti arvata mitä he vastaavat mihinkin kysymykseen. Voit siis jo ennakkoon miettiä, miten heitä haastat ja mistä asioista. Paneelikeskustelun erityispiirteenä on se, että usein sen lopuksi otetaan yleisökysymyksiä. Annat itsestäsi fiksun vaikutelman, jos pysyt kartalla siitä, mitä muut ehdokkaat ovat sanoneet ja voit kommentoida heidän näkemyksiään omissa vastauksissasi. Paneelikeskusteluissa, ihan samalla tavalla kuin vaaliväittelyssä ja haastatteluissa, on tärkeää tuoda esiin oma viestisi riippumatta siitä mihin suuntaan keskustelu kehittyy.

Mediakohtaamisten
STRATEGIA

Tavoite mediakohtaamisissa:

Mahdollisia pahoja kysymyksiä:

Todennäköiset teemat keskustelussa:

Pahojen kysymysten väistelytekniikat:

Huomaan, että olemme tässä luvussa käyneet läpi monia asioita, mitkä ovat menneet pieleen mediakohtaamisissa. Ei ollut tarkoitus pelotella tai masentaa sinua. Suurin osa toimittajista ja mediakohtaamisista ovat mukavia tilanteita. Hyvin valmistautumalla voit välttää kömmähdykset ja pystyt nauttimaan tilanteesta ja keskustelusta kiinnostavien toimittajien ja kanssakilpailijoiden kanssa. Tsemppiä mediakohtaamisiin!

Lehdistötiedotteet

Jos sinulla on mielessäsi joku uutinen, topakka kannanotto tai harkittu lausunto, kannattaa tehdä aiheesta lehdistötiedote. Tiedotteen julkaisemisen todennäköisyys riippuu monesta asiasta: uutisesi merkittävyydestä, siitä kuinka kuuluisa olet, mitä aiheesta on jo kirjoitettu, onko lehdessä tilaa ja niin edelleen. Itse lähetän lehdistötiedotteen yleensä aina tutkimuksistani. Niistä suunnilleen joka toinen julkaistaan.

Toimittajat saavat päivittäin lukuisia tiedotteita, joten vain ne jutut, jotka läpäisevät uutiskriteerit, julkaistaan. Uutisen tulee välittää tietoa, joka on uutta, merkityksellistä ja kiinnostavaa. Vaikka julkaisemisen todennäköisyys ei ole iso, kannattaa silti lähettää tiedote, sillä sen sanoma jää toimittajille mieleen ja he saattavat palata aiheeseen myöhemmin.

Tiedotteen otsikko on ensimmäinen (ja joskus ainoa) asia, jonka toimittaja lukee. Otsikon olisi hyvä tiivistää tiedotteen keskeinen sisältö. Sen tarkoitus on saada toimittaja kiinnostumaan ja jatkamaan lukemista. Otsikon jälkeen seuraa tiedotteen johdanto, joka myös tiivistää sisältöä. Näiden perusteella toimittaja päättää lukeeko hän pidemmälle. Johdantoa seuraavissa kappaleissa voitkin sitten pureutua yksityiskohtaisesti aiheeseen ja kertoa sen taustoista. Käytännöllinen ohjenuora on kirjoittaa tiedote ikään kuin kertoisit sen suullisesti – ytimekkäästi ja selkeästi, keskittyen siihen, mikä on tärkeää ja miksi.

Yksi lehdistötiedotteen keskeisistä elementeistä on

napakka sitaatti eli lainaus. Hyvin valittu lainaus ehdokkaalta tai muulta kampanjan kannalta merkittävältä henkilöltä, tekee tiedotteesta houkuttelevamman medialle. Yleensä itse laitan lehdistötiedotteisiin aina pari lainausta. Mikäli mahdollista, niitä olisi hyvä olla eri ihmisiltä. Kun laitat lainauksia, muista laittaa myös henkilön titteli ja joku luonnehdinta, miten henkilö liittyy asiaan. Lainauksen olisi hyvä olla ytimekäs ja mikäli mahdollista jollain tapaa hauska tai oivaltava. Lainaukset ovat toimittajille materiaalia, jota he voivat käyttää suoraan artikkeleissaan.

Julkaisemisen todennäköisyys kasvaa, jos kirjoitat lehdistötiedotteen jo valmiiksi uutisen muotoon. Eli sellaiseksi, että sen pystyy painamaan sellaisenaan. Omat lehdistötiedotteeni, mitä olen asiakkaani puolesta kirjoittanut, näyttävät menevän läpi mediassa aika lailla sanasta sanaan. Mutta olenkin yleensä nähnyt paljon vaivaa sen eteen, että ne ovat lehtijuttumaisia jo sellaisenaan.

Yleensä aina tiedotteisiin kannattaa laittaa milloin se on julkaisuvapaa eli minä päivänä ja mihin kellonaikaan sen saa julkaista. Näin toimiessasi pystyt lähettämään jutun niin hyvissä ajoin, että media ehtii valmistella sen julkaisua. On myös itsesi kannalta kätevää tietää milloin juttu (aikaisintaan) julkaistaan, jotta voit varata kalenteriin tilaa mahdollisille kysymyksille ja muille jutun aiheuttamille reaktioille.

Kun tiedote on valmis, lisää sen loppuun yhteystiedot. Toimittajien pitää tietää, kenen puoleen kääntyä, jos he haluavat lisätietoja. Jos haluat toimittajien haastattelevan sinua, kannattaa laittaa myös kellonajat ja päivämäärät, milloin olet parhaiten tavoitettavissa.

Vaalikampanjasi aikana saattaa tulla useampia tilanteita, mistä haluat tehdä lehdistötiedotteen. Sen takia kannattaakin nähdä vähän vaivaa, että keräät itsellesi sähköpostilistan sellaisista toimittajista ja medioista, joille haluat tiedotteita lähettää.

Kriisiviestintä

Poliittisessa elämässä kritiikki ja vastustus ovat väistämättömiä. Kaikkia ei voi miellyttää. Osa kritiikistä on myös taktista viestintää, minkä avulla pyritään saavuttamaan jokin poliittinen päämäärä. Yleensä kritiikki ei haittaa, sillä se antaa poliitikolle mahdollisuuden kertoa oman näkemyksensä ja perustella omat päätöksensä. Kritiikki ei siis sinänsä aiheuta kriisiä. Kriisi syntyy, jos kritiikkiin ei osata vastata tai vastataan huonosti. Kriisi voi tosin syntyä myös jostain ihan muustakin aiheesta, jostain ihan pienestä asiasta, vaikka vain huonosti muotoilusta vitsistä.

Yhdysvaltalainen PR-toimiston työntekijä Justine Sacco kirjoitti lentokentällä ennen koneeseen astumistaan: "Going to Africa. I hope I do not get AIDS. Just kidding. I am white". Ihmiset tulkitsivat viestin rasistiseksi, vaikka se oli satiiria. Seurasi twitterimyrsky jo sinä aikana, kun Sacco oli vielä koneessa. Käytettiin hashtagia #hasjustinelandedyet ja ihmiset seurasivat Twitteristä milloin hänen koneensa laskeutuu. Heitä kiinnosti erityisesti hetki, kun Sacco laittaa puhelimensa päälle ja hänelle selviää, että hänen elämänsä on pilalla. Jutusta kirjoitettiin laajasti lehdissä, myös Suomessa.

Brittiläinen toimittaja Ron Johnson haastatteli Justine Saccoa kirjaansa *"So you have been publicly shamed"* varten. Hän toteaa, että Sacco leimattiin twiittiensä perusteella rasistiksi, vaikka hän ei sitä ole. Vitsi oli ainoastaan huonosti muotoiltu. Sen ideana oli osoittaa maailman epätasa-arvoisuutta ja nostaa esiin sitä, miten paha AIDS-tilanne Afrikassa on erityisesti mustien ihmisten keskuudessa. Saccon mielestä kommentti, ettei valkoinen ihminen voi saada AIDSia, oli niin hölmö, ettei sitä kukaan voi ottaa todesta. Jonkinlainen ryhmähulluus kuitenkin valtasi ihmiset. Ron Johnson on sitä mieltä, että Saccon nolaajien joukossa täytyy olla paljon ihmisiä, jotka tahallaan väärinkäsittivät vitsin. Kommentoijille ei ollut väliä oliko Justine Sacco rasisti, riitti, että jossain määrin näytti, että hän oli.

Justine Sacco oli ihan tavallinen ihminen ja silti hänen tuhoamiseensa osallistui valtava määrä ihmisiä. Ilmiö on pelottava. Jon Ronson oli järkyttynyt Justine Saccon tapauksesta, sillä hän itse oli twiitannut suunnilleen samanlaisen vitsin muutama vuosi aikaisemmin. Se oli vain hieman hauskempi ja hieman paremmin muotoiltu. Hän toteaa, että somessa toimiminen alkaa tapauksen valossa tuntumaan venäläisen ruletin pelaamiselta. Kuka tahansa voi joutua uhriksi. Tosin someraivo kiihtyy erityisesti silloin, jos joku korkeassa asemassa oleva (vaikkapa poliitikko) töppää. Rankaisemisesta tulee oikeutettua, koska se on "punching-up" (ylöspäin lyömistä).

Medialynkkauksiin ei aina tarvita edes somea. Muistanet varmaan Bill Clintonin ja Monica Lewinsky -tapauksen tai Ilkka Kanerva -casen. Onhan näitä esimerkkejä. Median yhtenä tehtävänä yhteiskunnassa on pitää silmällä vallassa olevia ihmisiä ja raportoida heidän toiminnastaan. Joskus media ottaa moraalipoliisin roolin vähän turhankin innokkaasti. Media muuttuu tarkkailijasta vallankäyttäjäksi. Tätä oikeutetaan sillä ajatuksella, että halutaan julkisessa virassa olevien ihmisten olevan nuhteettomia. On toki päivänselvää, että skandaalit myös myyvät hyvin.

Valtiollisessa oikeusjärjestelmässä ihmiset voivat puolustautua oikeussalissa, medialynkkauksissa tai somessa ei tällaista oikeutta ole. Oikeusjärjestelmässä ei rangaista ihmisiä siitä, että he kertovat huonon vitsin tai pettävät puolisoaan. Nettinolaamisessa sen sijaan närkästyneet ihmiset ottavat oikeuden omiin käsiinsä. Jon Ronson toteaa: "Tuntuu kuin olisimme keskellä jonkinlaista kuvitelmaa ideologisesta oikeusjärjestelmästä." Normaalisti mukavat ihmiset osallistuvat kiusaamiseen hurskaassa kiihkossa korjata vääryyksiä. Ihmiset käyvät kiukkuista sotaa toisten ihmisten vikoja vastaan. Vaikuttaa siltä, että nolaajat kuvittelevat tekevänsä jotain hyvää.

Kriisiviestinnän pääperiaatteet

Koska koneisto on armoton, ehdokkaan on hyvä miettiä etukäteen mistä hänen toimintaansa liittyvistä asioista saattaisi nousta jokin kohu. Kriisi voi syntyä myös jostain huolimattomasta lausunnosta tai ehdokkaasta riippumattomista asioista. On olennaista varautua kriisiviestintään jo ennen kuin kriisi on päällä. Tämän takia on hyvä hahmotella etukäteen muutamia skenaarioita ja pohtia miten niissä kannattaa toimia. Olen havainnut hyväksi toimintatavaksi laatia myös tiedotteet eri skenaarioihin valmiiksi. Kun ne on kerran laadittu, niitä voi tilanteen vaatiessa muokata hyvinkin nopeasti. Mitä sähäkämmin ja oikeammin kohuun reagoi sen alkumetreillä, sitä todennäköisemmin se saadaan laantumaan. Hitaalla ja vääränlaisella reagoinnilla kohu vain kiihtyy.

Otetaan esimerkiksi kuvitteellinen kriisitilanne. Suomalainen onnellisuusministeri Olavi Onnellinen parantelee omaa onnellisuuttaan punaviinilasin ääressä lauantai-iltana.[8] Hän selailee somea. Somessa hän törmää hauskaan poliittista kilpailijaansa pilkkaavaan meemiin. Sitten hän jakaa meemikuvan oman puolueensa ryhmään. Joku ryhmäläisistä kertoo asiasta medialle. Nousee pieni kohu.

Tämä nyt ei ole kovin iso juttu ja Onnellinen voisi kuitata tilanteen esimerkiksi sanomalla: *"Ei ehkä ollut hyvä idea jakaa sitä kuvaa. Harkintakykyni petti ja olen pahoillani siitä."* Mutta sen sijaan Onnellinen kiistää jakaneensa kuvan. Hän väittää, että joku on kaapannut hänen puhelimensa. Tämä on ensimmäinen oikea virhe. Jos kriisiviestinnän hoitaa oikein, pieni

---

8. Kuten tiedät Suomessa ei ole onnellisuusministeriä ja siksi valitsin hänet esimerkiksi. Tällaista on ehdotettu Britanniaan, mutta ei sielläkään ole. Kaikki muutkin mahdolliset yhtymäkohdat todellisen elämäntilanteisiin ovat tässä tapauksessa pelkkää sattumaa.

kriisi kuolee siihen. On hyvin tärkeää, että kriisitilanteessa annetaan oikeaa tietoa eikä lähdetä sepittelemään mitään fantasioita. Kun poliisi alkaa tutkia tilannetta, ei Onnellinen pysty enää perääntymään. Koska Onnellinen on maalannut itsensä nurkkaan, ei hän myöskään enää hallitse tilannetta. Silloin, kun ei itse enää pysty viestimään, tapahtuu pahin mahdollinen tilanne. Toimittajat tietävät, että jotain on tapahtunut ja he joka tapauksessa tekevät jutun. Jos henkilö itse ei tiedota, niin toimittajat haastattelevat sellaisia henkilöitä, jotka puhuvat. Haastateltavat eivät välttämättä ole ihan täysin kartalla ja tällöin mediassa pääsee esiin toissijaiset ja ei-niin-luotettavat tietolähteet. Tämä johtaa lähes vääjäämättä siihen, että kriisin kohde esitetään mediassa huonoimmassa mahdollisessa valossa.

Olen auttanut kriisiviestinnässä useita organisaatioita. Heidän kanssaan käymissäni keskusteluissa tulee selvästi esiin se, miten organisaatiot haluaisivat kiivaasti puolustautua syytteitä vastaan. Tämä on hyvin inhimillistä, mutta yleensä suuri virhe. Jos organisaatio on töpännyt jotakin tai näyttää siltä, että se on töpännyt, yleisö olettaa sen katuvan ja pyytävän anteeksi. Jos tässä tilanteessa lähtee kiistämään tekoa tai selittelemään sitä jollain tavalla, voi olla ihan varma siitä, että julkisuus jatkuu ja pitkään. Missään tapauksessa ei kannata alkaa vähättelemään omaa tekoaan tarjoamalla jotain lakipykäliä tai asiantuntijalausuntoja. Koska yleisö odottaa anteeksipyyntöä, se ei kuule puolustuspuheesta mitään muuta kuin sen, että organisaatio ei vieläkään pyydä anteeksi.

Kriisitilanteissa ihmiset ovat pöyristyneitä siitä, että jotain ikävää on päässyt tapahtumaan tai että joku töpeksii käsittämättömällä tavalla. Saattaa hyvinkin olla, että kriisin keskiössä oleva henkilö, ei ole itse aiheuttanut kriisiä eikä olisi pystynyt sitä omalla toiminnallaan estämään. Siitä huolimatta hänen pitää ottaa vastuu ja olla hyvin hyvin pahoillaan tilanteesta. On olennaista osoittaa empatiaa niitä ihmisiä tai tahoja kohtaan, joita tilanne on loukannut. Tässä kohtaa ei ole oikea hetki arvioida ovatko nämä loukattujen tunteet oikeutettuja vai eivät.

Kun ollaan syyllisiä, ainoa toimiva strategia on syyllisyyden tunnustaminen. Tämän jälkeen, pahoitellaan tilannetta ja kerrotaan mitä aiotaan seuraavaksi tehdä. Ryhdytään tomerasti ratkaisemaan ongelmaa ja raportoidaan sen edistymisestä. Mediakohu saattaa tässä vaiheessa laantua, mutta älä hetkeksikään kuvittele, että tilanne olisiko oikeasti ohi. Jos et ratkaise ongelmaa lopullisesti, niin siihen palataan uudelleen ja uudelleen.

Suosittelen käyttämään ammattilaisia apuna kriisitilanteissa. He pystyvät helposti kertomaan millaisia vaihtoehtoja sinulla on ja mitä kannattaa tehdä (ja erityisesti mitä ei missään tapauksessa kannata tehdä).

13

LOPUKSI

Demokratia tarvitsee ihmisiä, jotka ovat valmiita astumaan esiin, taistelemaan oikeana pitämiensä asioiden puolesta ja tekemään päätöksiä yhteiseksi hyväksi. Haluat olla yksi näistä ihmisistä. Olen tosi iloinen siitä ja toivon hartaasti, että kirjastani on ollut sinulle apua markkinointisi suunnittelussa. Olemme tässä kirjassa käyneet läpi pyörryttävän paljon markkinoinnin yksityiskohtia. Olet pohtinut brändiäsi, vaaliteemojasi, sloganiasi, vahvuuksiasi ja monia muita markkinoinnin teemoja. Olet tehnyt valintoja ja luonut suunnitelmia. Ne auttavat sinua tekemään tehokkaan vaalikampanjan.

Jos haluat apua kampanjasi suunnitteluun, vaalistrategian pohtimiseen tai kaipaat muuta henkilökohtaista sparrausta, löydät vaaliehdokkaille tuotteistamani palvelut verkosta Vaalimuusan sivuilta (https://miratio.fi/vaalimuusa/) Minuun saa myös aina yhteyden sähköpostitse: hanna@mira tio.fi. Jos haluat lukea lisää aiheeseen liittyvistä asioista, niin laita seurantaan Vaalimuusan blogi ja somekanavat.

Lopuksi haluan kiittää sinua siitä, että olet kulkenut kanssani tämän matkan. Tämä kirja on ollut työn alla lähes kymmenen vuoden ajan. Olen lisäillyt siihen vuosien mittaan aina uusia tutkimustuloksia ja ajatuksia. Toki kaikki uusiin teknologioihin liittyvät asiat kirjoitin vasta viime syksynä. Oli kiva päästä jakamaan nämä ajatukset vihdoin kanssasi. Toivotan sinulle onnea ja menestystä valitsemallasi tiellä!

Hanna

PS. Jos koit tämän kirjan hyödylliseksi, niin kerro ihmeessä siitä myös puoluekavereillesi. Olen myös kiitollinen palautteista ja kehitysehdotuksista kirjan tai Vaalimuusan palveluiden suhteen.

14

LÄHDELUETTELO

Aiken, Mary (2016): "The Cyber Effect: A Pioneering Cyberpsychologist Explains How Human Behavior Changes Online", Spiegel & Grau.

Auvinen, Vesa (2023): "Metaversumi! Matkaopas johtajille, hallitustyölaisille, omistajille ja uteliaille", Kauppakamari.

Anomaly, Jonathan (2020): "Creating future people: The ethics of genetic enhancement", Taylor & Francis.

Ashton, Robert H. (1990): "Pressure and performance in accounting decision settings: Paradoxical effects of incentives, feedback, and justification", Journal of Accounting Research 28, s. 148-180.

Ashton, Robert H. (1992): "Effects of justification and a mechanical aid on judgment performance", Organizational Behavior and Human Decision Processes 52.2, s. 292-306.

Attrill, Martin J. & Grestya, Karen A. &. Hillb, Russell A & Barton, Robert A. (2008): "Red shirt colour is associated with long-term team success in English football", Journal of Sports Sciences, Volume 26, Issue 6, s. 577-582.

Babin, B. J., Hardesty, D. M., & Suter, T. A. (2003): "Color and shopping intentions: The intervening effect of price fairness and perceived affect", Journal of business research, 56(7), s. 541–551.

Ball, Matthew (2022): "The Metaverse: And how it will revolutionize everything", Liveright.

Bashyakarla, Varoon (2019): "Upcoming technologies: The next frontier in campaign technology", teoksessa Personal Data: Political Persuasion Inside the Influence Industry, s. 114-119.

Bayan, Richard (2006): "Words that sell – revised an expanded version", McGraw-Hill.

Berger, Jonah (2013): "Contagious: Why things catch on", Simon & Schuster.

Berggren, N., Jordahl, H., & Poutvaara, P. (2010): "The looks of a winner: Beauty and electoral success", Journal of Public Economics, 94(1–2), s. 8–15.

Boush D.M.(1993): "How advertising slogans can prime evaluations of brand extensions", Psychology & Marketing, 10(1), s. 67–78.

Cunning, Veronica (2014): "You ® brand: Advance your career by building a personal brand", Chartered Accountants Ireland, Dublin.

Dass, Mayukh & Kohli, Chiranjeev & Kumar, Piyush & Thomas, Sunil (2014): "A study of the antecedents of slogan liking", Journal of Business Research Dec2014, Vol. 67 Issue 12, s. 2504-2511.

Dion, K., Berscheid, E., & Walster, E. (1972): "What is beautiful is good", Journal of personality and social psychology, 24(3), s. 285–290. https://psycnet.apa.org/doi/10.1037/h0033731

Dobelli, Rolf (2012): "Viisaan toiminnan taito – 52 harhapolkua, jotka on parasta jättää muiden kuljettavaksi", HS kirjat.

Eagleman, David (2013): "Incognito – The secret lives of a brain", Robert Laffont.

Elliot, A. J., & Niesta, D. (2008): "Romantic red: Red

enhances men's attraction to women", Journal of personality and social psychology, 95(5), s. 1150–1164.

Forde, Matt (2020): "Politically Homeless", Hachette UK.

Frank, Mark G. & Gilovich, Thomas (1988): "The dark side of self- and social perception: Black uniforms and aggression in professional sports", Journal of Personality and Social Psychology, Vol 54(1), Jan 1988, s. 74-85. doi:

Fuchs, Christoph & Prandelli, Emanuela & Schreier, Martin (2010): "The Psychological Effects of Empowerment Strategies on Consumers' Product Demand", Journal of Marketing Jan2010, Vol. 74 Issue 1, p65-79

Gallo, Carmine (2016): "Talk like TED – The 9 Public Speaking Secrets of the World's top Minds", Amazon Audible.

Giger, Nathalie, et al. (2014):"The gender gap in same-gender voting: The role of context.", Electoral Studies 35, s. 303-314.

Graylin, Alvin (2024): "Our Next Reality: How the AI-Powered Metaverse Will Reshape the World", John Murray Business publishing.

Groskop, Viv (2018): "How to own the room: woman and the art of brilliant speaking", Bantam press, Britain.

Guéguen, N. (2012): "Color and women hitchhikers' attractiveness: Gentlemen drivers prefer red", Color Research & Application, 37(1), s. 76–78. https://doi.org/10.1002/col.20651

Guéguen, N., & Jacob, C. (2013): "Color and cyber-attractiveness: red enhances men's attraction to women's internet personal ads", Color Research & Application, 38(4), s. 309–312. https://doi.org/10.1002/col.21718

Haaja, Tapio & Sinkkonen, Tuomo (2023): "Videomarkkinoinnin trendit 2024", presentaatio virtuaalitapahtumassa Videomarkkinointi 2024, 12-13-20.2023, Videolle Productions.

Habermas, Jürgen (1981): "The theory of communicative action. The critique of functionalist reason", Polity, Cambridge.

Habermas, Jürgen (1991): "The structural transformation of the public sphere: An inquiry into a category of bourgeois society", MIT press.

Hanhinen, Niina (2023): "Odottamattomuuden spiraalissa: Kuvasta kirjoittaminen ja kuvallinen ajattelu tutkimusprosesseina", presentaatio Kulttuurintutkimuksen päivillä, Espoo, 2023.

Hart, W., Ottati, V. C., & Krumdick, N. D. (2011): "Physical attractiveness and candidate evaluation: A model of correction", Political Psychology, 32 (2), s. 181–203

Hearle, Matthew (2023): "It's time to rethink creativity", presentaatio virtuaalitapahtumassa Videomarkkinointi 2024, 12-13-20.2023, Videolle Productions. Tiktok creative lab: Best practices

Heath, Chip & Heath, Dan (2017): "The Power of Moments: Why Certain Experiences Have Extraordinary Impact", Simon & Schuster.

Hill, Russell A. & Barton, Robert A. (2005): "Psychology: Red enhances human performance in contests", Nature 435, 293.

Himmelweit, Hilde T. & Humphreys, Patrick & Jaeger, Marianne (1985): "How voters decide", Open University press, s. 180-191

Holli, Anne ja Hanna Wass (2010): "Gender-based voting in the parliamentary elections of 2007 in Finland", European Journal of Political Research 49.5, s. 598-630.

Horiuchi, Yusaku, Tadashi Komatsu, and Fumio Nakaya(2012):"Should candidates smile to win elections? An application of automated face recognition technology", Political Psychology 33.6, s. 925-933.

Isaacson Walter (2021): "The code breaker – Jennifer Doudna, gene editing and the Future of human race", Simon Schuster, United Kingdom.

Jones, John T. ym. (2004): "How do I love thee? Let me

count the Js: implicit egotism and interpersonal attraction", Journal of personality and social psychology 87.5, s. 665.

Joyner, Mark (2005): "The irresistible offer- How to Sell Your Product or Service in 3 Seconds or Less", John Wiley & Sons.

Keysers, Christian. (2011): "The Empathic Brain: How the Discovery of Mirror Neurons Changes Our Understanding of Human Nature", Social Brain Press

Kim W. Chan ja Mauborgne, Renée (2007): "Sinisen meren strategia", Talentum.

Kisker, J., Gruber, T., & Schöne, B. (2021): "Experiences in virtual reality entail different processes of retrieval as opposed to conventional laboratory settings: A study on human memory", Current Psychology, 40, 3190–3197.

Koch, Jeffrey W. (2000): "Do citizens apply gender stereotypes to infer candidates' ideological orientations?", The Journal of Politics 62.02, s. 414-429.

Kraft, Robert N. (1987):"The influence of camera angle on comprehension and retention of pictorial events", Memory & cognition 15.4, s. 291-307.

Kraus, Michael & Huamg Cassy & Keltner Dacher (2010): "Tactile communication, cooperation and performance: an ethological study of the NBA", Emotion 10, s. 745-749.

Kwallek, N., Soon, K., & Lewis, C. M. (2007): "Work week productivity, visual complexity, and individual environmental sensitivity in three offices of different color interiors", Color Research & Application 32(2), s. 130–143.

Lagerwerf L. (2002): "Deliberate ambiguity in slogans", Document Design Journal of Research and Problem Solving in Organizational Communication, 3(3), s. 244–262.

Laisi, Erno (2021): "Yli puolelle vaalikone tärkein tietolähde", Keski-Uusimaa 3.6.2021. s. 14-15.

Laustsen, Lasse (2014): "Decomposing the relationship between candidates' facial appearance and electoral success", Political Behavior 36.4, s. 777-791.

Lemay Jr, E. P., Clark, M. S., & Greenberg, A. (2010): "What is beautiful is good because what is beautiful is desired: Physical attractiveness stereotyping as projection of interpersonal goals", Personality and Social Psychology

Linden, David J. (2015): "Touch – The science of the sense that makes us human", Penguin Books, Great Britain.

Lindstrom, Martin (2010):"Buyolygy –Truth and lies about why we buy", Crown Currency.

Marton, Kati (2021): "Merkel - Maailman vaikutusvaltaisimman naisen tarina", WSOY.

Mauss, Marcel(1997):"The Gift - The Logic of the Gift: Toward an Ethic of Generosity", 28.

McGlone M.S. & Tofighbakhsh J. (2000): "Birds of a Feather Flock Conjointly; Rhyme as Reason in Aphorisms", Psychological Science 11, 5, s. 424–428.

Menzel, D., Fastl, H., Graf, R., & Hellbrück, J. (2008):"Influence of vehicle color on loudness judgments", The Journal of the Acoustical Society of America, 123(5), s. 2477–2479. https://doi.org/10.1121/1. 2890747

Meriläinen, Niina (2024): "Information operations do not worry me" – The Role of Credible Information on Digital Platforms", presentaatio seminaarissa "Imagining possible futures", Jyväskylä 17-19.6.2024.

Mowat, Jon (2023): "Becoming the ultimate Video marketer", presentaatio virtuaalitapahtumassa Videomarkkinointi 2024, 12-13-20.2023, Videolle Productions.

Neiman, Susan (2010): "Susan Neiman on Morality in the 21st Century", Philosophy Bites Podcast, tekijöinä David Edmonds & Nigel Warburton, 27.3.2010.

Nguyen, Dao (2017): "What makes something go viral?", TED Talk, October 2017. https://www.ted.com/talks/dao_nguyen_what_makes_something_go_viral/transcript?subtitle=en

Obama, Barack (2020): "A Promised Land", Penguin UK.

Obama, Michelle (2018): "Becoming", Crown Publishing Group (NY)

Pelham, Brett W. & Mirenberg Matthew C., & Jones, John T. (2002): "Why Susie sells seashells by the seashore: implicit egotism and major life decisions", Journal of personality and social psychology 82.4, s. 469.

Petäistö, Helena (2018): "Ranska, Macron ja minä", Otava.

Plouffe, David (2010): "The audacity to win: How Obama won and how we can beat the party of Limbaugh, Beck, and Palin", Penguin, 2010.

Popli, Nik (2024): "Presidential Debates in History That Moved the Needle", Time 24.6.2024, https://time.com/6989327/presidential-debates-history-moments/?utm_source=chatgpt.com

Pulkkinen, Sirpa (2003): "Mielipaikka markkinoilla", WSOY.

Ramanathan, Suresh & McGill, Ann & Phillips, Joan & Schill, Daniel & Kirk, Rita (2010): "Are Political Opinions Contagious? An Investigation on the Effects of Seating Position and Prior Attitudes on Moment- to-Moment Evaluations During the Presidential Debates", Advances in Consumer Research - North American Conference Proceedings, Volume 37, s. 82-83.

Ries, Al & Trout, Jack (1981): "Positioning: The Battle for Your Mind", New York, NY: McGraw-Hill.

Ries, Al & Trout, Jack (2001): "Positioning – how to be seen and heard in the overcrowded marketplace", McGraw-Hill.

Rizzolatti, Giacomo & Craighero, Laila (2004): "The mirror-neuron system", Annual Reviev Neuroscience 27, s. 169-192.

Ronson, Jon (2016):"So you've been publicly shamed", Riverhead Books.

Sanbonmatsu, Kira (2002): "Gender stereotypes and vote choice", American Journal of Political Science, s. 20-34.

Schöne, B., Wessels, M., & Gruber, T. (2019): "Experiences

in virtual reality: A window to autobiographical memory", Current Psychology, 38 (3), 715–719. DOI: 10.1007/s12144-017-9648-y

Shayo, Moses & Harel, Alon (2012): "Non-consequentialist voting", Journal of Economic Behavior & Organization, 81(1),p.299-313, Jan 2012

Shirky, Clay (2008): "Here comes everybody", Penguin Press.

Simonson, Itamar & Tversky, Amos (1992): "Choice in Context: Tradeoff Contrast and Extremeness Aversion", Journal of Marketing Research (JMR) Aug92, Vol. 29 Issue 3, p281-295

Simonson, Itamar. (1989): "Choice based on reasons: The case of attraction and compromise effects", Journal of consumer research, s. 158-174.

Slater, M.D. & Rouner D: (2002): "Entertainment-education and elaboration likelihood: Understanding the processing of narrative persuasion", Communication Theory, 12(2), s. 173–191.

Smith, Paul (2016): "Sell with a story: How to Capture Attention, Build Trust, and Close the Sale", American Management Association.

Stone, Bob (2007): "Succesful direct marketing methods", McGraw-Hill.

Sutinen, Mika ja Haapakorva, Antti (2021): "Pelastetaan strategia pöytälaatikosta päivittäiseksi työkaveriksi", Alma Talent Oy.

Tiihonen, A., Kestilä-Kekkonen, E., Westinen, J., & Rapeli, L. (2016): "Puoluekannan periytyminen vanhemmilta lapsille", teoksessa Poliittisen osallistumisen eriytyminen: Eduskuntavaalitutkimus 2015, s. 298-320.

Tversky, A., & Kahneman, D. (1974): "Judgment under uncertainty: heuristics and biases", Science, 185, s. 1124–1131.

Underhill, Paco (1999): "Why we buy", Simon & Schuster.

Vaalimuusan tietopankki: https://miratio.fi/vaali
muusan-tutkimukset/

Vriens, M., H.R. Van der Scheer, J.C. Hoekstra, and J.R.
Bult. (1998):"Conjoint experiments for direct mail response
optimization", European Journal of Marketing 32, nos. 3–4:
323–39.

Werz, Edward & Germain, Sally (1998): "Phrases that sell",
Mc Graw Hill.

Wilhelmus, Leonard (2024): "Satoja somevaikuttajia
kutsuttu demokraattien puoluekokoukseen – tutkijan mukaan
se kannattaa", Ylen nettisivut 20.8.2024, https://yle.fi/a/74-
20105807

Williamsson, Timothy (2007): " Timothy Williamsson on
Vagueness", Philosophy Bites Podcast by David Edmonds &
Nigel Warburton, who interview special quests, 13.8.2007

Willman-Iivarinen, Hanna (2008): "Pieni vaalikonetut-
kimus 2008", https://miratio.fi/pieni-vaalikoneanalyysi-
2008/

Willman-Iivarinen, Hanna (2014): "Millainen suoramainos
huomataan", Mainonnan teho-blogi, http://mainonnanteho.
blogspot.com/2014/11/millainen-suoramainos-huoma
taan.html

Willman-Iivarinen, Hanna (2015a): "Tehokas vaalikone-
markkinointi", Vaalimuusa-blogi, https://vaalimuusa.blogs
pot.com/2015/04/tehokas-vaalikonemarkkinointi.html

Willman-Iivarinen, Hanna (2015b): "Vaalikoneiden luotet-
tavuus testissä: Case Eduskuntavaalit 2015", Vaalimuusa-
blogi, https://vaalimuusa.blogspot.com/2016/09/vaalikonei
den-luotettavuus-testissa.html

Willman-Iivarinen, Hanna (2015c): "Onko ehdokkaan
ulkonäöllä väliä?", Vaalimuusa-blogi, https://vaalimuusa.
blogspot.com/2015/04/onko-ehdokkaan-ulkonaolla-
valia.html

Willman-Iivarinen, Hanna (2017a): "Viilataan pilkut vaali-
ilmoituksiin kohdalleen: Tutkimus vaali-ilmoitusten yksityis-

kohdista", Vaalimuusa-blogi, https://vaalimuusa.blogspot.
com/2021/06/viilataan-pilkut-vaali-ilmoituksiin.html

Willman-Iivarinen, Hanna (2017b): "Uskomattoman tehokas sanomalehtimainonta", Vaalimuusa-blogi, https://vaalimuusa.blogspot.com/2017/10/uskomattoman-teho kas.html

Willman-Iivarinen, Hanna (2017c): "Vaikuttaako vaalien alla sanomalehdessä julkaistut mielipidekirjoitukset ehdokkaan saamaan äänimäärään?", Vaalimuusa-blogi, https://vaalimuusa.blogspot.com/2017/11/vaikuttaako-

Willman-Iivarinen, Hanna (2017d): "Vaalikoneiden luotettavuus testissä: Case Kuntavaalit 2017", Vaalimuusa-blogi, https://vaalimuusa.blogspot.com/2017/04/vaalikoneiden-luotettavuus-testissa.html

Willman-Iivarinen, Hanna (2017e): "The future of consumer decision making", European Journal of Futures Research, 5.1.

Willman-Iivarinen, Hanna (2019a): " Mitä enemmän ilmoittaa vaalitapahtumista sanomalehdessä, sitä enemmän saa ääniä", Vaalimuusa-blogi, https://vaalimuusa.blogspot.com/2019/03/mita-enemman-ilmoittaa.html

Willman-Iivarinen, Hanna (2019b): "Kannattaako yhteisilmoitukset vaalimainonnassa?", Vaalimuusa-blogi, https://vaalimuusa.blogspot.com/2019/04/kannattaako-yhteisilmoi tukset.html

Willman-Iivarinen, Hanna (2019c): "Pelipaidan värin vaikutus rangaistusten määriin SM-liigassa 2016-2018", Miratio-blogi, https://miratioblogi.blogspot.com/2019/01/pelipai dan-varin-vaikutus-rangaistusten.html

Willman-Iivarinen, Hanna (2019d): "Vaalimainonnan optimaalinen ajoitus", Vaalimuusa-blogi, https://vaalimuusa.blogspot.com/2019/04/vaalimainonnan-optimaalinen-ajoi tus.html

Willman-Iivarinen, Hanna (2019e):"Vaalikoneiden luotettavuus testissä: Case eduskuntavaalit 2019", Vaalimuusa-blogi, https://vaalimuusa.blogspot.com/2019/04/vaalikonei den-luotettavuus-testissa.html

Willman-Iivarinen, Hanna (2019f):"Vaalitapahtumien teho vuoden 2015 eduskuntavaaleissa: tutkimustuloksia Uudenmaan vaalipiiristä", Vaalimuusa-blogi, https://vaalimuusa. blogspot.com/2019/03/vaalitapahtumien-teho-vuoden-2015.html

Willman-Iivarinen, Hanna (2020): "Consumer media choice – Towards a comprehensive model", väitöskirja, Tampereen yliopisto, https://trepo.tuni.fi/handle/10024/123896

Willman-Iivarinen, Hanna (2021a): "Miten tärkeä on vaalimainonnassa lehti-ilmoitusten, Facebook-sivujen tai nettisivujen visuaalinen ilme?", Vaalimuusa-blogi, https://vaalimuusa.blogspot.com/2021/06/miten-tarkea-on-vaalimainonnassa-lehti.html

Willman-Iivarinen, Hanna (2021b): "Punaisessa paidassa eduskuntaan – vaikuttaako paidan väri vaalikuvassa ehdokkaan saamaan äänimäärään", HAMK Unlimited Journal, https://unlimited.hamk.fi/kulttuuri-ja-muotoilu/punaisessa-

Willman-Iivarinen, Hanna (2021c): "Puolueen ilmeen mukaisia ilmoituksia vai ihan omannäköisiä?", Vaalimuusablogi, https://vaalimuusa.blogspot.com/2021/06/puolueenilmeen-mukaisia-ilmoituksia.html

Willman-Iivarinen, Hanna (2023): "Satunnainen äänestäjä – Äänestämisen psykologia", Miratio.

Willman-Iivarinen, Hanna (2024): "Pitäisikö uutisorganisaatioiden olla TikTokissa?", Miratio-blogi, https://miratioblogi.blogspot.com/2024/09/uutisorganisaatioidenhaasteet.html